El empleo en crisis

ESTUDIOS DEL BANCO MUNDIAL SOBRE
AMÉRICA LATINA Y EL CARIBE

El empleo en crisis
Un camino hacia mejores puestos de trabajo en la América Latina pos-COVID-19

**Joana Silva, Liliana D. Sousa,
Truman G. Packard y Raymond Robertson**

GRUPO BANCO MUNDIAL

Contenidos

Mapa

Tablas

Prólogo

En una región tan volátil como América Latina y el Caribe (ALC), la recurrencia de las crisis debería servir para extraer conclusiones que puedan plasmarse en mejores respuestas en materia de políticas públicas. Echar la vista atrás y aprender de las crisis pasadas cobra especial importancia en el momento actual, precisamente cuando los efectos devastadores de la pandemia de COVID-19 (coronavirus) echan por tierra años de progreso en muchos frentes, como la creación de puestos de trabajo y nuevas oportunidades, la formalización del empleo y la reducción de la pobreza. ALC debe brindar una respuesta diferente a los problemas de siempre.

Eso es justamente de lo que trata este informe. A partir de datos de varias décadas sobre los *shocks* económicos y las respuestas del mercado laboral en la región de ALC, el informe analiza los efectos de las crisis en los trabajadores y las empresas para ayudar a los líderes regionales a orientar las políticas y los escasos recursos, de manera que impulsen un crecimiento económico inclusivo y a largo plazo.

El empleo en crisis: un camino hacia mejores puestos de trabajo en la América Latina pos-COVID-19 contiene tres mensajes principales. En primer lugar, las grandes crisis en la región de ALC han provocado una pérdida de empleo persistente. Los datos demuestran que las crisis suelen ser puntos de inflexión para el empleo, y marcan el inicio de fuertes desviaciones negativas que se acentúan con el paso del tiempo. Este efecto se produce porque el impacto a corto plazo de una crisis sobre el mercado laboral tiene más peso en el desempleo que en los cambios hacia la informalidad.

Al mismo tiempo, los cambios estructurales de larga duración están transformando la naturaleza del trabajo en la región de ALC y en todo el mundo. Las crisis aceleran estos cambios y reducen las oportunidades en los que tradicionalmente se consideran «buenos puestos de trabajo» —es decir, el empleo estable y protegido asociado con el sector formal—. Por tanto, una crisis no solo influye temporalmente en los flujos de trabajadores, sino que también tiene efectos significativos y duraderos en la estructura del empleo. Como resultado, las oportunidades tradicionales del sector formal están disminuyendo paulatinamente en la región de ALC.

En segundo lugar, las crisis en la región de ALC tienen impactos diversos sobre los trabajadores, los sectores y los lugares.

Los trabajadores poco cualificados sufren efectos de más larga duración, mientras que los trabajadores más cualificados se recuperan rápidamente, lo que agudiza el alto nivel de desigualdad salarial de la región.

Las características de los empleadores y los lugares afectan a la intensidad y la duración de los efectos permanentes de las crisis en los trabajadores. Los trabajadores formales sufren menores pérdidas de empleo y salario en las localidades que presentan una mayor informalidad. Además, la reducción de los flujos de trabajo puede disminuir el bienestar individual, pero los trabajadores de las localidades con más oportunidades de empleo —incluidos los puestos de trabajo informales— se recuperan mejor.

En tercer lugar, las crisis pueden tener efectos positivos que aumentan la eficiencia y la productividad de una economía. Sin embargo, estos efectos resultan menos importantes en la región de ALC debido a su estructura de mercado menos competitiva. En lugar de aumentar la agilidad y la productividad durante las recesiones económicas, y favorecer el proceso de «destrucción creadora», los sectores y las empresas protegidas ganan más cuota de mercado y desplazan al resto, de modo que retienen recursos valiosos.

Pero no tiene por qué ser así. Ahora que la región de ALC se enfrenta a la mayor desaceleración sincronizada de su historia moderna como consecuencia de la pandemia de COVID-19, la región ha hecho hincapié en la gestión de los efectos a corto plazo de la crisis y ha conseguido amortiguar algunos de sus efectos económicos iniciales. Sin embargo, los resultados de este informe demuestran que las pérdidas de empleo derivadas de las crisis pueden ser especialmente gravosas en la región de ALC porque las recuperaciones son lentas. Por tanto, es necesario hacer esfuerzos más enérgicos que los evidenciados hasta ahora.

¿Qué medidas se pueden tomar? *El empleo en crisis* propone una combinación de políticas capaz de contribuir a mejorar las condiciones del mercado laboral y sentar las bases de un desarrollo equitativo. El paso inicial fundamental es poner en marcha marcos macroeconómicos estables y prudentes y estabilizadores automáticos que protejan a los mercados laborales contra posibles crisis. La aplicación de políticas fiscales y monetarias firmes puede preservar la estabilidad macroeconómica y evitar tensiones financieras en todo el sistema ante una crisis. Las reformas fiscales, que incluyen impuestos menos distorsionadores, un gasto público más eficiente, programas de pensiones sostenibles desde el punto de vista financiero y reglas fiscales claras, son la primera línea de defensa contra las crisis. El informe también propone programas anticíclicos de apoyo a los ingresos —como el seguro de desempleo y otras transferencias puntuales a los hogares durante las crisis—, así como políticas laborales y de protección social.

Sin embargo, no basta con unos estabilizadores macroeconómicos más fuertes y la reforma de los sistemas laborales y de protección social. También es necesario impulsar la recuperación del empleo mediante el apoyo a una creación dinámica de puestos de trabajo. En este contexto, las políticas sobre competencia, las políticas regionales específicas y las normativas laborales constituyen una tercera dimensión de política fundamental. Si no se abordan estas cuestiones básicas, las recuperaciones en la región de ALC seguirán caracterizándose por una creación de empleo estancada.

Carlos Felipe Jaramillo
*Vicepresidente para
América Latina y el Caribe
Banco Mundial*

Quiénes son los autores

Joana Silva es economista sénior de la Oficina del Economista Jefe para América Latina y el Caribe del Banco Mundial. Joana se especializa en economía del trabajo, comercio internacional, pobreza y desigualdad, productividad empresarial y evaluación de políticas. Sus investigaciones se han publicado en las principales revistas académicas, como *American Economic Review* y *Journal of International Economics*. Es autora de cuatro libros, incluidos dos informes regionales temáticos del Banco Mundial: «*Wage Inequality in Latin America: Understanding the Past to Prepare for the Future*» e «*Inclusion and Resilience*: *The Way Forward for Social Safety Nets in the Middle East and North Africa*». Ha dirigido varias operaciones de préstamo del Banco Mundial y tiene una amplia experiencia en el asesoramiento y consultoría política, en particular en el diseño y la aplicación de reformas económicas, programas sociales y sistemas de seguimiento y evaluación. Tiene un doctorado en Economía de la Universidad de Nottingham.

Liliana D. Sousa es economista sénior en la Práctica Mundial de Pobreza y Equidad del Banco Mundial. Sus investigaciones se centran en cuestiones relacionadas con el mercado laboral —como los *shocks* de empleo—, decisiones relativas a la inmigración y las remesas, y la inclusión económica de las mujeres. Liliana ha dirigido y contribuido a varios estudios y libros, y sus investigaciones se han publicado en *Labour* y *Review of Development Economics*. En la actualidad se desempeña como economista del área de pobreza para Angola, Santo Tomé y Príncipe del Banco Mundial; previamente, fue economista del área de pobreza para Brasil y, antes, para Honduras. Antes de unirse al Banco Mundial en 2013, fue economista en el Centro de Estudios Económicos de la Oficina del Censo de los Estados Unidos. Tiene un doctorado en Economía de la Universidad de Cornell.

Truman G. Packard es economista principal en la Práctica Mundial de Protección Social y Empleo del Banco Mundial, y en la actualidad se desempeña como responsable en la práctica de desarrollo humano para México. Truman fue el autor principal del informe sobre protección social y empleo «*Protecting All: Risk Sharing for a Diverse and Diversifying World of Work*». También dirigió el equipo del Banco Mundial que presentó el informe regional «*East Asia Pacific at Work: Employment, Enterprise, and Well-Being*» en 2014. Formó parte de los equipos que elaboraron «*Golden Growth: Restoring the Lustre of the European Economic Model*», que se publicó en 2012, y el informe sobre desarrollo mundial «*Reshaping Economic Geography*» en 2009. Truman dirigió el programa de Desarrollo Humano del Banco Mundial en las islas del Pacífico, Papúa Nueva Guinea y Timor Oriental, y ha formado parte de equipos que prestan servicios financieros y de transferencia de conocimientos a gobiernos de Europa y Asia central, Asia oriental y el Pacífico, y América Latina y el Caribe. Se especializó en economía del trabajo y su labor se ha centrado principalmente en el impacto del seguro social —incluyendo las pensiones, el seguro de desempleo y la cobertura sanitaria— sobre las decisiones de oferta laboral de los hogares, el comportamiento del ahorro y la gestión del riesgo. Tiene un doctorado en Economía de la Universidad de Oxford.

Raymond Robertson es profesor y titular de la Cátedra Helen y Roy Ryu de Economía y Gobierno en el Departamento de Asuntos Internacionales de la Escuela de Gobierno y Servicio Público Bush, y director del Instituto Mosbacher de Comercio, Economía y Políticas Públicas. Es investigador en el Instituto para el Estudio del Trabajo en Bonn (Alemania), e investigador principal en el Centro Mission Foods Texas-México. Fue nombrado *Presidential Impact Fellow* 2018 por la Universidad de Texas A&M.

Agradecimientos

Este libro no habría sido posible sin el apoyo de un generoso equipo de colegas y colaboradores. Martín Rama, economista jefe del Banco Mundial para América Latina y el Caribe, merece un agradecimiento especial por sus valiosos comentarios y sugerencias en varias etapas de la elaboración de este informe. Sebastián Melo-Martín prestó un apoyo extraordinario a la investigación.

Este informe se ha nutrido de las observaciones y sugerencias de un grupo de revisores que participaron en reuniones sobre decisiones y notas conceptuales del Banco Mundial; entre ellos se encuentran: Rafael Dix-Carneiro, profesor de economía de la Universidad de Duke; Roberta Gatti, economista jefe del Banco Mundial para Oriente Medio y Norte de África; Denis Medvedev, gerente de prácticas para Empresas, Emprendimiento e Innovación, Banco Mundial; Julián Messina, economista principal, Banco Interamericano de Desarrollo; y Carlos Felipe Jaramillo, vicepresidente del Banco Mundial para la región de América Latina y el Caribe, quien presidió las reuniones. La preparación de este informe se desarrolló bajo la supervisión de Martín Rama. También se presentó en seminarios especializados que se celebraron el 10 de diciembre de 2018 y el 2 de marzo de 2020. Los autores agradecen enormemente los valiosos comentarios de Kathleen Beegle (Banco Mundial), Andrés César, Marcio Cruz (Banco Mundial), Augusto de la Torre (Universidad de Columbia), Ximena Del Carpio (Banco Mundial), Guillermo Falcone, María Marta Ferreyra (Banco Mundial), Álvaro Gonzáles (Banco Mundial), Henry Hyatt (Oficina del Censo de los Estados Unidos), Tatjana Karina Kleineberg (Banco Mundial), Maurice Kugler (Universidad George Mason), Daniel Lederman (Banco Mundial), Daniel Mateo (Universidad del Sur de California), Samuel Pienknagura (Fondo Monetario Internacional), Daniel Riehra, Bob Rijkers (Banco Mundial), Dena Ringold (Banco Mundial), Sergio Schmukler (Banco Mundial), Erwin Tiongson (Universidad de Georgetown), Carlos Végh (Universidad John Hopkins), Lucila Venturi (Harvard Kennedy School) y Guillermo Vuletin (Banco Mundial).

Este informe se basa en una serie de documentos de referencia (descritos en detalle en el anexo 1A del capítulo 1). El equipo desea expresar su agradecimiento a los autores de dichos documentos.

El diseño, la edición y la producción estuvieron magníficamente coordinados por Amy Lynn Grossman, que hizo que el proceso fuera una tarea sencilla y ágil. Laura Handley, de Publications Professionals LLC, y Sandra Gain se encargaron de editar la versión en inglés con gran destreza. Leonardo Padovani tradujo el volumen al portugués, y Sara Horcas-Rufián lo tradujo al español. El equipo también desea expresar su agradecimiento a Jacqueline Larrabure: este informe no habría sido posible sin su infalible apoyo administrativo.

Resumen ejecutivo

Un marco de políticas más adecuado para prevenir, gestionar y ayudar a las personas a recuperarse de las crisis es fundamental para lograr impulsar el crecimiento a largo plazo y los medios de subsistencia en América Latina y el Caribe (ALC). La necesidad de contar con dicho marco de políticas urge más que nunca, ya que la región afronta la tarea hercúlea de recuperarse de la pandemia mundial del COVID-19 (coronavirus). De momento, sigue abierto el interrogante de si las políticas formuladas en respuesta a la crisis generarán los dividendos de crecimiento esperados. La respuesta dependerá de las concepciones implícitas sobre cómo se ajustan los mercados laborales a las crisis y del tipo de políticas que se adopten.

Este informe estudia de qué manera afectan las crisis a los flujos del mercado laboral en la región de ALC, evalúa los efectos de los cambios en los trabajadores y la economía, e identifica las respuestas políticas fundamentales a las necesidades de las personas trabajadoras tras las crisis. Para ello, se adoptan dos enfoques distintos pero complementarios: la perspectiva macroeconómica, que se centra en los efectos de las fluctuaciones cíclicas y las crisis en los flujos agregados del mercado laboral; y la perspectiva microeconómica, que analiza la naturaleza desigual de los

efectos en distintos trabajadores, sectores y regiones. El informe consolida los principales resultados de un gran proyecto de investigación que entraña diez documentos de investigación que se centran en la dinámica de los ajustes laborales en la región de ALC tras los *shocks*, las implicaciones a largo plazo de los *shocks* a corto plazo y sus mecanismos impulsores, y los efectos de las políticas en los ajustes del mercado laboral. Para evaluar la dinámica del mercado laboral, se emplean encuestas de hogares y de la población activa (multisectorial y de panel), conjuntos de datos longitudinales empleador-empleado, y análisis de cuentas nacionales. El informe también se sirve de los *shocks* de las crisis en la actividad empresarial para cuantificar sus impactos sobre los mercados laborales, aislando los efectos de estos al separarlos de aquellos que corresponden a fuerzas de naturaleza secular concomitante, que también afectan al empleo y la productividad a largo plazo. Por último, desarrolla modelos estructurales y explora experimentos cuasinaturales de baja frecuencia para evaluar las implicaciones para el bienestar social y tratar de presentar mejores respuestas políticas a las crisis.

Los resultados más importantes del informe abarcan tres aspectos. **En primer** lugar, **las crisis conllevan pérdidas de empleo e ingresos significativas, pero sus impactos varían en función del país o sector, y de los trabajadores.** Las distintas dinámicas del mercado laboral se escudan en reducciones de empleo similares. Incluso con las grandes economías informales de los países de ALC, que sirven como amortiguadores al absorber parte del exceso de mano de obra, el desempleo absoluto sigue siendo un margen significativo de ajuste del mercado laboral a los *shocks* económicos a corto plazo. En México, por ejemplo, una reducción de 1 punto porcentual en el crecimiento del producto interno bruto (PIB) se asocia con un aumento del 7,9 % en la tasa de desempleo. Estos grandes flujos brutos de entrada al desempleo conllevan reducciones significativas en los ingresos de los hogares, lo que acentúa la vulnerabilidad, y aumenta y profundiza la pobreza. Entre los hogares que no viven en la pobreza, la pérdida de empleo de la principal fuente de ingresos del hogar abocaría a la pobreza al 55 % de ellos.

La alta informalidad y las protecciones laborales del sector formal de la región de ALC sugieren que existe una jerarquía en los costos de ajuste, lo que implica que los trabajadores informales —que tienen menos protecciones— hacen frente a la mayor probabilidad de pérdida de empleo, independientemente de cuáles sean sus cualificaciones. De hecho, en general los trabajadores en los quintiles de ingresos más bajos tienen más probabilidades de sufrir transiciones laborales negativas que los trabajadores en los quintiles de ingresos más altos. Sin embargo, los resultados de este estudio sugieren que, en términos generales, el empleo formal es más sensible a los *shocks* de crecimiento que el empleo informal. Aunque la pérdida de empleo formaba parte de la ecuación, durante la crisis financiera mundial de 2008-2009 el factor impulsor de los aumentos del desempleo fue una caída brusca en las tasas netas de obtención de empleo en la economía formal.

Las crisis no solo repercuten en los flujos de trabajadores de manera temporal, sino que también acarrean importantes efectos postcrisis en la estructura del empleo durante varios años. Dichos efectos tienen tal magnitud que las oportunidades del sector formal tradicional se reducen de forma gradual en las economías de la región de ALC. Las economías de ALC tardan muchos años en recuperarse de la contracción en el empleo formal provocada por una crisis: 20 meses después del inicio de una recesión, el empleo sigue sin recuperar sus niveles precrisis, y el empleo formal sigue situándose por debajo de los niveles previos al inicio de una recesión después de más de 30 meses. Importantes secuelas macroeconómicas de las crisis persisten durante numerosos años, y los índices de empleo formal siguen siendo muy bajos. Este efecto se observa en toda la región, a pesar de las diferencias existentes entre mercados laborales nacionales. Aunque los cambios estructurales de más larga duración están transformando la naturaleza del trabajo a escala mundial, las crisis acentúan la reducción de oportunidades de empleo en lo que tradicionalmente se consideraban «buenos trabajos»: el empleo estándar, estable y protegido, normalmente asociado con el sector formal.

En segundo lugar, este informe concluye que algunos trabajadores se recuperan del desplazamiento y otros *shocks* de los medios de subsistencia, mientras que otros sufren los efectos permanentes. En la región de ALC los efectos permanentes son más notorios entre trabajadores menos cualificados; en particular, quienes no han recibido educación superior. Por ejemplo, en Brasil y Ecuador los trabajadores con educación superior apenas sufren los impactos de las crisis sobre los salarios y solo sufren impactos de corta duración sobre el empleo; sin embargo, tanto el empleo como los salarios del trabajador promedio sufren los efectos de una crisis hasta nueve años después del inicio. Quienes se incorporan al mercado laboral durante una crisis afrontan un comienzo profesional más desfavorable y del que es difícil recuperarse.

Aunque los mecanismos específicos y la duración de los efectos permanentes varían entre hombres y mujeres, en general, la narrativa en todos los países de la región de ALC es similar: los efectos permanentes son más probables para quienes han recibido niveles más bajos de educación, independientemente del género. También es mucho más probable que estos se manifiesten por medio de mayores tasas de desempleo e informalidad que de salarios más bajos.

Es importante destacar que las condiciones en los mercados laborales locales afectan a la gravedad de las pérdidas de ingresos y empleo debidas a las crisis. Las pérdidas de ingresos persistentes podrían reflejar una falta de oportunidades durante las recuperaciones económicas, además de los efectos permanentes causados por la pérdida de capital humano asociada con un período de desempleo o empleo de menor calidad. Tras las crisis, las pérdidas de empleo duran más para los trabajadores formales de localidades con sectores primarios más grandes, sectores servicios más pequeños y menos empresas grandes.

Asimismo, la existencia de una gran economía informal podría proteger a algunos trabajadores contra las crisis. Las pérdidas de empleo y salarios en respuesta a una crisis son menores entre trabajadores formales del sector privado que residen en localidades con mayores tasas de informalidad. Este resultado sugiere que la informalidad, incluido el empleo por cuenta propia, puede ser un importante amortiguador del empleo a medio y largo plazo, a medida que los trabajadores transitan del desempleo a la formalidad.

Este informe demuestra que la reducción en los flujos de empleo causada por una crisis disminuye el bienestar social, pero que los trabajadores de localidades con más oportunidades de empleo —tanto formales como informales— se recuperan mejor. Cuando el empleo escasea, se produce una menor rotación de trabajadores, lo que a su vez resulta en coincidencias laborales de menor calidad. Estas coincidencias de baja calidad reducen el crecimiento de la productividad de las empresas, y los ingresos y el bienestar de los trabajadores. Después de una crisis grave, el empleo podría no llegar a recuperar los niveles de actividad económica previos; la crisis

podría desplazar el mercado laboral hacia un nuevo equilibrio estancado.

En tercer lugar, este informe sostiene que las crisis pueden tener efectos depuradores positivos que aumentan la eficiencia y productividad. Sin embargo, las estructuras de mercado menos competitivas de la región de ALC podrían atenuar este efecto y obstaculizar el crecimiento de la productividad. Las pérdidas de empleo provocadas por una crisis económica pueden reducir la productividad al destruir las coincidencias empleador-empleado y el capital humano específico a los puestos de trabajos que surge de estas. Dicho esto, las grandes perturbaciones económicas también pueden liberar trabajadores y otros insumos de producción de las empresas de baja productividad, lo que les permitiría redistribuirse en empresas más productivas a medida que la economía se recupera. Del mismo modo, las crisis pueden estimular la redistribución de empresas desde sectores de muy baja productividad.

Sin embargo, este estudio demuestra que los sectores y las empresas protegidos contra la competencia en el mercado se ajustan menos durante una crisis, lo que sugiere que están menos expuestos a este efecto depurador. En los sectores donde unas pocas empresas retienen un gran porcentaje de la cuota de mercado, un *shock* no conduce a ajustes a la baja de los salarios reales o el empleo. Aunque los trabajadores de estos sectores están mejor protegidos contra las crisis, los costos de dicha protección corren a cargo de la economía en su conjunto. En lugar de volverse más ágiles y productivas durante las recesiones económicas, las empresas protegidas aglutinan una mayor cuota de mercado y desplazan aún más a la competencia, reteniendo al mismo tiempo recursos que podrían emplearse de manera más eficiente en otra parte. Este fenómeno es particularmente preocupante en la región de ALC, que exhibe poca apertura de los mercados a la libre competencia, grandes desigualdades y un lento crecimiento de la productividad.

Estos tres resultados tienen importantes implicaciones para las políticas, que cobran aún más relevancia en el contexto de la crisis del COVID-19, la mayor recesión coincidente a la que se ha enfrentado la región de ALC en décadas. Dado que las crisis tienen un efecto negativo en el bienestar social de la región a corto plazo, así como en su potencial de crecimiento económico a medio plazo, los responsables de la formulación de políticas no solo deberían procurar amortiguar los efectos económicos de las crisis, sino también mitigar sus impactos adversos sobre trabajadores, empresas y localizaciones. Las políticas deberían prestar tanta atención a la creación de eficiencia y resiliencia —la capacidad de recuperación cuando se exponen a un *shock* negativo— como a la gestión de los efectos de las crisis a corto plazo.

Este informe propone una respuesta política de tres vertientes. En primer lugar, los *marcos macroeconómicos estables y prudentes y los estabilizadores automáticos* deberían constituir una primera línea de defensa y protección de los mercados laborales contra posibles crisis, tanto si dichas crisis se deben a factores exógenos como endógenos. Unas políticas fiscales y monetarias apropiadas pueden proteger la estabilidad macroeconómica y evitar presiones financieras en todo el sistema en caso de un *shock*.[1] La política monetaria de la región de ALC ha mejorado significativamente desde la década de los noventa, reduciendo la incidencia de recesiones y, con algunas excepciones, evitando grandes crisis financieras. Sin embargo, la política fiscal es fundamental para la macroeconomía y el historial reciente de la región en esta área es frágil. Las políticas fiscales de los países de ALC han tendido a ser procíclicas, en lugar de anticíclicas. Las recuperaciones económicas a menudo desembocan en un rápido crecimiento del gasto público que es difícil mantener, mientras que las recesiones provocan caídas drásticas en los ingresos públicos, lo que obliga a hacer recortes dolorosos en los presupuestos nacionales y los servicios básicos a los que financian. Las reformas fiscales, que incluyen fiscalidad con menos efectos falseadores, gasto público más eficiente, programas de pensiones más sostenibles y reglas fiscales claras, son fundamentales para protegerse contra las crisis.

Los programas anticíclicos de apoyo a los ingresos, como el seguro de desempleo y otras transferencias a los hogares en épocas difíciles, limitan el daño de las recesiones y facilitan la recuperación económica. Sin embargo, estos instrumentos actualmente son inexistentes en la mayoría de los países de ALC y en aquellos países donde se aplican solo responden débilmente a los *shocks*. Dos tercios de los países de la región no ofrecen programas anticíclicos de apoyo a los ingresos para trabajadores desplazados, gestionados en el ámbito nacional. En aquellos países donde sí existen dichos programas, como Argentina, Brasil y Uruguay, solo se observa una correlación débil entre las solicitudes por seguro de desempleo y la actividad económica.

Además, uno de los desafíos que exige una respuesta por parte de la región de ALC es que los medios de subsistencia de grandes segmentos de la población activa son informales y no es posible llegar hasta ellos por medio del seguro de desempleo tradicional. A pesar de ello, este informe demuestra que la ampliación de los programas de transferencias focalizados en las necesidades de los hogares —independientemente de si el empleo perdido era formal o informal— puede funcionar como un «estabilizador» complementario fundamental al apoyar la demanda local y, al mismo tiempo, generar beneficios agregados para la economía local, además de beneficios a nivel individual.

Para abordar la falta de estabilizadores automáticos, los países de ALC podrían considerar la creación o reforma de sus programas de seguro de desempleo, dando carácter permanente a los programas de indemnización a corto plazo y permitiendo que dichos programas se adapten a condiciones cambiantes con mayor agilidad. Dichos resultados podrían lograrse al reforzar las ya extensas redes de protección social de la región, y vincular algunos de los programas al estado y activarlos automáticamente cuando, por ejemplo, los niveles de desempleo superen un umbral determinado. Estas medidas reducirían las pérdidas de bienestar social y los costos de ajuste del mercado laboral tras futuros *shocks*.[2] Este cambio debería acompañarse de normas claras sobre la duración de las prestaciones, las estrategias para reducir las prestaciones cuando la economía se recupere y los costos fiscales de los programas.

Sin embargo, algunas crisis seguirán sucediendo aun teniendo un escudo macroeconómico robusto, lo que plantea una cuestión clave: ¿qué se puede hacer para amortiguar los impactos a largo plazo sobre los trabajadores? Los efectos permanentes documentados en la región de ALC implican que, si se redujera el deterioro del capital humano provocado por las crisis a nivel de trabajador, se podría lograr un mayor crecimiento a largo plazo en la región. Fortalecer las recuperaciones también requerirá medidas adicionales al apoyo a los ingresos a corto plazo para proteger el capital humano y promover transiciones más rápidas y de mejor calidad para los trabajadores desplazados hacia nuevos puestos de trabajo.

Para lograr este objetivo, es necesaria una segunda reforma fundamental. Dicha reforma consiste en *aumentar la capacidad de las políticas laborales y de protección social de los países de ALC, y aglutinarlas en sistemas que brinden apoyo a los ingresos y preparación para nuevos puestos de trabajo por medio de la asistencia para la readaptación profesional y el reempleo* (conocidos como programas activos de mercado laboral, o PAML).

Es preciso redoblar los esfuerzos para adoptar un planteamiento estratégico mucho más estructurado de programas laborales y de protección social flexibles que se basen en registros sociales integrales y dinámicos, y que operen como *sistemas*, en lugar de programas fragmentados y rígidos. Este cambio supondrá crear paquetes de políticas que sean capaces de amortiguar los impactos de la crisis a corto plazo, prevenir pérdidas duraderas de capital humano y facilitar la redistribución de trabajadores, con apoyo para la readaptación profesional y el reempleo.

Sin embargo, la necesidad de aumentar la coherencia de los sistemas laborales y de protección social de los países de ALC y la coordinación entre sus intervenciones viene de lejos, y la región está sufriendo las consecuencias de no contar con todas las herramientas necesarias para responder a la actual crisis del COVID-19. Los datos más recientes sugieren que la rápida acción de los gobiernos durante la pandemia mundial para ampliar algunos programas puede propiciar avances en una medida de suma importancia: crear registros sociales más exhaustivos que estén vinculados y sean interoperables con otras bases de datos de gestión de información administrativa. Dicha medida puede emprenderse en el corto plazo y reducir la pobreza y la desigualdad, al servir como referencia para orientar la distribución de recursos hacia las comunidades más afectadas.

El reempleo seguirá siendo fundamental para evitar los efectos permanentes, pero los datos existentes sobre la eficacia de los PAML parecen ser desalentadores. De acuerdo con dichos datos, la región debería renovar su énfasis en los servicios de apoyo al reempleo e incorporar cuatro elementos que rara vez se asocian con los PAML tradicionales: (a) especificidad a las necesidades particulares de quienes buscan empleo; (b) coherencia y coordinación con otras estructuras del sistema laboral y de protección social (principalmente, los planes de prestaciones por desempleo); (c) seguimiento de la puesta en marcha de los programas y evaluación de su impacto; y (d) recursos suficientes de los presupuestos nacionales.

Cabe destacar que, si bien las políticas laborales y de protección social reciben el tratamiento de políticas para mitigar el impacto de las crisis, también desempeñan un papel fundamental al permitir el acceso a oportunidades de creación de capital humano (como la educación), que, como se demuestra en este informe, aumentan la resiliencia y capacidad de los trabajadores para recuperarse de las crisis.

No obstante, para cambiar los resultados de las crisis en la región de ALC, no basta con disponer de estabilizadores macroeconómicos más fuertes y reformar los sistemas laborales y de protección social. Es precisa una creación de empleo más enérgica para generar mejores recuperaciones, y este cambio requerirá abordar los problemas estructurales: deben abordarse las dimensiones sectoriales y espaciales que explican los deficientes ajustes del mercado laboral. De lo contrario, las recuperaciones en la región de ALC seguirán caracterizándose por una creación de empleo débil.

En dicho contexto, *las políticas en materia de competencia, políticas regionales y normativas laborales* son una tercera dimensión de política fundamental. Por ejemplo, este informe destaca la dicotomía entre empresas en la región de ALC: algunas están expuestas a la competencia y otras están protegidas, por lo que son menos propensas a la reestructuración —que supone una importante fuente de aumento de la productividad—. El informe también destaca la baja movilidad geográfica de las personas trabajadoras de la región, lo que magnifica los efectos de las crisis en el bienestar social y los focos de rigidez laboral que dificultan las transiciones y los ajustes necesarios en el mercado laboral.

Las conclusiones de este informe, junto con una creciente literatura en esta área, sugieren que las políticas regionales podrían abordar la falta de movilidad geográfica de la región de ALC y maximizar los beneficios de reubicación para los trabajadores. Reducir los focos de rigidez laboral —especialmente aquellos causados por restricciones a las decisiones sobre recursos humanos por parte de empresas y personas— podría acelerar los ajustes del mercado laboral y acortar las transiciones. De la misma manera, abordar el proteccionismo y las condiciones de mercado injustas por medio de una legislación más apropiada en materia de competencia, menores subsidios, menos participación estatal y buenas prácticas de contratación pública

podría promover recuperaciones más rápidas. Las respuestas políticas a las crisis deben abordar dichas cuestiones, variando el grado de importancia otorgado a diferentes mecanismos en función del país, el período u otras circunstancias.

Ahora que la región de ALC afronta importantes consecuencias económicas y sociales de la pandemia del COVID-19, los enfoques integrados abonarán el camino para reducir la vulnerabilidad y prepararse mejor para futuras crisis. Durante el pasado año, la región se ha centrado en su respuesta inicial a la emergencia. Tomando como referencia las lecciones de crisis pasadas, las conclusiones de este informe proponen nuevos planteamientos para formular respuestas políticas centradas en trabajadores, sectores y lugares. En conjunto, dichas respuestas propiciarán una recuperación más rápida e inclusiva de la crisis actual, sentando las bases para el futuro crecimiento económico.

Notas

1. Las políticas de estabilización monetaria y fiscal son herramientas muy valiosas para responder a las crisis; incluyen la gestión de la cuenta de capital, la política cambiaria, las reglas fiscales y los fondos soberanos de bienestar social, así como el ajuste de los tipos de interés. Aunque estas políticas son fundamentales, no son el objeto de análisis principal de este estudio.

2. Durante la crisis del COVID-19, muchos países de ALC adoptaron algunas de estas medidas: ampliaron los programas de transferencias monetarias e introdujeron planes de indemnización a corto plazo para mitigar las pérdidas innecesarias de puestos de trabajo, incluyendo la capitalización del tiempo de trabajo, las suspensiones del contrato de trabajo y los subsidios por conservación del empleo.

Abreviaturas

ACP	análisis de componentes principales
ALC	América Latina y el Caribe
AS	asistencia social
AUH	Asignación Universal por Hijo
BID	Banco Interamericano de Desarrollo
COVID-19	coronavirus
hh	encuesta de hogares
ICP	indemnización a corto plazo
LABLAC	Base de Datos Laborales para América Latina y el Caribe
LPE	legislación sobre protección del empleo
MCO	mínimos cuadrados ordinarios
OCDE	Organización para la Cooperación y el Desarrollo Económicos
PAML	programa activo de mercado laboral
PATH	Programa de Avance a través de la Salud y la Educación
PIB	producto interno bruto
PML	programa de mercado laboral
PREGRIPS	Registro Integrado de Programas Sociales del Estado Plurinacional de Bolivia
PS	protección social
PTF	productividad total de los factores
RH	recurso humano
RS	Registro Social
RSH	Registro Social de Hogar

SD	seguro de desempleo
SEDLAC	Base de Datos Socioeconómicos para América Latina y el Caribe
SIFODE	Sistema de Focalización de Desarrollo
SIMS	Base de datos del Sistema de Información de Mercados Laborales y Seguridad Social
SIMAST	Sistema de Información del Ministerio de Asuntos Sociales y del Trabajo
SISBEN	Sistema de Selección de Beneficiarios de Programas Sociales
SIUBEN	Sistema Único de Beneficiarios
TMC	transferencia monetaria condicionada
UE	Unión Europea
I2D2	Base de Datos Internacional sobre la Distribución de los Ingresos

Para obtener una lista de los códigos de país de 3 letras que utiliza el Banco Mundial, visite https://datahelpdesk.worldbank.org/knowledgebase/articles/906519-world-bank-country-and-lending-groups.

Resumen | 1

Las crisis económicas causan serias dificultades para millones de personas en todo el mundo; en particular, para las más pobres que, con pocos activos y escasos ahorros, son más vulnerables a los *shocks* de ingresos. Un marco de políticas más adecuado para prevenir, gestionar y ayudar a las personas a recuperarse de las crisis es fundamental para que los países de América Latina y el Caribe (ALC) aceleren su crecimiento a largo plazo y mejoren los medios de subsistencia. La necesidad de contar con dicho marco de políticas urge más que nunca, ya que la región afronta la tarea hercúlea de recuperarse de la pandemia mundial del COVID-19 (coronavirus). Sin embargo, de momento, sigue abierto el interrogante de si dicho marco generará los dividendos de crecimiento previstos. La respuesta dependerá de las concepciones implícitas sobre cómo se ajustan los mercados laborales a las crisis y del tipo de políticas que se adopten.

Justificación del informe

Los países de ALC registran fluctuaciones macroeconómicas con mayor frecuencia y, a menudo, más pronunciadas que en la mayoría de las regiones del mundo. Además, *las crisis* —en plural— han marcado la historia reciente de la mayoría de los países de la región. Entre 1980 y 2018, un tercio de los trimestres fiscales fueron períodos de crisis en uno o más países de la región.[1] Los países de ALC se han recuperado de algunas de estas crisis, pero otras han alterado sus trayectorias económicas. Este fenómeno se ilustra en el gráfico 1.1, que refleja la gravedad y persistencia de las pérdidas de empleo tras la crisis de deuda de principios de los ochenta en Brasil, la crisis financiera asiática de los años noventa en Chile y la crisis financiera mundial de 2008-2009 en México. Además de las frágiles recuperaciones de las crisis, los países de la región también han experimentado un estancamiento económico generalizado desde 2013.

Si bien se ha escrito extensamente sobre la frecuencia y gravedad de las crisis económicas en la región de ALC, se sabe menos acerca de cómo afectan estos episodios a los trabajadores —tanto a corto como a largo plazo—, y sobre cómo afrontar dichos efectos con respuestas políticas. Es fundamental centrarse en los trabajadores porque los impactos a largo plazo de las crisis sobre los mercados laborales pueden generar pérdidas de ingresos más profundas de lo que se creía anteriormente. Además, si las crisis

GRÁFICO 1.1 **Pérdida persistente de empleo tras las crisis: el mito de la recuperación económica**

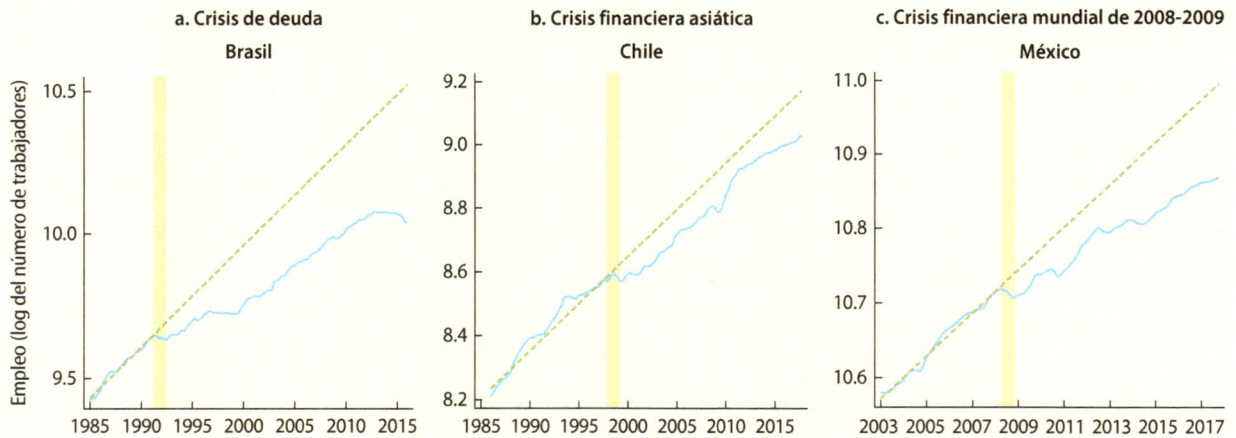

a. Crisis de deuda
Brasil

b. Crisis financiera asiática
Chile

c. Crisis financiera mundial de 2008-2009
México

Fuente: Regis y Silva 2021.
Nota: Las barras verticales indican recesiones. Series desestacionalizadas. Los datos corresponden al primer trimestre de cada año.

destruyen el capital humano, estas pueden tener efectos a largo plazo en el crecimiento económico agregado.

Hay varios interrogantes abiertos que impiden que se logren avances en este ámbito. Primero, ¿cuál es el alcance del impacto de las crisis sobre los trabajadores? Los efectos de las crisis en la región de ALC se superponen a una tendencia a la desaceleración del empleo y la productividad (Fernald *et al.* 2017). Es difícil aislar su impacto en dicha desaceleración —de los de otros factores— porque las fuerzas seculares concomitantes, como los adelantos tecnológicos y la globalización, también afectan al empleo y la productividad en horizontes temporales más amplios (Ramey 2012). Segundo, los estudios desarrollados en este campo se han centrado en los efectos de las crisis a corto y largo plazo por separado, pero ¿cuál es la relación entre dichos efectos? En el medio plazo restante, que se define como los 8 a 12 años después del comienzo de una crisis, las crisis tienen como resultado una transformación microeconómica con efectos persistentes que aún no se comprenden totalmente. Y tercero, ¿cómo pueden las autoridades responsables de la formulación de políticas mejorar los resultados de las crisis? Por el carácter de

emergencia de las crisis, se carece de datos suficientes sobre la eficacia de los principales instrumentos de políticas utilizados para intervenir en ellas. No obstante, los microdatos más recientes disponibles y los avances en los enfoques empíricos han abierto el camino para explicar y comprender este tema con mayor detalle.

La necesidad de este marco de políticas y de análisis urge más que nunca, ya que la región de ALC + afronta la tarea hercúlea de recuperarse de la pandemia mundial del COVID-19. Este proyecto de investigación examina cómo se ajustan los flujos del mercado laboral en la región en un contexto de *shocks* económicos; evalúa el impacto a corto, medio y largo plazo sobre los trabajadores de los ajustes del empleo en respuesta a dichos *shocks*; y analiza las respuestas políticas a las crisis para mitigar las consecuencias negativas de dichos *shocks*. Los resultados brindan una nueva interpretación de las implicaciones de las crisis a medio y largo plazo para los mercados laborales y sugieren respuestas políticas a la crisis del COVID-19 de 2020.

Este estudio se basa en datos existentes sobre *shocks* económicos en América Latina. Dichos *shocks* incluyen *shocks* permanentes,[2] como el cambio tecnológico y las liberalizaciones comerciales de la década de los noventa; y *shocks* transitorios, como las fluctuaciones de los tipos de cambio. Algunos *shocks* transitorios son específicos a un sector o localización, o son idiosincrásicos de un grupo particular de hogares, mientras que otros son sistémicos y afectan a toda la economía de la región. Aunque cada tipo de crisis tiene implicaciones para la productividad y el bienestar social, este estudio se centra en las crisis económicas: *shocks* económicos negativos y de gran magnitud —en lugar de pequeñas fluctuaciones en el PIB—, que son sistémicos, en lugar de idiosincrásicos, y transitorios, en lugar de permanentes. Por medio de nuevas estrategias de identificación y el empleo de nuevos datos, este estudio tiene como objetivo aislar los efectos de los *shocks* de aquellos que se deben a fuerzas seculares concomitantes que también afectan al empleo y la productividad. Por último, aunque las crisis también tienen importantes repercusiones no económicas, este estudio se centra exclusivamente en sus implicaciones económicas.

Si bien este estudio fue elaborado en el contexto de la crisis del COVID-19 e incluye un análisis de su impacto inmediato, como la evolución de la economía en 2020, el objetivo del estudio no se limita a dicha crisis. En primer lugar, dado el patrón de crisis frecuentes de la región de ALC, el estudio pretende comprender los efectos de las crisis en general —no solo de la crisis del COVID-19— en los mercados laborales de la región. En segundo lugar, para comprender cómo se ajustan los mercados laborales de la región a las crisis y desentrañar los mecanismos subyacentes que impulsan dichos ajustes, el análisis necesariamente se basa en los efectos a medio y largo plazo de crisis anteriores. Si bien la crisis del COVID-19 —que se prevé que sea la recesión del mercado laboral más grave en la historia de algunos países— es diferente a todas las crisis previas, e incluye perturbaciones de la oferta e incertidumbre prolongada, también comparte algunas características con crisis anteriores.[3] Dichas características incluyen una recesión global, una fuerte caída en la demanda durante muchos meses, y estrés financiero o crisis financieras inminentes en algunos países. De hecho, los datos sobre desempleo para 2020 sugieren que la crisis del COVID-19 provocó un patrón de desempleo similar al observado en crisis anteriores, con trabajadores menos cualificados más directamente afectados que los trabajadores más cualificados, por ejemplo. Aunque el origen del *shock* es diferente, las similitudes de la crisis del COVID-19 con crisis anteriores sugieren que dichos eventos pueden contener lecciones importantes para la crisis actual y, lo que es aún más importante, para futuras crisis.

Este estudio propone una nueva interpretación sobre cómo se ajustan los mercados laborales de la región de ALC a las crisis, al triangular los efectos en trabajadores, sectores y empresas, y localidades. Este enfoque parte de la observación de este estudio que concluye que las pérdidas de empleo ocasionadas por las crisis son particularmente dolorosas en la región de ALC debido al lento proceso de recuperación que caracteriza a toda la región. El ritmo de creación de empleo depende de factores relacionados con la demanda, como empresas y localización, no solo de los trabajadores. ¿Cómo ajustan los sectores y las empresas el empleo y los salarios en respuesta a las crisis? ¿Qué otros márgenes de ajuste se utilizan más allá del recorte de puestos de trabajo, y cuál es su impacto a medio y largo plazo sobre la eficiencia? ¿Qué importancia tienen las características de las localidades (como, por ejemplo, la estructura económica)? Este estudio examinará en detalle cada una de estas preguntas.

Los efectos de una crisis también dependerán de una segunda dimensión crucial, una que se discutió a nivel mundial durante la crisis del COVID-19: las respuestas políticas a la crisis y si estas conectan eficazmente las consideraciones sobre bienestar social con las prioridades nacionales de crecimiento. Nadie duda de que evitar las crisis es una prioridad. Un entorno macroeconómico más estable reduce la incidencia de *shocks* de crecimiento, mientras que los estabilizadores automáticos, como el apoyo anticíclico a los ingresos para demandantes de empleo, sirven para suavizar los impactos de los *shocks* sobre la economía nacional. Estas medidas son una primera barrera fundamental para frenar las crisis económicas, pero siguen siendo inexistentes en la región de ALC. Corregir esta deficiencia no solo requerirá ajustar las políticas fiscales y monetarias, sino también las políticas laborales y de protección social.

No obstante, algunas crisis seguirán produciéndose incluso si se cuenta con un escudo macroeconómico sólido, y saber cómo amortiguar el impacto sobre los trabajadores es una cuestión fundamental. Este estudio sostiene que, al aumentar la capacidad de las políticas laborales y de protección social de la región de ALC, hay margen para aglutinar dichas políticas en *sistemas* que brinden apoyo a los ingresos y preparen a los trabajadores para nuevos puestos de trabajo por medio de la readaptación profesional y el reempleo. Sin embargo, ¿serán suficientes estas medidas para estimular la creación de empleo y generar mejores recuperaciones? Teniendo en cuenta las conclusiones presentadas en este informe, hay una necesidad urgente de que los países de ALC aborden problemas estructurales, incluidos la baja competencia del mercado de productos en algunos sectores, cuestiones sobre la apertura de los mercados a la libre competencia y las dimensiones espaciales en el ajuste deficiente del mercado laboral. Si no se abordan estas cuestiones claves, las recuperaciones económicas en la región de ALC seguirán caracterizándose por una creación de empleo estancada.

Hoja de ruta

Este estudio combina la macroeconomía de los efectos de las fluctuaciones cíclicas y las crisis en el PIB con la microeconomía de los efectos desiguales de dichas crisis en trabajadores, sectores y regiones. Se basa en los principales resultados de un gran proyecto de investigación, en cuyo marco se elaboraron 10 documentos que se centran en la dinámica de los ajustes laborales a los *shocks* en la región de ALC, las implicaciones a largo plazo de los *shocks* de corto plazo,

los mecanismos implicados en dichos *shocks* y los efectos de las políticas en el ajuste del mercado laboral (véase el anexo 1A para más información).

Este estudio se organiza en torno a tres temas analíticos que resultan fundamentales para comprender cómo se ajustan los mercados laborales a las crisis y las consecuencias de dichos ajustes para los trabajadores, a corto y largo plazo:

- **Capítulo 2: La dinámica del ajuste del mercado laboral** estudia cómo han afectado las crisis a los flujos del mercado laboral en la región del ALC durante los últimos 20 años y evalúa hasta qué punto configuran la estructura del empleo en la región. En lugar de centrarse en cifras (por ejemplo, la tasa de desempleo o la elasticidad del desempleo respecto a los cambios en la producción), considera los mecanismos de ajuste del mercado laboral, el carácter cíclico de los flujos de empleo, el grado de heterogeneidad de dichos flujos en empresas y trabajadores, y si los ajustes del empleo conducen a cambios en la estructura del empleo.
- **Capítulo 3: El impacto sobre trabajadores, empresas y lugares** evalúa los efectos a medio y largo plazo de los *shocks* en los resultados del mercado laboral a nivel de trabajador, empresa y localidad, más allá del bienestar social, incluyendo cuestiones de eficiencia más amplias. (a) Evalúa la magnitud y duración de los costos a medio y largo plazo de las crisis para los trabajadores afectados en términos de ingresos y empleo, e identifica los perfiles de trabajadores que corren mayor riesgo de pérdidas de bienestar social a largo plazo; (b) presenta explicaciones causales y datos empíricos sobre *cómo* afectan las crisis a sectores y empresas, y a la eficiencia a medio y largo plazo; y (c) explica *por qué* estos procesos microeconómicos tienen un comportamiento tan diferente para los trabajadores y las empresas de diferentes localidades.
- **Capítulo 4: Hacia una respuesta política integrada** evalúa la adecuación del actual marco de políticas para abordar la naturaleza a largo plazo de los ajustes del

mercado laboral, y analiza las posibles reformas a las políticas macroeconómicas, laborales, de protección social, sobre competencia y locales que podrían ayudar a amortiguar los impactos a corto y largo plazo de las crisis, y abordar sus causas a nivel de sector, empresa y localización, armonizando las prioridades de bienestar social y crecimiento.

Este estudio se basa en las principales conclusiones de varios documentos de información y aborda un tratamiento más amplio de la literatura y un resumen de las intervenciones políticas recientes para orientar nuevas áreas de reflexión en los debates políticos actuales. Los documentos y análisis complementarios elaborados por este estudio utilizan fuentes de datos y enfoques analíticos de diversa índole, incluidos nuevos datos de encuestas armonizadas de hogares y de la población activa (de corte transversal y panel) para 17 países de ALC; conjuntos de datos longitudinales empleador-empleado para Brasil y Ecuador (de trabajadores formales y empresas para un periodo de más de 15 años); y cuentas nacionales, que fueron analizadas para evaluar la dinámica del mercado laboral. Para analizar los efectos causales de las crisis, también se estudian los *shocks* de las empresas que surgen de los *shocks* de demanda externa. Estos *shocks* exógenos permiten separar los efectos de la crisis de aquellos ocasionados por fuerzas seculares concomitantes que también afectan al empleo y la productividad en horizontes temporales más amplios. Estos datos se complementan con las conclusiones de un modelo estructural desarrollado a partir de datos detallados de Brasil para evaluar las implicaciones de los ajustes del mercado laboral para el bienestar social.

Ideas principales

Este estudio orienta nuevas áreas de reflexión en cada uno de los tres temas analíticos: la dinámica de ajuste del mercado laboral; el impacto de las crisis sobre trabajadores, empresas y lugares; y las respuestas políticas a las crisis.

Las crisis tienen impactos significativos sobre la estructura y la dinámica del empleo en América Latina

¿Cómo cambian las crisis los flujos del mercado laboral? Un *shock* macroeconómico conlleva una redistribución microeconómica a nivel de trabajador y empresa. En estos momentos decisivos, los trabajadores y las empresas caminan hacia un destino común. Las empresas pueden ajustar el número de empleados, las horas de trabajo y el pago de salarios, y los trabajadores pueden optar por aceptar dichas ofertas o buscar otras alternativas. A partir de estas interacciones, se genera un nuevo equilibrio a corto plazo.

A corto plazo, los shocks negativos generan más desempleo que informalidad

Según un nuevo trabajo de investigación elaborado para este informe, el ajuste a corto plazo a las crisis se produce principalmente por medio del desempleo (Sousa 2021). Aunque las salidas de la fuerza de trabajo y los cambios hacia el trabajo a tiempo parcial no parecen ser márgenes de ajuste significativos, Sousa (2021) observa una fuerte correlación negativa entre los flujos de empleo formal e informal en cinco de los seis países analizados (las reducciones de la formalidad a menudo van acompañadas de una mayor informalidad y viceversa), donde las grandes economías informales de los países sirven como redes de protección social *de facto* para absorber el exceso de mano de obra. Pero incluso con esta función de amortiguador, el desempleo absoluto sigue siendo un margen significativo de ajuste del mercado laboral a los *shocks* económicos en la región de ALC.

Los grandes flujos brutos de empleo hacia el desempleo, en cambio, representan reducciones significativas en los ingresos de los hogares, lo que aumenta la vulnerabilidad, y aumenta y profundiza la pobreza. Los ingresos del trabajo representan el 60 % de los ingresos de los hogares para el 40 % más pobre de los hogares en los países de ALC. Entre los hogares que no viven en la pobreza, la pérdida del trabajo de la principal fuente de ingresos abocaría a la pobreza al 55 %. Además, la pérdida de empleo impone costos a los trabajadores que van mucho más allá de la pérdida inmediata de ingresos.[4] El ajuste económico a través del desempleo también es especialmente costoso porque los empleos se pierden más rápidamente de lo que se obtienen; en otras palabras, las pérdidas de empleo pueden persistir durante un período prolongado después de una crisis.

La pérdida neta de empleo formal se debe a la reducida creación de empleo

Este informe pone de manifiesto que la mayor parte de la reducción del empleo en respuesta a una crisis ocurre en el sector formal. Este resultado es importante porque el potencial de encontrar buenas coincidencias laborales, los ingresos por primas específicas a las empresas y el capital humano específico a las coincidencias laborales es mayor entre aquellas personas que están empleadas en la economía formal. Las fluctuaciones en el desempleo están condicionadas por las tasas de transición hacia y desde el desempleo: tasas de pérdida y obtención de empleo, respectivamente. Durante las recesiones económicas, dichas tasas obedecen a una mayor destrucción de puestos de trabajo (se eliminan los puestos existentes), una menor creación de puestos de trabajo (no se crean nuevos puestos) y menores niveles de redistribución o rotación de puestos de trabajo, ya que menos trabajadores abandonan voluntariamente sus puestos de trabajo para buscar mejores coincidencias.[5] Abordar dichas transiciones requerirá diferentes herramientas de intervención. La respectiva contribución al desempleo de cada tipo de transición varía en los mercados laborales; algunos estudios de economías de altos ingresos concluyen que el desempleo cíclico obedece a tasas reducidas de obtención de empleo, mientras que otros señalan que se acentúan por mayores tasas de separación laboral.[6]

Sousa (2021) observa una baja ciclicidad de las pérdidas de empleo en el empleo formal e informal. En cambio, en la mayoría de los países analizados, el ajuste en el empleo durante la crisis financiera mundial de 2008 se acentuó por una caída en las tasas netas de obtención de empleo que fue mayor en la economía formal que en la economía informal. Silva y Sousa (2021) se centran en la economía formal, y sirviéndose de conjuntos de datos administrativos empresa-empleado de Brasil y Ecuador, observan que una reducción en la creación de empleo, en lugar de un aumento en la destrucción de empleo, mengua el empleo formal durante las crisis: las pérdidas netas de trabajos formales se deben a la reducción de nuevo empleo formal. También observan que, aunque las empresas más grandes tienden a ser más productivas y resilientes a las crisis, también manifiestan mayores fluctuaciones cíclicas en la demanda laboral. Es decir, aunque las empresas sean resilientes, es posible que el empleo en dichas empresas no sea el más resiliente a los *shocks* económicos. Una vez que se tienen en cuenta las mayores «tasas de mortalidad» de las pequeñas empresas, los patrones de fluctuaciones del empleo son muy similares para todas las empresas, grandes o pequeñas.

¿Son los flujos de empleo más cíclicos para los trabajadores menos cualificados o empleados de manera informal que para los trabajadores empleados formalmente o más cualificados? La combinación de la región de ALC de grandes economías informales y trabajadores con niveles de cualificación muy diversos sugiere una jerarquía en los costos de ajuste, donde los trabajadores informales —que tienen menos protecciones laborales— pueden tropezar con mayores probabilidades de pérdida de empleo (y medios de subsistencia), independientemente de cuáles sean sus cualificaciones. En general, es más probable que los trabajadores de los quintiles de ingresos más bajos sufran transiciones laborales negativas que los trabajadores de los quintiles de ingresos más altos. No obstante, en conjunto, los resultados de este estudio sugieren que el empleo más cualificado es más sensible a los *shocks* de crecimiento que el empleo menos cualificado. Este resultado concuerda con la ya citada mayor ciclicidad del empleo en las empresas grandes, y mayores pérdidas cíclicas de empleo entre trabajadores empleados formalmente porque es más probable que dichos trabajadores estén más cualificados.

Las oportunidades laborales estables y protegidas están menguando gradualmente en la región de ALC

Los cambios en la dinámica del mercado laboral pueden producir cambios en la composición de la población económicamente activa. Las repercusiones macroeconómicas potenciales de una crisis para la estructura del empleo pueden influir en los efectos de la crisis a medio y largo plazo en el empleo y los salarios. Como revela este estudio, las crisis en la región de ALC tienen efectos significativos en la estructura del empleo que duran varios años (Regis y Silva 2021). En Brasil, Chile, Ecuador y México, la contracción del empleo formal estándar ha sido acusada y duradera. Las economías de ALC no se recuperan de la contracción en el empleo formal provocada por una crisis hasta pasados varios años. Durante 20 meses después del comienzo de una recesión, el empleo general tiende a permanecer más bajo, y el empleo formal sigue situándose por debajo de los niveles previos a la crisis durante más de 30 meses. Las secuelas macroeconómicas de las crisis persisten durante numerosos años, provocando que los índices de empleo formal se depriman sustancialmente. Este efecto se observa en toda la región, a pesar de las diferencias existentes entre mercados laborales nacionales.

Aunque los cambios estructurales de larga duración están transformando la naturaleza del trabajo, las crisis acentúan la reducción de oportunidades de empleo en lo que tradicionalmente se consideraban «buenos trabajos»: el empleo estándar, estable y protegido, normalmente asociado con el sector formal. Además, aunque el trabajo informal parece ser un amortiguador de las crisis a largo plazo en algunos países —entre ellos, Brasil y Chile—, en otros —como Ecuador y México— el empleo informal está estancado o disminuye en respuesta a las crisis. Esto sugiere que una crisis tiene el potencial de desplazar el mercado laboral hacia un nuevo equilibrio entre el empleo formal e informal, con implicaciones a largo plazo para el bienestar social y la productividad.

Las crisis tienen efectos permanentes en los trabajadores, pero las características de empresas y lugares influyen en la magnitud y duración de dichos efectos

Aunque los datos presentados hasta ahora sugieren que las crisis económicas tienen impactos perjudiciales a nivel agregado, ¿cuál es la magnitud de los impactos sobre los trabajadores individuales y la economía? ¿Qué significan para el bienestar social y la eficiencia cuando se consideran las tres dimensiones principales del ajuste del mercado laboral (trabajadores, sectores y localidades)? Los impactos de una crisis tienen efectos permanentes para los trabajadores y las empresas. Muchos trabajadores no se sobreponen por completo, ni siquiera a largo plazo; los ingresos se mantienen bajos y sus carreras profesionales se deterioran. Quienes más pierden, pierden mucho. Las empresas se ajustan a las crisis de tales maneras que afectan a su eficiencia y resiliencia futuras. En general, las crisis tienen efectos permanentes en los trabajadores, pero la estructura de los mercados de productos y las condiciones dentro de los mercados laborales locales afectan a la magnitud de dichos efectos.

Los trabajadores menos cualificados sufren más efectos permanentes, mientras que los trabajadores altamente cualificados sufren impactos de menor magnitud y corta duración

¿Qué alcance tienen dichos efectos permanentes causados por crisis económicas en América Latina y qué formas adoptan? Este proyecto de investigación analiza los efectos permanentes en tres dimensiones: los efectos causados por la pérdida de empleo, por las condiciones iniciales de entrada y por los efectos de las crisis en las empresas. En el caso de los efectos permanentes debidos a la pérdida de empleo, este estudio observa efectos salariales importantes y duraderos por el desplazamiento resultante del cierre de empresas. Por ejemplo, dos años después del cierre de una fábrica, los salarios eran un 11 % más bajos para los trabajadores desplazados que para los trabajadores no desplazados. Cuatro años después, la brecha salarial era del 6 %. Los salarios no se recuperaron por completo hasta pasados 9 años tras el cierre (Arias-Vázquez, Lederman y Venturi 2019).

A continuación, este proyecto analiza los efectos permanentes en la región de ALC causados por las condiciones del mercado laboral, cuando los nuevos trabajadores se incorporan por primera vez al mercado laboral (Moreno y Sousa 2021). ¿Cuáles son las consecuencias salariales y de empleo a largo plazo de incorporarse al mercado laboral durante una recesión, dando lugar a lo que los medios de comunicación llaman «una generación perdida»? Esta cuestión es particularmente relevante para la región de ALC, dadas las altas tasas de desempleo juvenil, y sus inversiones para aumentar y mejorar los resultados educativos en los niveles secundario y terciario. ¿Vulneran las crisis frecuentes dichas inversiones en el capital humano de la región?

Utilizando datos detallados de cuatro países de ALC, los resultados del proyecto confirman que la incorporación al mercado laboral durante una crisis puede tener consecuencias a largo plazo. No obstante, los efectos permanentes se hallan en resultados relacionados con el empleo (tasas de participación más bajas, tasas de desempleo más altas y mayores probabilidades de trabajar de manera informal), en lugar de efectos a largo plazo en los ingresos. Además, los efectos son aún más significativos entre trabajadores menos cualificados (quienes no han recibido educación terciaria) que entre trabajadores más cualificados. Por ejemplo, en Brasil y Ecuador los efectos en el empleo y los salarios de los trabajadores persisten durante un promedio de nueve años después del inicio de una crisis. Los trabajadores con un nivel de educación superior apenas sufren impactos de la crisis sobre los salarios, aunque sí sufren impactos de muy corta duración sobre el empleo (Moreno y Sousa 2021). De manera similar, Fernandes y Silva (2021) observan efectos permanentes más profundos de la crisis financiera mundial de 2008-2009 en los resultados de empleo y salarios

para trabajadores menos cualificados, en comparación con los más cualificados, en el sector formal de Brasil y Ecuador. Una posible explicación a este efecto es que existe una menor competencia en los trabajos cualificados debido a la relativa escasez de graduados universitarios en la región de ALC. En otras palabras, es probable que los efectos permanentes exacerben el alto nivel de desigualdad salarial entre cualificaciones de la región.

En otro orden de ideas, para considerar la transferencia de los *shocks* económicos de las empresas a los empleados, Fernandes y Silva (2021) observan que entre trabajadores con características observables iniciales similares, a los trabajadores de empresas más afectadas por la crisis les cuesta más reponerse del *shock*. Sin embargo, los efectos en los trabajadores varían según las características del empleador o la empresa: por ejemplo, los efectos son menores para los trabajadores de empresas grandes. Los datos que se presentan en este informe también evidencian que los trabajadores que pierden sus trabajos, incluso si recuperan el empleo posteriormente, sufren una merma duradera en sus ingresos. Además, los trabajadores no cualificados son los más afectados. Esto tiene implicaciones desde una perspectiva de equidad y reducción de la pobreza.

Los flujos reducidos de empleo pueden disminuir el bienestar social a nivel individual, pero los trabajadores en localidades con más oportunidades laborales, incluida la informalidad, se recuperan mejor

Los *shocks* negativos de demanda agregada y las crisis reducen el bienestar social, en parte, al reducir los flujos de empleo (Artuc, Bastos y Lee 2021). Debido a este efecto, durante las desaceleraciones y las crisis, la calidad de las coincidencias laborales decae. La utilidad estimada de la calidad de las coincidencias laborales también disminuye porque los trabajadores reducen su movilidad en épocas de crisis. Un modelo estructural para Brasil, desarrollado en un documento elaborado para este proyecto, observa que un *shock* externo negativo en el mercado laboral local reduce el bienestar social de manera significativa dentro del mercado y que la baja movilidad entre regiones magnifica el impacto (Artuc, Bastos y Lee 2021).

Este informe identifica pérdidas mayores y más duraderas en el empleo (y a veces en los salarios) tras una crisis entre trabajadores formales de localidades con sectores primarios más grandes, sectores de servicios más pequeños y menos empresas grandes (Fernandes y Silva 2021). En estos casos, las pérdidas de ingresos persistentes entre los trabajadores podrían reflejar una falta de oportunidades durante la recuperación económica, además de los efectos permanentes en el sentido tradicional de una pérdida persistente de capital humano asociada con un período de desempleo o empleo de menor calidad.

Por otro lado, la existencia de una gran economía informal puede proteger a algunos trabajadores contra los *shocks*. Este estudio observa pérdidas de empleo y salarios menores en respuesta a las crisis entre trabajadores formales del sector privado que viven en localidades con mayores tasas de informalidad (Fernandes y Silva 2021). Este resultado sugiere que la informalidad puede ser un importante amortiguador del empleo de medio a largo plazo, a medida que los trabajadores transitan del desempleo a la formalidad. Dix-Carneiro y Kovak (2019) demostraron dicho efecto en el caso del ajuste a la liberalización del comercio. De hecho, las transiciones del desempleo al empleo informal eran dos veces más comunes en los datos brasileños que las transiciones del desempleo al empleo formal.

Las crisis pueden tener efectos depuradores positivos que aumentan la eficiencia y la productividad, aunque las estructuras de mercado menos competitivas mitigan dichos efectos

A medida que la economía transita hacia un nuevo equilibrio, muchos trabajadores pierden sus puestos de trabajo o sufren una reducción de ingresos, algunas empresas cierran y los recién llegados al mercado laboral encuentran dificultades para iniciar sus carreras profesionales. La eficiencia cambia permanentemente y los efectos positivos en el empleo dependen de la capacidad de la economía para crear puestos de trabajo. Dado que las empresas constituyen un importante canal de transferencia de los efectos de las crisis a los trabajadores individuales, la velocidad del ajuste de los trabajadores y los resultados del nuevo equilibrio también dependen de la estructura inicial de los mercados de productos, los beneficios y los mecanismos de reparto de beneficios.

Las crisis pueden aumentar la productividad y eficiencia

Durante una crisis, las coincidencias empleador-empleado y el capital humano específico a ciertos puestos de trabajo que surgen de estas —que a menudo requieren una inversión costosa en términos de tiempo y volvería a ser viables cuando la economía recupere la normalidad— podrían llegar a disolverse de manera permanente únicamente debido a la gravedad del *shock* temporal. Estas pérdidas de puestos de trabajo podrían ralentizar el aumento de la producción en un futuro, e implican pérdidas de productividad; sin embargo, también pueden tener un efecto depurador importante y conducir a una mayor productividad tanto a nivel de empresa como de mercado.

Una crisis también puede tener efectos persistentes en la tecnología, que pueden ser un margen de ajuste que utilizan las empresas para reponerse. Las empresas se ajustan a las crisis a través de cambios en la productividad, cambios en la demanda de diversas cualificaciones, márgenes comerciales, y cambios para hacer atractivos los productos para los consumidores (Mion, Proenca y Silva 2020). En algunos países, como Ecuador, los *shocks* negativos de demanda reducen el coeficiente capital/trabajador de las empresas más afectadas, mientras que, en otros países, como Brasil, las empresas simplemente ajustan el empleo y los salarios (Fernandes y Silva, 2021). Los *shocks* también aumentan el contenido de cualificaciones en su producción (la participación de la mano de obra cualificada en su empleo total) tras un *shock* negativo de demanda externa en países como

Argentina (Brambilla, Lederman y Porto 2010), Brasil (Mion, Proenca y Silva 2020) y Colombia (Fieler, Eslava y Xu 2018).

Además, las crisis pueden afectar a la estructura de la economía nacional. Provocan la salida de empresas —no de inmediato, sino aproximadamente dos años después del *shock*—, como en el caso de Brasil y Ecuador (Fernandes y Silva 2021). También podrían darse problemas de sobreendeudamiento y tener efectos permanentes para las empresas. Las crisis destruyen empresas poco resilientes y aumentan la cuota de mercado de las más resilientes. Además de sus efectos en las empresas existentes que superan el impacto, las crisis pueden tener efectos persistentes para las empresas que se crean en tiempos difíciles. La demanda es un factor clave de las capacidades de las empresas y si estas se crean en un momento en el que la demanda es baja, tendrán más dificultades para desarrollar una red de clientes y aprender a colaborar adecuadamente con ellos. Nuevos datos de EE. UU. indican que las empresas que se crean en tiempos de crisis se desarrollan con dificultades; es decir, crecen lentamente a lo largo de su ciclo de vida, incluso cuando los tiempos mejoran (Moreira 2018). Los efectos de las crisis pueden tener implicaciones persistentes para la economía y las empresas podrían tener dificultades para revertirlos.

Al provocar una salida de empresas, las coyunturas económicas desfavorables pueden tener un efecto depurador y aumentar la productividad. Suponiendo que un mercado laboral está sujeto a grandes fricciones, las empresas de muy baja productividad pueden sobrevivir si contratan trabajadores por salarios muy bajos. Dadas las fricciones del mercado laboral, los trabajadores que reciben ofertas de salarios bajos, aceptan; el costo de oportunidad de continuar con su búsqueda de empleo es alto porque las tasas de coincidencia laborales son bajas. Por lo tanto, dichas empresas de baja productividad, en la práctica, pueden retener recursos que podrían emplearse de manera más eficiente en otros lugares. En este contexto, las grandes perturbaciones económicas pueden tener un efecto depurador al liberar trabajadores de dichas empresas y permitir su redistribución en empresas más productivas a medida que la economía se recupera. De manera similar, las crisis podrían facilitar la redistribución de sectores que se han mantenido con una productividad muy baja en el margen de la mera supervivencia. Este efecto es positivo siempre que la economía permita la creación de empleo después de superar la crisis. Sin embargo, los efectos de las crisis en la productividad se mueven en una dirección opuesta en Brasil: las crisis han conducido a reducciones persistentes (no aumentos) en la productividad de las empresas. En Ecuador, en cambio, las crisis han estimulado un aumento positivo, aunque reducido, de la productividad (Fernandes y Silva 2021).

Los sectores y empresas protegidos se ajustan menos durante una crisis, lo que sugiere menos oportunidades para un efecto depurador en dichos sectores

Existe una interacción compleja entre los mercados laborales, los mercados de productos y las condiciones locales; ahondar en dicha interacción resulta esencial para promover políticas económicas adecuadas. Más allá de las empresas, si se considera el rol de la estructura del mercado, los datos de este proyecto sobre Brasil demuestran que el empleo de empresas más protegidas, definidas como aquellas que tienen menos competencia, se ve menos afectado por las crisis en comparación con el empleo en empresas menos protegidas (Fernandes y Silva 2021). En los sectores donde unas pocas empresas aglutinan un gran porcentaje de la cuota de mercado, un *shock* grave no ocasiona ajustes a la baja del salario real ni del empleo. En cambio, puede provocar un aumento en el empleo: lo contrario de lo que ocasionarían mecanismos económicos normales. Del mismo modo, el empleo es menos sensible a un *shock* negativo de exportaciones si la empresa en cuestión es de propiedad estatal.

Si bien los trabajadores de empresas protegidas están mejor aislados de las crisis que los de otras empresas, los costos de dicha protección corren a cargo de la economía en su conjunto, lo que conduce a una menor productividad general. Por tanto, este resultado sugiere que la existencia de empresas y sectores protegidos en la región de ALC podría contribuir a su bajo nivel de productividad, al no poder beneficiarse plenamente de las oportunidades de eficiencia y productividad de las crisis. En lugar de aumentar su agilidad y mejorar su productividad durante las recesiones económicas, las empresas protegidas pueden aumentar su cuota de mercado y desplazar aún más a la competencia. Como se señaló anteriormente, es posible que también retengan recursos que podrían usarse de manera más eficiente en otra parte.

Aunque este estudio se enfoca en América Latina y el Caribe, sus resultados tienen implicaciones para comprender el proceso de modernización en otras regiones. En particular, los resultados del estudio refuerzan la idea de que las crisis afectan al empleo y la productividad a largo plazo, no solo a corto plazo. El entorno particular del estudio (la región de ALC) tiene la ventaja de que permite identificar claramente una relación causal entre las crisis y una amplia gama de efectos en el bienestar social y la eficiencia, pero parece probable que los resultados básicos del estudio sean aplicables de una manera más amplia.

Tres dimensiones de la respuesta política a las crisis

Si se considera la importancia de la demanda para el bienestar social de una economía y el triángulo de trabajadores, empresas y lugares, ¿cómo pueden servir las políticas para mitigar los impactos de las crisis sobre los trabajadores y promover una mejor recuperación? Este estudio demuestra que las crisis tienen un efecto negativo significativo sobre el bienestar social en la región de ALC. Es probable que los efectos permanentes del mercado laboral que documenta afecten al potencial de crecimiento económico de la región de ALC. Para mitigarlos, las políticas deberían intentar amortiguar los efectos a corto plazo en los trabajadores: los impactos del *shock* se propagan de maneras desiguales entre trabajadores y empresas, y

muchos no recuperarán sus empleos, salarios o clientes perdidos. Las políticas deben prestar la misma atención a la eficiencia que a la resiliencia, promoviendo la capacidad de recuperarse cuando se exponen a un *shock* negativo, lo que podría verse favorecido por un crecimiento económico saludable.

El gráfico 1.2 presenta un marco para reflexionar sobre áreas de política relevantes. Los marcos macroeconómicos estables y prudentes, y los estabilizadores automáticos (el escudo en el gráfico 1.2) constituyen la primera área de respuesta que sirve para proteger los mercados laborales contra las crisis. Las políticas fiscales y monetarias prudentes también constituyen herramientas valiosas que sirven para prevenir muchos tipos de crisis y garantizar el espacio fiscal necesario para ofrecer apoyo y evitar tensiones financieras en el sistema cuando acontece una crisis[7].

Además de las políticas macroeconómicas, el estabilizador automático típico utilizado en los países de la Organización de Cooperación y Desarrollo Económicos (OCDE) es el seguro de desempleo, del que carecen muchos países de la región de ALC. Este tipo de programa laboral y de protección social es fundamental para amortiguar el impacto de las crisis sobre los trabajadores formales. Sin embargo, muchos trabajadores de la región de ALC son informales y la mejor manera de proteger sus ingresos y consumo es mediante transferencias en efectivo y cupones. Estos programas, que se enfocan en las necesidades de los hogares y no distinguen si el trabajo perdido era formal o informal, suavizan el alcance del ajuste del mercado laboral y sus correspondientes impactos a corto y largo plazo sobre las personas más pobres y vulnerables. Dado que el reempleo es fundamental para evitar los efectos permanentes, los servicios de readaptación profesional y reempleo (los llamados «programas activos de mercado laboral») son un tercer tipo de programa laboral y de protección social esencial. El papel principal del sistema laboral y de protección social de un país, que determina el tamaño y la persistencia de los impactos de una crisis, se ilustra mediante la flecha superior del gráfico 1.2.

GRÁFICO 1.2 Mecánica del ajuste y políticas que pueden suavizarlo

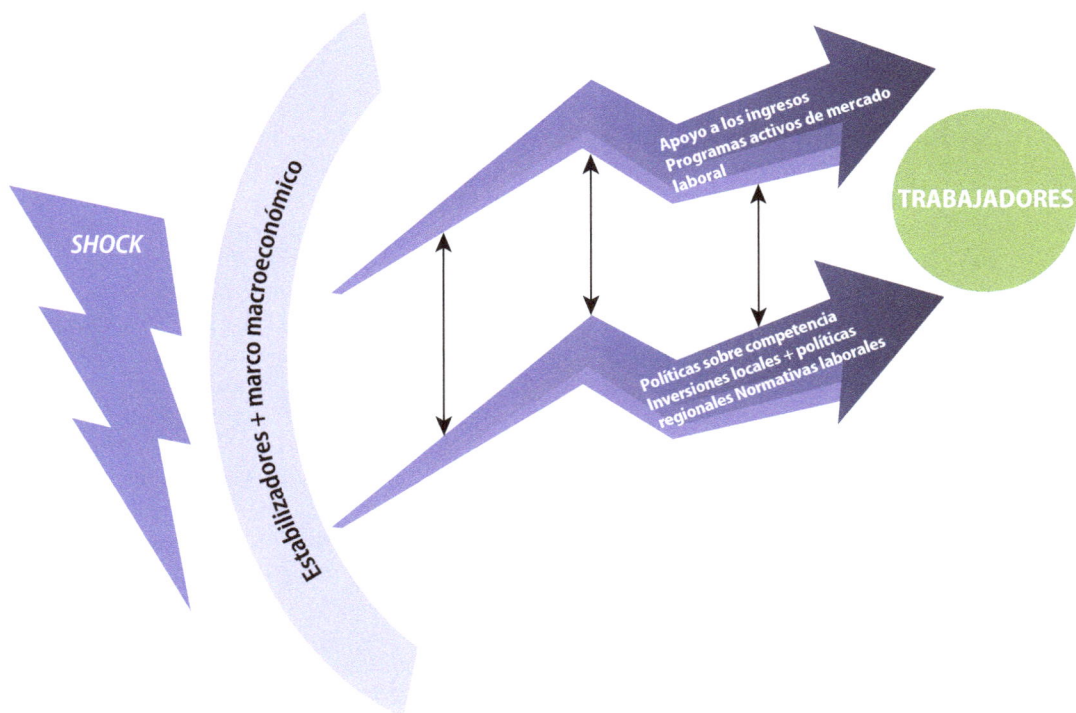

SHOCK

Estabilizadores + marco macroeconómico

Apoyo a los ingresos
Programas activos de mercado laboral

Políticas sobre competencia
Inversiones locales + políticas regionales Normativas laborales

TRABAJADORES

Fuente: Banco Mundial.

Aunque los sistemas laborales y de protección social pueden amortiguar los impactos de las crisis sobre los trabajadores, no abordan cuestiones estructurales que permiten determinar la magnitud de dichos impactos. Por ejemplo, este estudio destaca una dicotomía entre empresas protegidas (debido a su poder de mercado y a la falta de competencia) y empresas sin protección en la región de ALC, y la baja movilidad geográfica de los trabajadores de la región; ambos factores magnifican los efectos de los *shocks* en el bienestar social. El estudio también subraya los focos de rigidez laboral que están ralentizando las transiciones de empleo a empleo. Por lo tanto, las políticas sobre competencia, las políticas regionales y las normativas laborales (ilustradas mediante la flecha inferior en el gráfico 1.1) son una tercera dimensión clave en las respuestas políticas a las crisis. Esta dimensión se ocupa de problemas estructurales importantes que podrían ser la causa de ajustes deficientes —y que posiblemente requieran intervenciones a nivel de sector y localidad, así como intervenciones a nivel de trabajador y de toda la economía—, y que interactúan con las necesidades e incentivos de las protecciones sociales anteriormente señaladas (como se ilustra mediante las flechas verticales del gráfico 1.2). La respuesta política a una crisis debe abordar los problemas estructurales de manera directa y estos tendrán diversos grados de importancia en función del país o entorno.

Dada la complejidad de los ajustes del mercado laboral a las crisis económicas de la región de ALC, este informe sostiene que los países pueden mejorar sus respuestas si progresan en tres ámbitos.

Estabilizadores automáticos y marcos macroeconómicos como escudos

La región de ALC ha mejorado significativamente su marco macroeconómico en las últimas décadas. Gracias a estos esfuerzos, la región sufre menos crisis internas de las que solía tener. Salvo contadas excepciones, desde la década de los noventa no se han producido grandes crisis monetarias en la región; en cambio, algunos factores exógenos a la región están provocando la mayoría de sus crisis. Un importante avance es la reducción de la inflación en la mayoría de los países de la región. En las décadas de los ochenta y noventa, cuando la región tenía una alta inflación, el ajuste de la crisis a través de salarios reales más bajos solía ser mecánico: cuando la inflación se disparaba durante una crisis, los salarios reales caían. Actualmente, el ajuste a las crisis se produce principalmente por cambios en el empleo, que está asociado con efectos permanentes de larga duración, como ya se ha mencionado en este capítulo (Robertson 2021).

No cabe la menor duda de que es mejor evitar las crisis siempre que sea posible. Un marco macroeconómico prudente es fundamental para reducir la frecuencia de las crisis. No obstante, algunas crisis son inevitables. Las políticas de estabilización monetaria y fiscal son una herramienta valiosa para responder a dichas crisis. Estas políticas incluyen la gestión de la cuenta de capital nacional, los tipos de interés, la política cambiaria, los fondos soberanos de bienestar social y las normas fiscales. Es importante destacar que tener espacio fiscal para propiciar un estímulo a la demanda podría ser clave para resolver situaciones de crisis, pero el espacio depende de decisiones tanto presentes como pasadas. Las reformas fiscales con perspectiva de largo plazo son fundamentales; dichas reformas podrían implicar abordar cuestiones difíciles, como la política fiscal, los subsidios en el sector energético, la eficiencia del gasto social y la estabilidad financiera de los sistemas de pensiones de jubilación a medida que la población envejece.

Para proteger un país contra *shocks* externos, resulta decisivo disponer de un conjunto estable de estabilizadores automáticos. Entre estos estabilizadores se encuentran los acuerdos de protección de ingresos gestionados a nivel nacional, como el seguro de desempleo, y otras medidas anticíclicas de apoyo a los ingresos que se amplían cuando la economía atraviesa una coyuntura desfavorable para ayudar a las personas afectadas. Dichos programas estimulan el consumo, propiciando un estímulo de la demanda que limita los daños y ayuda a acelerar la recuperación. Los estabilizadores automáticos ayudan a los hogares a suavizar su consumo, reduciendo el impacto inmediato del *shock* sobre la demanda agregada y el empleo y, por lo tanto, mitigando la magnitud y la composición de sus efectos en los mercados laborales. Dicho de otro modo, dichas políticas pueden reducir la gravedad de una crisis.

La región de ALC aún necesita estabilizadores automáticos más robustos para garantizar respuestas fiscales eficaces a las crisis. La falta de estabilizadores agregados o su funcionamiento deficiente limitan la capacidad de los gobiernos para hacer un gasto dinámico y anticíclico, lo que dificulta la gestión de las crisis y amplifica sus correspondientes efectos.

Más allá de los programas de seguro de desempleo a gran escala, hay otras políticas que también pueden desempeñarse como estabilizadores automáticos. Durante la crisis del COVID-19, por ejemplo, algunas estrategias como la capitalización del tiempo de trabajo, las suspensiones del contrato de trabajo, los subsidios por conservación de puestos de trabajo y programas de indemnización a corto plazo[8] han representado una parte importante del gasto para ayudar a limitar el daño a corto y largo plazo de los despidos. Los programas de transferencias monetarias para la asistencia social también se han ampliado y los resultados de este proyecto apuntan a que dicha ampliación ha aumentado el empleo en el nivel agregado de la economía local, además de tener efectos positivos en la pobreza y la desigualdad (Gerard, Naritomi y Silva 2021). Si algunos de estos instrumentos fueran componentes permanentes de los estabilizadores automáticos en los respectivos países, podrían reducir las pérdidas y los costos de ajuste tras futuros *shocks*. Algunos de estos programas podrían vincularse al estado y activarse de manera automática cuando, por ejemplo, el desempleo supere un umbral determinado. Estas políticas microeconómicas tienen consecuencias macroeconómicas.

En el gráfico 1.3 se presenta una caracterización más completa de las áreas de política prioritarias para lograr marcos macroeconómicos más estables y crear estabilizadores automáticos (dimensión de política 1).

Trabajadores: un paquete de políticas para amortiguar los impactos de las crisis y prepararse para el cambio

Los efectos permanentes documentados en este estudio y el correspondiente impacto negativo sobre el potencial de productividad de los países implican que, si se redujera el deterioro del capital humano provocado por las crisis a nivel de trabajador, se podría lograr un mayor crecimiento a largo plazo en la región de ALC. Este cambio requeriría amortiguar el impacto a corto plazo de la pérdida de empleo mediante un apoyo a los ingresos para proteger el bienestar social. Sin embargo, para recuperarse de las crisis, los trabajadores desplazados necesitan algo más que un simple apoyo a los ingresos; también necesitan sistemas laborales y de protección social que permitan generar capital humano y promuevan transiciones más rápidas y de mayor calidad en nuevos empleos. Los sistemas laborales y de protección social deben ayudar a las personas a renovar y redistribuir su capital humano. En este sentido más amplio, es necesario reformar los sistemas y políticas laborales y de protección social existentes en la región de ALC. Estas reformas, a su vez, afectarán a los flujos del mercado laboral y establecerán un sistema receptivo que contribuya a los estabilizadores automáticos nacionales.

Aunque algunos trabajadores pueden beneficiarse de políticas macroeconómicas expansivas, este estudio demuestra que otros sufren los efectos de las crisis de manera más permanente y es poco probable que se

GRÁFICO 1.3 **Estabilizadores y marcos macroeconómicos: reformas políticas**

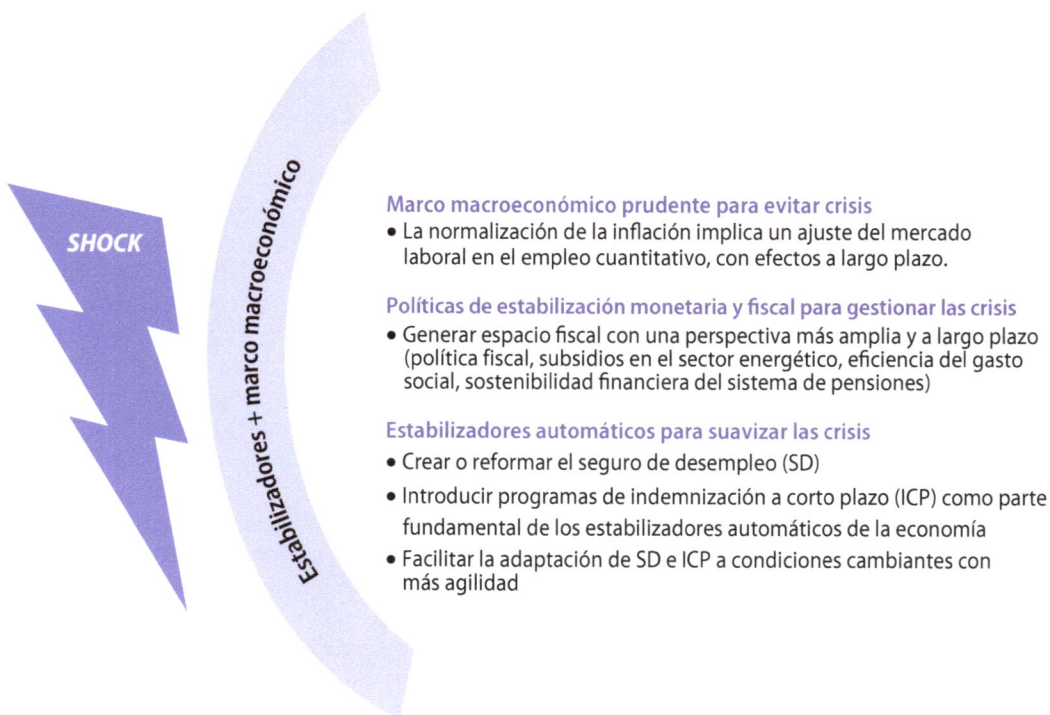

Marco macroeconómico prudente para evitar crisis
- La normalización de la inflación implica un ajuste del mercado laboral en el empleo cuantitativo, con efectos a largo plazo.

Políticas de estabilización monetaria y fiscal para gestionar las crisis
- Generar espacio fiscal con una perspectiva más amplia y a largo plazo (política fiscal, subsidios en el sector energético, eficiencia del gasto social, sostenibilidad financiera del sistema de pensiones)

Estabilizadores automáticos para suavizar las crisis
- Crear o reformar el seguro de desempleo (SD)
- Introducir programas de indemnización a corto plazo (ICP) como parte fundamental de los estabilizadores automáticos de la economía
- Facilitar la adaptación de SD e ICP a condiciones cambiantes con más agilidad

Fuente: Banco Mundial.

beneficien de dichas políticas. Los sistemas laborales y de protección social supondrían la segunda área de respuesta para evitar o mitigar los efectos permanentes antes mencionados. No obstante, en general, y a pesar de los enormes avances logrados durante los últimos treinta años, los países de la región de ALC todavía carecen de una protección de los ingresos confiable y amplia, junto con servicios eficaces de apoyo a la búsqueda de empleo. La necesidad de dichos programas se agudiza por el hecho de que el margen de ajuste a las crisis se ha desplazado hacia la cantidad de empleo, lo que ha dado lugar a más recortes en las horas, más despidos y, como demuestra la investigación de este estudio, la creación de nuevas relaciones laborales formales es mucho más lenta. La mayoría de las personas que pierden sus trabajos o cuyos medios de subsistencia se ven afectados negativamente por una recesión están en gran medida desprotegidas.

Los gobiernos de todo el mundo conocen la importancia de tener sistemas laborales y de protección social estables para limitar los efectos permanentes y otras pérdidas de capital humano debidas a las crisis. A pesar de los avances logrados en esta área, la asistencia formal en el caso de pérdidas de ingresos laborales —u otras pérdidas de medios de subsistencia asociadas con *shocks* transitorios en toda la economía— sigue estando fuera del alcance de la mayoría de la población de la región de ALC. Dos tercios de los países de ALC aún no tienen planes de apoyo a los ingresos gestionados a nivel nacional para personas que pierden sus trabajos. Estos países dependen de mandatos de indemnizaciones por despido, que tienen un desempeño deficiente en un contexto de *shocks* sistémicos. En lo que respecta al apoyo a la búsqueda de empleo, la mayoría de los países de ALC invierten muy poco en medidas laborales activas, e incluso aquellos que sí lo hacen, tienen programas con un historial de desempeño deficiente.

Al mismo tiempo, los sistemas laborales y de protección social de los países están orientados principalmente a ofrecer transferencias monetarias para hogares afectados por la pobreza crónica. Aunque dichos programas ofrecen un apoyo vital de «última esperanza» y en algunos países pueden ampliarse rápidamente durante las crisis, aún no cubren las necesidades de la mayoría de los trabajadores desplazados. Durante la crisis del COVID-19, los países han dependido en gran medida de los programas de transferencias monetarias para que el dinero llegue rápidamente a personas vulnerables. Algunos de estos programas han sido más eficaces que otros; por ejemplo, el éxito de estos esfuerzos en la región de ALC depende en gran medida de la cobertura de la población en los registros sociales, lo que permite que los programas puedan ampliarse rápidamente para incluir a grupos previamente desprotegidos y que se encuentran en una situación de vulnerabilidad. Los países que al comienzo de la crisis del COVID-19 tenían registros sociales con una cobertura reducida y programas de asistencia social más frágiles, tuvieron menos capacidad para proteger los ingresos.

¿Qué pueden hacer los países de ALC para mejorar las prestaciones para trabajadores y comunidades, en términos de mejores respuestas laborales y de protección social a las crisis? Las actuaciones políticas para amortiguar los efectos de las crisis en los trabajadores se pueden organizar en torno a las siguientes categorías:

1. *Aumentar el apoyo a los ingresos para personas desempleadas mediante la creación o rediseño de un seguro de desempleo.* Un historial de *shocks* sistémicos frecuentes, combinados con la aparición de una clase media de tamaño significativo ha creado una mayor demanda de mecanismos de seguro de desempleo en los países de ALC que la que existe en otras regiones (De Ferranti *et al.* 2000). Las crisis anteriores y el *shock* de la pandemia de 2020 han hecho gala de la utilidad de tener sistemas de prestaciones por desempleo con una amplia y diversa participación común en la cobertura de los riesgos, que brinden un canal para medidas de apoyo adicionales y extraordinarias cuando sea necesario. En América Latina, varios

países han introducido cambios —que flexibilizan los requisitos de elegibilidad y aumentan las prestaciones— en sus planes de seguro social. Por ejemplo, Brasil y Chile, además de pagar prestaciones a los trabajadores desplazados, utilizaron sus sistemas de seguro de desempleo para poner en marcha medidas subsidiadas de suspensión del contrato de trabajo y otros programas de conservación de empleo. Estos sistemas tienen un impacto directo sobre la capacidad de adaptación de los mercados laborales a las crisis.

2. *Mejorar la capacidad de los programas de transferencias monetarias para que sean más estables y eficaces.* Se plantean tres prioridades políticas principales al mejorar el dinamismo de las transferencias de asistencia social en efectivo. La primera es mejorar la «adaptabilidad» de los programas; es decir, su capacidad para responder a los *shocks* (por ejemplo, de naturaleza económica o de desastres naturales), incluyendo la creación de registros sociales integrales y dinámicos que sean transversales a todos los programas sociales. Partiendo de un experimento cuasinatural de baja frecuencia, Gerard, Naritomi y Silva (2021) demuestran que la ampliación de los programas de bienestar tiene beneficios agregados para toda la economía local, además de beneficios a nivel individual. La segunda es adoptar garantías de protección —en lugar de programas presupuestados—, que conviertan dichos programas en redes de protección social que pueden ampliarse para evitar que las personas en situación vulnerable alcancen la línea de pobreza (Packard *et al.* 2019). La tercera es evitar la aparición de «guetos» de asistencia mediante la estructuración de subsidios para incentivar la reinserción laboral (con el apoyo de servicios de reemplazo más integrales).

3. *Establecer servicios de empleo sólidos y coordinados para que las personas vuelvan a trabajar pronto.* Se pueden extraer varias lecciones de la experiencia internacional para orientar la reforma de los servicios de apoyo al reempleo. En primer lugar, es importante evitar las intervenciones aisladas y progresar hacia la provisión de *paquetes integrados de servicios* (como la combinación de asesoramiento experto, formación, información e intermediación, que se basan en la demanda del mercado). Las personas que se ven afectadas por el mismo tipo de *shock* rara vez se enfrentan a los mismos obstáculos para acceder a nuevos puestos de trabajo. Por tanto, el éxito de un programa de reempleo depende de su capacidad para adaptarse a diferentes perfiles y necesidades. En segundo lugar, para lograr dicho objetivo, los servicios públicos de asistencia al empleo requieren sistemas de registro y elaboración de perfiles estadísticos. Por último, las tareas avanzadas de seguimiento y evaluación son fundamentales para evaluar los resultados de los programas e introducir mejoras cuando sean necesarias. La sostenibilidad fiscal de programas más grandes y eficaces también requerirá diversas fuentes de financiamiento: si los gobiernos permiten que las estructuras de participación común en la cobertura de los riesgos sean ampliamente accesibles para cubrir *shocks* con pérdidas inciertas y catastróficas, cabe esperar que los recursos de personas y empresas atiendan las necesidades derivadas de *shocks* más previsibles y menos costosos. En la actualidad, la mayoría de las medidas laborales activas se financian con cargo al gasto presupuestario general, que distribuyen las ayudas de manera limitada.

4. *Apoyar a los trabajadores durante períodos de cambio mediante la mejora de cualificaciones.* Este esfuerzo implica fortalecer la educación técnica y formación profesional, ampliar los programas de educación superior de ciclo corto para llegar hasta estudiantes de bajos recursos y condicionar el financiamiento de dichos programas a la empleabilidad de los participantes.

En el gráfico 1.4 se presenta una caracterización más completa de las áreas de política prioritarias para lograr una mayor protección social y mejores respuestas laborales a las crisis (dimensión de política 2). Datos disponibles de múltiples contextos demuestran que cada una de estas áreas prioritarias puede ejercer una influencia real en el ajuste del mercado laboral.

Sectores y lugares: abordar los problemas estructurales

Este estudio analiza cómo afectan los factores ajenos al mercado laboral a la magnitud de los impactos de las crisis sobre los trabajadores. Los problemas estructurales de la región de ALC actúan para ralentizar e incluso para prevenir el ajuste necesario del mercado laboral, de ahí que la recuperación económica se debilite y tenga efectos duraderos en la eficiencia, como ya se ha descrito. Estos problemas estructurales pueden cambiar la naturaleza —y el impacto sobre las personas— de un *shock* sistémico, desde transitorio hasta horizontes temporales más amplios.

Las implicaciones de este estudio y de trabajos de investigación afines para las políticas es que, incluso si las políticas macroeconómicas, laborales y de protección social son impecables y se aplican sin mayores problemas, se pueden lograr mejores resultados al complementar estas políticas con políticas sectoriales y locales para abordar los problemas estructurales que están impidiendo mejores recuperaciones de las crisis.

GRÁFICO 1.4   **Abordar los impactos de las crisis y preparar a los trabajadores para el cambio: reformas políticas**

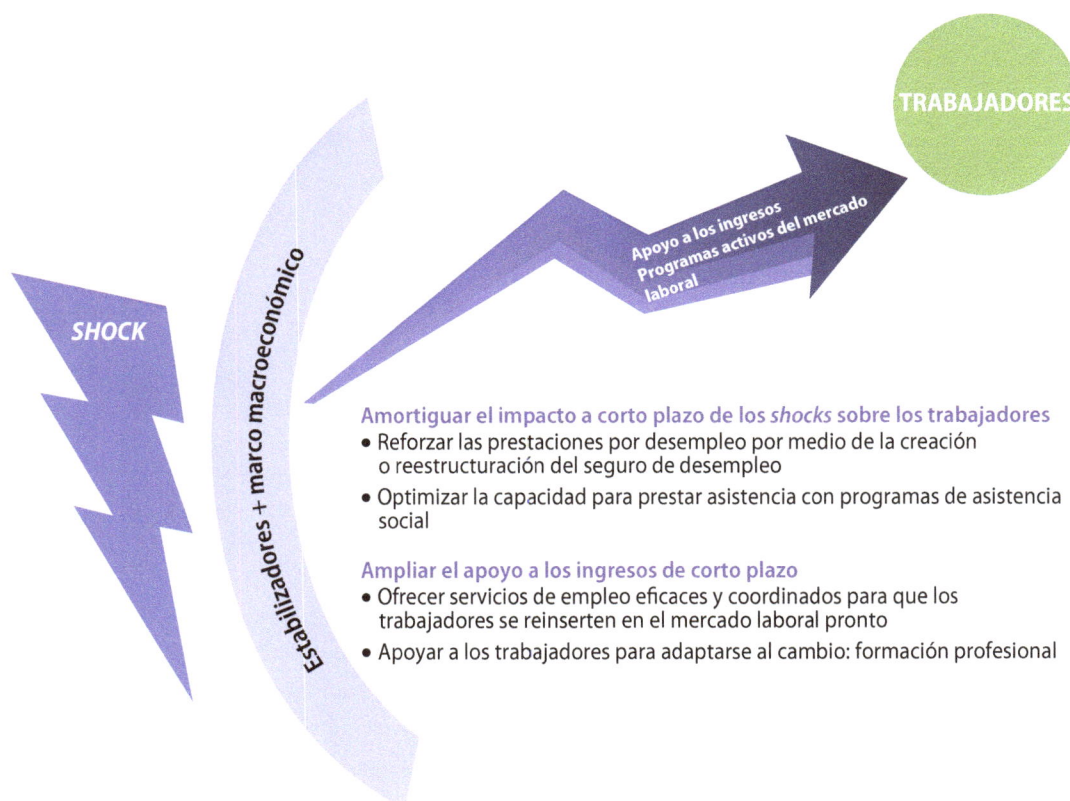

TRABAJADORES

Apoyo a los ingresos
Programas activos del mercado laboral

SHOCK

Estabilizadores + marco macroeconómico

Amortiguar el impacto a corto plazo de los *shocks* sobre los trabajadores
- Reforzar las prestaciones por desempleo por medio de la creación o reestructuración del seguro de desempleo
- Optimizar la capacidad para prestar asistencia con programas de asistencia social

Ampliar el apoyo a los ingresos de corto plazo
- Ofrecer servicios de empleo eficaces y coordinados para que los trabajadores se reinserten en el mercado laboral pronto
- Apoyar a los trabajadores para adaptarse al cambio: formación profesional

Fuente: Banco Mundial.

Dichas políticas abordarían las ineficiencias en el ajuste del mercado laboral que son resultado de la normativa laboral, las estructuras de los mercados de productos, una movilidad geográfica insuficiente y la concentración de áreas deprimidas. Abordar estos problemas estructurales requerirá cambios en los marcos legales y normativos, así como inversiones públicas específicas. En el gráfico 1.5 se presenta una caracterización más completa de las áreas de política prioritarias para abordar los problemas estructurales que magnifican los impactos de las crisis sobre los trabajadores (dimensión de política 3).

Consecuencias para la crisis del COVID-19

La pandemia del COVID-19 es una crisis convulsa y catastrófica que está teniendo un enorme costo para los mercados laborales de la región de ALC. La región está experimentando una tasa extraordinaria de destrucción del empleo y enormes *shocks* negativos de ingresos. Aunque los pronósticos para el 2020 eran nefastos debido a la pérdida generalizada de puestos de trabajo en toda la región, el significativo aumento del gasto social en la región —y especialmente en Brasil— mitigó en gran medida el impacto;

GRÁFICO 1.5 **Abordar los problemas estructurales que magnifican los impactos de las crisis sobre los trabajadores**

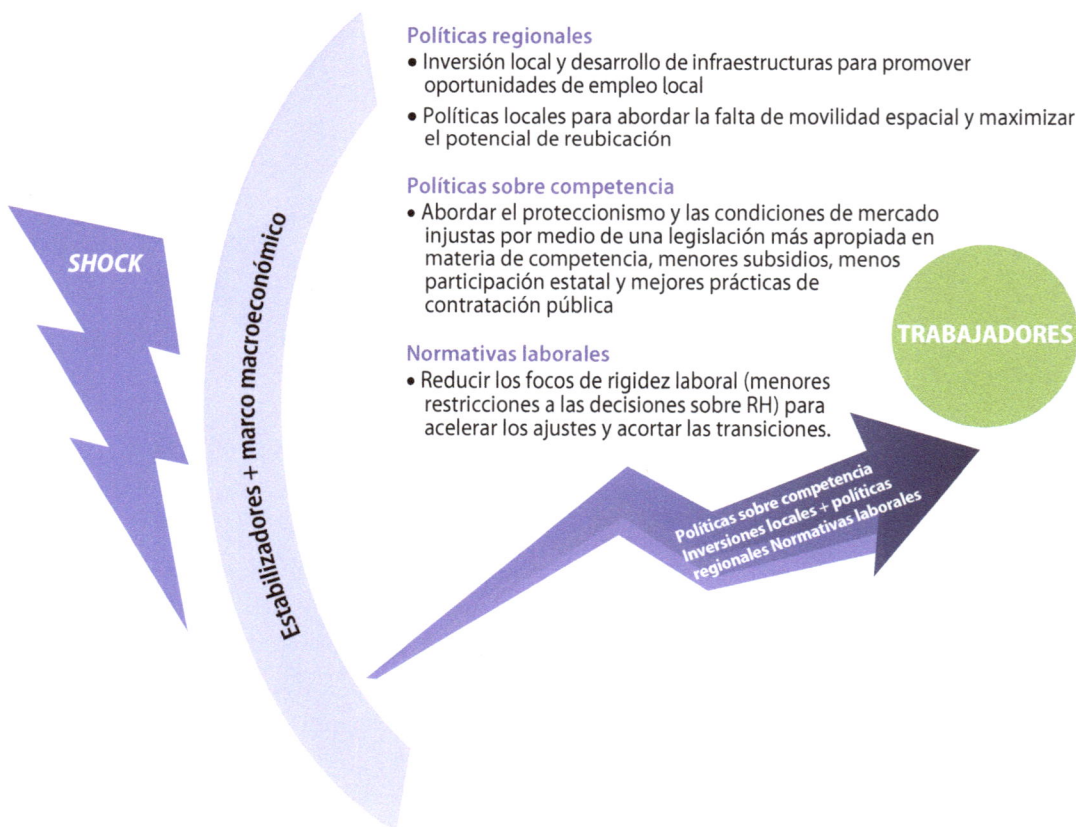

Políticas regionales
- Inversión local y desarrollo de infraestructuras para promover oportunidades de empleo local
- Políticas locales para abordar la falta de movilidad espacial y maximizar el potencial de reubicación

Políticas sobre competencia
- Abordar el proteccionismo y las condiciones de mercado injustas por medio de una legislación más apropiada en materia de competencia, menores subsidios, menos participación estatal y mejores prácticas de contratación pública

Normativas laborales
- Reducir los focos de rigidez laboral (menores restricciones a las decisiones sobre RH) para acelerar los ajustes y acortar las transiciones.

SHOCK

Estabilizadores + marco macroeconómico

TRABAJADORES

Políticas sobre competencia + políticas
Inversiones locales + políticas
regionales Normativas laborales

Fuente: Banco Mundial.
Nota: RH = recursos humanos.

de hecho, se cree que ha reducido marginalmente los niveles generales de pobreza y desigualdad (Díaz-Bonilla, Moreno Herrera y Sánchez Castro 2020). En esta crisis, que se prevé que sea la recesión del mercado laboral más catastrófica en la historia de algunos países, millones de trabajadores de América Latina y el Caribe han perdido el empleo, y millones más han sufrido una reducción significativa de los ingresos. Además, no se espera que la pérdida se reparta de manera uniforme en la distribución de los ingresos, y algunos trabajadores (como los que no pueden teletrabajar) se verán más afectados que otros (Diaz-Bonilla, Moreno Herrera y Sánchez Castro 2020).

Si bien esta crisis —que se desencadenó por imperativos de salud pública que aspiraban a mitigar una pandemia mundial— es excepcional, también es otra más de una larga serie de *shocks* de demanda agregada que han afectado a los países de la región de ALC. Por un lado, la crisis del COVID-19 tiene varias características distintivas. En primer lugar, las medidas de confinamiento han sido perjudiciales para muchos trabajos y peores aún en aquellos casos en los que el teletrabajo (o el acceso de buena calidad a internet) no es factible. En segundo lugar, la prolongada incertidumbre sobre la duración y el resultado de la crisis, en particular en lo que concierne a la recuperación del empleo, ha retrasado la inversión. Y, en tercer lugar, algunos países han reaccionado a esta crisis con respuestas políticas más contundentes que nunca.

Por otro lado, esta crisis no es tan distinta a las anteriores. Una gran parte de sus efectos en la región de ALC se derivan de la recesión mundial que ha causado, una fuerte caída de la demanda durante numerosos meses y crisis financieras inminentes en algunos países. La región de ALC tiene un extenso historial de desaceleraciones económicas frecuentes y, a menudo, severas. El bienestar de los trabajadores durante estas desaceleraciones está condicionado en gran medida por las fluctuaciones en la demanda agregada (además

de algunas crisis internas autoinfligidas o la mala gestión).

Esta profunda crisis llega justo cuando muchos de los gobiernos de la región de ALC se enfrentaban a desafíos estructurales ampliamente conocidos. La crisis ha acelerado algunos cambios estructurales de larga duración que han contribuido a cambiar la naturaleza del trabajo y ha magnificado su potencial para reducir las oportunidades de empleo en lo que tradicionalmente se consideraban «buenos trabajos» —el empleo estándar, estable y protegido asociado con el sector formal— (Beylis *et al.* 2020).

La dinámica de empleo descrita, observada en muchos países de ALC, provocará importantes efectos permanentes laborales derivados de la crisis del COVID-19. Es probable que las características sectoriales y espaciales magnifiquen aún más estos efectos en algunos trabajadores. No obstante, el marco de política tridimensional propuesto en este estudio proporciona una hoja de ruta que podría conducir a una recuperación más resiliente. El enfoque de las políticas públicas y empresariales a la hora de abordar los desafíos actuales determinará el progreso de las economías de la región de ALC y el bienestar social de los trabajadores y ciudadanos de la región durante décadas. El desafío que se presenta es inmenso, pero estamos viviendo tiempos decisivos.

Notas

1. De acuerdo con Végh y Vuletin (2014), este documento define una crisis como el periodo comprendido entre el trimestre en el que el producto interno bruto (PIB) real cae por debajo de la media móvil de los cuatro trimestres anteriores y el trimestre en el que el PIB real alcanza el nivel previo a la crisis. Este dato se calculó utilizando series trimestrales del PIB de *International Financial Statistics* y *Haver Analytics*. Aunque el número específico de crisis que se produjo durante este período varía en función de la definición de crisis que se adopte, este resultado demuestra que, independientemente de dicha definición, a

diferencia de los países desarrollados donde la evolución de la producción se caracteriza por ciclos suaves, América Latina experimenta crisis frecuentes y pronunciadas.

2. Existe una extensa literatura sobre la dinámica del ajuste del mercado laboral al cambio tecnológico y el comercio internacional. Véanse, por ejemplo, Acemoglu y Restrepo (2017); Autor *et al.* (2014); Autor, Dorn y Hanson (2015); Dauth, Findeisen y Sudekum (2017); Dix-Carneiro y Kovak (2017, 2019); y Utar (2018).

3. Las características singulares de la crisis del COVID-19 incluyen medidas de confinamiento y los riesgos de salud asociados con el contacto personal, que tuvieron efectos perjudiciales en muchos puestos de trabajo —en particular, los trabajos informales—, y conllevaron pérdidas de empleo más acentuadas en industrias donde el teletrabajo no es factible. Otra característica propia de esta crisis es la incertidumbre prolongada que ha generado y que ha retrasado la inversión y la contratación, lo que genera dudas adicionales sobre la recuperación del empleo.

4. Los autores de este informe estimaron estas estadísticas a partir de la base de datos socioeconómicos para América Latina y el Caribe (Banco Mundial y Centro de Estudios Distributivos, Laborales y Sociales).

5. Aunque no es un tema central para este estudio, la migración constituye un margen adicional de ajuste cuantitativo en el empleo. Este factor es relevante en toda la región de ALC; por ejemplo, los grandes flujos de migrantes de la República Bolivariana de Venezuela a países vecinos, principalmente Colombia. El Caribe, en particular, registra un alto nivel de desempleo y grandes flujos migratorios de salida; los trabajadores desplazados suelen abandonar los países del Caribe tras la pérdida de empleo en épocas de desaceleración en los mercados laborales nacionales.

6. Dichos estudios incluyen Elsby, Hobijn y Sahin (2013), y Shimer (2005).

7. Las políticas de estabilización monetaria y fiscal son una herramienta valiosa para responder a las crisis. Aunque dichas políticas son fundamentales para mitigar las crisis, no son el objeto de análisis principal de este estudio.

8. A diferencia de la experiencia de EE. UU. durante la crisis del COVID-19, los programas de conservación de empleo en varios países europeos han protegido a millones de trabajadores. El alcance de la destrucción de capital humano (efectos permanentes) que evitan estos programas depende de: (a) las pérdidas estimadas de capital humano que habrían sido causadas por el período de desempleo o carencia de empleo; (b) el desempleo que se evita permanentemente; es decir, los trabajadores de programas que de otra manera habrían sido despedidos (directa o indirectamente por quiebra o cierre de empresas debido a la falta de liquidez); y (c) el desempleo que se evita temporalmente; es decir, los trabajadores que reciben apoyo pero serán despedidos después de un período, o incluso antes de que finalice dicho periodo por quiebra de la empresa. En términos de costos por trabajador, dichos programas presentan beneficios desde la perspectiva del gobierno porque, en ausencia de ellos, todos los trabajadores despedidos deberían recibir el seguro de desempleo en su totalidad. Al llevar a la práctica dichos programas, hay tres aspectos que deben considerarse: su tamaño, duración y coordinación con el seguro de desempleo y la asistencia social existentes. Son adecuados para *shocks* temporales de corta duración, pero no lo son para crisis prolongadas. Cuando las crisis se prolongan, surgen *trade-offs* críticos: ¿se debe continuar apoyando a todos los trabajadores o solo a una parte? Si se establecen objetivos para el programa, ¿cómo se decide a quién apoyar y durante cuánto tiempo? En caso de períodos más prolongados de carencia de empleo, ¿se debería ofrecer apoyo al empleo o pasar a apoyar a los trabajadores cuando se han destruido sus puestos de trabajo? Tomar estas decisiones no es una tarea fácil y podría ser necesaria una combinación de diferentes instrumentos a fin de evitar grandes aumentos en los niveles de pobreza y desempleo cuando los programas se interrumpen bruscamente.

Referencias

Acemoglu, D., y P. Restrepo. 2017. "Secular Stagnation? The Effect of Aging on Economic Growth in the Age of Automation." *American Economic Review* 107 (5): 174–79.

Arias-Vázquez, A., D. Lederman, y L. Venturi. 2019. "Transitions of Workers Displaced Due to Firm Closure." Mimeo.

Artuc, E., P. Bastos, y E. Lee. 2021. "Trade Shocks, Labor Mobility, and Welfare: Evidence from Brazil." Documento de referencia preparado para este informe. Banco Mundial, Washington, DC. (Véase también el anexo 1A para más información sobre este documento.)

Autor, D. H., D. Dorn, y G. H. Hanson. 2015. "Untangling Trade and Technology: Evidence from Local Labour Markets." *Economic Journal* 125 (584): 621–46.

Autor, D. H., D. Dorn, G. H. Hanson, y J. Song. 2014. "Trade Adjustment: Worker-Level Evidence." *Quarterly Journal of Economics* 129 (4): 1799–1860.

Beylis, G., R. Fattal-Jaef, R. Sinha, M. Morris, y A. Sebastian. 2020. *Going Viral: COVID-19 and the Accelerated Transformation of Jobs in Latin America and the Caribbean.* Estudios de América Latina y el Caribe del Banco Mundial. Washington, DC: Banco Mundial.

Brambilla, I., D. Lederman, y G. Porto. 2012. "Exports, Export Destinations, and Skills." American Economic Review 102 (7): 3406–38.

Dauth, Wolfgang, S. Findeisen, y J. Suedekum. 2017. "Trade and Manufacturing Jobs in Germany." American Economic Review 107 (5): 337–42.

De Ferranti, D., G. Perry, I. S. Gill, y L. Servén. 2000. *Securing our future in a global economy.* Estudios de América Latina y el Caribe del Banco Mundial. Washington, DC: Banco Mundial.

Diaz-Bonilla, C., L. Moreno Herrera, y D. Sanchez Castro. 2020. *Projected 2020 Poverty Impacts of the COVID-19 Global Crisis in Latin America and the Caribbean.* Washington, DC: Banco Mundial.

Dix-Carneiro, R., y B. K. Kovak. 2017. "Trade Liberalization and Regional Dynamics." *American Economic Review* 107 (10): 2908–46.

Dix-Carneiro, R., y B. K. Kovak. 2019. "Margins of Labor Market Adjustment to Trade." *Journal of International Economics* 117: 125–42.

Elsby, M. W., B. Hobijn, y A. Sahin. 2013. "Unemployment Dynamics in the OECD." Review of Economics and Statistics 95 (2): 530–48.

Fernald, J. G., R. E. Hall, J. H. Stock, y M. W. Watson. 2017. "The Disappointing Recovery of Output after 2009." Documento de trabajo 23543, National Bureau of Economic Research, Cambridge, Massachusetts, Estados Unidos.

Fernandes, A., y J. Silva. 2021. "Labor Market Adjustment to External Shocks: Evidence for Workers and Firms in Brazil and Ecuador." Documento de referencia preparado para este informe. Banco Mundial,

Washington, DC. (Véase también el anexo 1A para más información sobre este documento.)

Fieler, A. C., M. Eslava, y D. Y. Xu. 2018. "Trade, Quality Upgrading, and Input Linkages: Theory and Evidence from Colombia." American Economic Review 108 (1): 109–46.

Gerard, F., J. Naritomi, y J. Silva. 2021. "The Effects of Cash Transfers on Formal Labor Markets: Evidence from Brazil." Documento de referencia preparado para este informe. Banco Mundial, Washington, DC. (Véase también el anexo 1A para más información sobre este documento.)

Mion, G., R. Proenca, y J. Silva. 2020. "Trade, Skills, and Productivity." Mimeo.

Moreira, S. 2018. "Firm Dynamics, Persistent Effects of Entry Conditions, and Business Cycles." Mimeo.

Moreno, L., y S. Sousa. 2021. "Early Employment Conditions and Labor Scarring in Latin America." Documento de referencia preparado para este informe. Banco Mundial, Washington, DC. (Véase también el anexo 1A para más información sobre este documento.)

Packard, T., U. Gentilini, M. Grosh, P. O'Keefe, R. Palacios, D. Robalino, e I. Santos. 2019. *Protecting All: Risk Sharing for a Diverse and Diversifying World of Work.* Washington, DC: Banco Mundial.

Packard, T., y J. Onishi. 2021. "Social Insurance and Labor Market Policies in Latin America and the Margins of Adjustment to Shocks." Documento de referencia preparado para este informe. Banco Mundial, Washington, DC. (Véase también el anexo 1A para más información sobre este documento.)

Ramey, V. 2012. "Comment on Fiscal Policy in a Depressed Economy." *Brookings Papers on Economic Activity* 2012 (1): 279–90.

Ramey, V. A. 2019. "Ten Years after the Financial Crisis: What Have We Learned from the Renaissance in Fiscal Research?" *Journal of Economic Perspectives* 33 (2): 89–114.

Regis, P., y J. Silva. 2021. "Employment Dynamics: Timeline and Myths of Economic Recovery." Documento de referencia preparado para este informe. Banco Mundial, Washington, DC. (Véase también el anexo 1A para más información sobre este documento.)

Robertson, R. 2021. "The Change in Nature of Labor Market Adjustment in Latin America and the Caribbean." Documento de referencia preparado para este informe. Banco Mundial, Washington, DC. (Véase también el anexo 1A para más información sobre este documento.)

Shimer, R. 2005. "The Cyclical Behavior of Equilibrium Unemployment and Vacancies." *American Economic Review* 95 (1): 25–49.

Silva, J., y L. Sousa. 2021. "Job Creation and Destruction in Small and Large Firms in Brazil and Ecuador." Documento de referencia preparado para este informe. Banco Mundial, Washington, DC. (Véase también el anexo 1A para más información sobre este documento.)

Sousa, L. 2021. "Economic Shocks and Employment Adjustments in Latin America." Documento de referencia preparado para este informe. Banco Mundial, Washington, DC. (Véase también el anexo 1A para más información sobre este documento.)

Utar, H. 2018. "Workers beneath the Floodgates: Low-Wage Import Competition and Workers' Adjustment." *Review of Economics and Statistics* 100 (4): 631–47.

Vijil, M., V. Amorin, M. Dutz, y P. Olinto. 2021. "The Distributional Effects of Trade Policy in Brazil." Documento de referencia preparado para este informe. Banco Mundial, Washington, DC. (Véase también el anexo 1A para más información sobre este documento.)

Végh, C. A., y G. Vuletin. 2014. "The Road to Redemption: Policy Response to Crises in Latin America." *IMF Economic Review* 62 (4): 526–68.

Anexo 1A. Documento de referencia preparado para este informe

ANEXO 1A **Documento de referencia preparado para este informe**

Autoría y título	Principales preguntas de investigación	Cobertura nacional y tipo de datos
Dinámica de ajuste del mercado laboral		
Regis, P. y J. Silva. "Employment dynamics: Timeline and Myths of Economic Recovery"	¿Cuál es el alcance y la curación de la destrucción de empleo formal? ¿Cuál es la cronología de la contracción observada en el empleo después de una crisis? ¿Se reducen igual los trabajos formales e informales?	• Brasil, Chile, Ecuador y México • Datos administrativos longitudinales empleador-empleado, junto con datos transversales de cuentas nacionales y encuestas de hogares • Desde 1986 para Brasil, desde 2006 para Chile y Ecuador, y desde 2020 para México
Silva, J. y L. Sousa. "Job Creation and Destruction in Small and Large Firms in Brazil and Ecuador"	¿Cómo varía la creación y destrucción de empleo entre los pequeños y grandes empleadores de los sectores formales en Brasil y Ecuador? ¿Cuáles son las contribuciones relativas de empresas grandes y pequeñas a los flujos generales de desempleo? ¿Varían los mecanismos de ajuste entre empresas grandes y pequeñas, y entre los dos países?	• Brasil y Ecuador • Datos administrativos longitudinales empleador-empleado, junto con datos transversales de cuentas nacionales y encuestas de hogares • Desde 1986 para Brasil y desde 2006 para Ecuador
Sousa, L. "Economic Shocks and Employment Adjustments in Latin America"	¿Cómo difieren los flujos de trabajadores de las economías latinoamericanas en las distribuciones de salarios e ingresos familiares? ¿Cómo responden dichos flujos a las crisis económicas, incluida la crisis financiera mundial de 2008-2009? ¿Qué tipos de transiciones laborales son más y menos cíclicas? ¿Cómo difieren los ajustes del mercado laboral ante _shocks_ cíclicos frente a cambios en las tendencias de crecimiento? ¿Cómo varía la ciclicidad en la distribución de ingresos?	• Argentina, Brasil, Chile, Ecuador, México, Paraguay y Perú • Encuesta de población activa (datos de panel) • T1 2005–T4 2017
Impacto de las crisis sobre trabajadores, empresas y lugares		
Fernandes, A. y J. Silva. "Labor Market Adjustment to External Shocks: Evidence for Workers and Firms in Brazil and Ecuador"	¿Cómo afecta la exposición a _shocks_ de demanda extranjera al empleo y los salarios de los trabajadores? ¿Cuáles son los efectos a corto, medio y largo plazo de dichos _shocks_ en los resultados del mercado laboral a nivel individual? ¿Cómo pudieron adaptarse los trabajadores a dichos _shocks_ negativos de acuerdo con las características de sus sectores y mercados laborales locales?	• Brasil y Ecuador • Conjuntos de datos longitudinales empleador-empleado • 2004-2017
Moreno, L. y S. Sousa. "Early Employment Conditions and Labor Scarring in Latin America"	¿Cuál es el impacto de las condiciones iniciales del mercado laboral sobre los ingresos y las trayectorias profesionales de las cohortes de trabajadores en América Latina?	• ALC 17 • Encuestas de población activa y hogares (corte transversal) • Desde 1980

(Continúa en la siguiente página)

ANEXO 1A **Documento de referencia preparado para este informe** *(continuado)*

Autoría y título	Principales preguntas de investigación	Cobertura nacional y tipo de datos
	Respuestas políticas a las crisis	
Artuc, E., P. Bastos y E. Lee. "Trade Shocks, Labor Mobility, and Welfare: Evidence from Brazil"	¿Cuáles son los efectos de los *shocks* de comercio en la movilidad y el bienestar social de la mano de obra en Brasil? ¿Cuál es el grado de movilidad de los trabajadores entre sectores, lugares y ocupaciones? Más allá de su impacto sobre los salarios, ¿cómo afectan los *shocks* de comercio a la calidad de las coincidencias laborales?	• Brasil • Registros longitudinales de la seguridad social • 1994–2015
Gerard, F. J. Naritomi y J. Silva. "The effects of cash transfers on formal labor markets: Evidence from Brazil"	¿Cuáles son los efectos de la ampliación de los programas de protección social en los mercados laborales formales? ¿Cuáles son los efectos indirectos de la ampliación para las personas no beneficiarias? ¿Cuál es el efecto multiplicador de las prestaciones de Bolsa Família?	• Brasil • Registros administrativos de personas beneficiarias de Bolsa Família y trabajadores formales
Packard, T. y J. Onishi. "Social Insurance and Labor Market Policies in Latin America and the Margins of Adjustment to Shocks"	¿Cómo afectan los sistemas de protección social en América Latina a los márgenes de ajuste a los *shocks*?	• Todos los países de América Latina • Datos administrativos
Robertson, R. "The Change in Nature of Labor Market Adjustment in Latin America and the Caribbean"	¿Cómo ha evolucionado la flexibilidad salarial real en la región de ALC desde la década de los ochenta? ¿Es el margen de ajuste a las desaceleraciones y crisis en los años 2000 diferente del de las décadas de los ochenta y noventa? ¿Difieren los dos márgenes en términos de importancia relativa?	• Brasil, Chile, Colombia y México • Datos trimestrales de producción (corte transversal) • 1980–2017
Vijil, M., V. Amorin, M. Dutz y P. Olinto. "The Distributional Effects of Trade Policy in Brazil"	¿Cuál es el impacto distributivo de las políticas sobre competencia a nivel nacional? ¿Cuál fue la distribución de los aumentos de bienestar social causados por la liberalización arancelaria de Brasil en la década de los noventa?	• Brasil • Encuestas sobre el gasto de los hogares, encuestas sobre el mercado laboral y datos sobre los precios de consumo locales • 1991–1999

La dinámica del ajuste del mercado laboral | 2

Introducción

Las crisis en América Latina y el Caribe (ALC) deprimen la demanda de mano de obra. No obstante, las distintas dinámicas del mercado laboral podrían explicarse por reducciones similares en la demanda de mano de obra. Desde que la pandemia del COVID-19 (coronavirus) llegó a la región de ALC, el desempleo ha aumentado aproximadamente 9,8 puntos porcentuales en Colombia, 7,6 puntos porcentuales en Costa Rica, 2,7 puntos porcentuales en Brasil, 1,5 puntos porcentuales en México, y 1,3 puntos porcentuales en Paraguay. En El Salvador se perdieron más de 65.000 empleos formales entre marzo y mayo, y en República Dominicana más de 350.000 trabajadores perdieron sus puestos de trabajo entre marzo y junio de 2020.[1] ¿Significan estas estadísticas que Colombia se ha visto más afectado por la crisis del COVID-19 que los demás países? No necesariamente. La tasa de desempleo por sí sola no caracteriza totalmente el impacto de una crisis sobre el mercado laboral.

Este capítulo trata de ampliar y profundizar el conocimiento sobre cómo se ajustan los mercados laborales de la región de ALC a las crisis económicas, al complementar ámbitos fundamentales de investigación con nuevos resultados. En lugar de centrarse en las estadísticas (como, por ejemplo, la tasa de desempleo), considera los mecanismos de ajuste y su carácter cíclico y heterogéneo en empresas y trabajadores. El capítulo responde a tres preguntas: (a) ¿cuáles son los principales márgenes de ajuste de los mercados laborales en América Latina?; (b) ¿cuáles son los mecanismos fundamentales que impulsan dichos ajustes?; y (c) ¿afectan las crisis a la estructura del empleo más allá de sus efectos en los flujos de empleo?

Estas preguntas plantean la necesidad de indagar en cómo ajustan las empresas el gasto salarial (los salarios por el empleo) en respuesta a las crisis. Es preciso tener en cuenta las tres dimensiones fundamentales del ajuste. En primer lugar, las empresas pueden intentar ajustar los salarios. En segundo lugar, las empresas pueden ajustar las horas trabajadas de los empleados existentes (el margen intensivo). En tercer lugar, las empresas pueden ajustar el número de empleados (el margen extensivo). Varios estudios apuntan a que, ante *shocks* negativos, las empresas rara vez ajustan los salarios. Kaur (2019) observa una significativa rigidez a la baja de los salarios en India. También se ha documentado una significativa rigidez a la baja de los salarios reales en México (Castellanos, García-Verdu y Kaplan 2004), Sudáfrica (Erten, Leight y Tregenna 2019), y muchos otros países. Es más probable que el ajuste a la baja de los salarios reales se produzca por medio de la inflación, que se ha mantenido relativamente baja en América Latina durante los últimos veinte años.

La literatura existente señala que existe poco consenso sobre si, *a priori*, se puede esperar que las empresas reaccionen a un *shock* con un ajuste en el margen intensivo o el margen extensivo. En términos empíricos, se ha demostrado que ambos márgenes son importantes. Van Rens (2012) sostiene que, ante *shocks* negativos, el margen intensivo (horas) se ve tan afectado como el margen extensivo (empleo) en los países de la Organización para la Cooperación y el Desarrollo Económicos (OCDE). Taskin (2013) obtiene un resultado similar para Turquía y EE. UU., lo que resulta sorprendente porque Turquía tiene un sector informal mucho más grande que EE. UU. En India, la falta de flexibilidad a la baja de los salarios reales empuja a las empresas a reducir el empleo (Kaur 2019).

Las instituciones también afectan a las estrategias de ajuste de las empresas. Las normativas relativas a los despidos están asociadas con un ajuste a las crisis más pausado en algunos países de América Latina (David, Pienknagura y Roldos 2020), Italia (Belloc y D'Antoni 2020), Japón (Liu 2018) y otros países. Esto retrasa el ajuste del empleo, pero a menudo conlleva costos para las futuras contrataciones. La aplicación de dichas normativas ayuda a que el sector formal resulte más atractivo a los trabajadores que el sector informal (Abras *et al.* 2018), y esta diferencia sigue siendo un componente fundamental de los mercados laborales de América Latina.

El nivel y la composición de la informalidad en el mercado laboral es un aspecto fundamental para la magnitud del impacto de las crisis sobre los trabajadores en las economías de América Latina. La informalidad podría funcionar como un amortiguador del empleo durante las épocas difíciles porque los costos de incorporarse al sector informal son menores que los costos de incorporarse al empleo formal (Arias *et al.* 2018). Sin embargo, este amortiguador opera de forma matizada porque el sector informal tiene un carácter notablemente heterogéneo. Los trabajadores informales abarcan desde el trabajo de subsistencia por cuenta propia —para quienes el desempleo no es una opción— hasta el trabajo dependiente informal —cuyos trabajadores pueden llegar a sufrir pérdidas de empleo por *shocks* negativos—, o trabajadores relativamente cualificados, que normalmente están vinculados con el sector formal y se sirven del empleo informal (incluida la economía de trabajo esporádico) como una solución temporal de empleo a empleo formal.

¿Qué significa la heterogeneidad del sector informal para las tasas de desempleo durante una crisis? Las economías con niveles más altos de trabajo de subsistencia por cuenta propia o trabajadores de pequeños encargos podrían tener niveles más bajos de desempleo en respuesta a las crisis. Si en un sector formal con un seguro de desempleo reducido o inadecuado se pierde empleo, es probable que el sector informal absorba parte de los trabajadores que de otro modo transitarían al desempleo (que se registrarían en Uber o empezarían a vender refrescos en la calle). De esta forma, una economía que a primera vista podría parecer estar más protegida contra las crisis o tener mecanismos de ajuste más flexibles, podría simplemente tener salarios de reserva más bajos debido a una informalidad más alta (y anticíclica) o a la limitada disponibilidad de prestaciones por desempleo.

Este capítulo comienza considerando el papel que desempeñan los márgenes de ajuste potenciales fundamentales del mercado laboral en seis países de la región de ALC mediante un análisis de los flujos laborales y las transiciones en la región. Las estimaciones que arroja Sousa (2021) consideran cuatro mecanismos de ajuste: desempleo, salidas de la población económicamente activa, transiciones hacia la informalidad y transiciones hacia el trabajo a tiempo parcial. Los resultados del documento indican que las salidas de la población activa y las transiciones hacia el trabajo a tiempo parcial no parecen constituir márgenes de ajuste significativos, pero los flujos de empleo formal e informal muestran una fuerte correlación negativa en cinco de los seis países analizados. Es decir, las reducciones en la formalidad suelen ir acompañadas de aumentos en la informalidad, y viceversa. Sin embargo, incluso en las economías con grandes sectores informales que absorben cierto exceso de mano de obra, el desempleo sigue siendo un margen significativo de ajuste a los *shocks* económicos en la región de ALC. Los grandes flujos brutos hacia el desempleo, a su vez, representan reducciones significativas en los ingresos de los hogares, lo que aumenta la vulnerabilidad y pobreza. Los ingresos del trabajo representan el 60 % de los ingresos de los hogares para el 40 % de los hogares más pobres en los países de ALC; entre los hogares que no viven en la pobreza, una pérdida de empleo por parte de la principal fuente de ingresos abocaría al 55 % a la pobreza.[2]

Este capítulo profundiza en los mecanismos implicados en el carácter cíclico del desempleo. Las fluctuaciones en el desempleo están condicionadas por cambios en las transiciones desde y hacia el desempleo: tasas de pérdida y obtención de empleo, respectivamente. Durante las recesiones económicas, dichos cambios obedecen a una mayor destrucción de puestos de trabajo (a medida que se eliminan los puestos existentes), una menor creación de puestos de trabajo (cuando no se crean nuevos puestos) y menores niveles de redistribución o rotación de puestos de trabajo, ya que menos trabajadores abandonan voluntariamente sus puestos de trabajo para buscar mejores coincidencias. Cada uno de estos factores requerirá diferentes instrumentos de intervención para abordarlos. La respectiva contribución de cada factor varía en los mercados laborales y algunos estudios de economías de altos ingresos concluyen que el desempleo cíclico obedece a reducciones en las tasas de obtención de empleo, mientras que otros estudios (como Shimer [2005], y Elsby, Hobijn y Sahin [2013]) señalan que, en

lugar de ello, se acentúan por mayores tasas de separación laboral.

Los nuevos datos que se presentan en el contexto de este proyecto de investigación reflejan que el carácter cíclico de la pérdida de empleo en el empleo formal e informal es menor. En cambio, en la mayoría de los países analizados, el ajuste en el empleo durante la crisis financiera mundial de 2008 se debió a una caída en las tasas netas de obtención, que fue mayor para los trabajadores formales que para los trabajadores informales (Sousa 2021). En el contexto del sector formal, y mediante el uso de conjuntos de datos administrativos trabajador-empresa de Brasil y Ecuador, otro estudio demostró que la reducción del empleo en el sector formal durante las recesiones se debe a una reducción en la creación de empleo, en lugar de un aumento en la destrucción de empleo (Silva y Sousa 2021). Asimismo, aunque las empresas más grandes tienden a ser más productivas y resilientes que las más pequeñas, también manifiestan mayores fluctuaciones cíclicas en la demanda de mano de obra. Es decir, aunque las grandes empresas sean resilientes, es posible que el empleo en las grandes empresas no sea el más resiliente a los *shocks* económicos. Cuando se consideran las mayores tasas de mortalidad de las empresas pequeñas durante las crisis, las fluctuaciones del empleo son muy similares para todas las empresas, grandes o pequeñas.

¿Son los flujos de trabajadores más cíclicos entre trabajadores poco cualificados o informales que entre trabajadores formales o más cualificados? En las economías de ALC, que presentan una combinación de grandes sectores informales y diversos niveles de cualificación entre los trabajadores, parece haber una jerarquía en los costos de ajuste, en la que los trabajadores informales (que tienen menos protecciones laborales) sufren una mayor probabilidad de pérdida de empleo, independientemente de cuáles sean sus cualificaciones. En general, es más probable que los trabajadores de los quintiles de ingresos más bajos sufran transiciones laborales negativas que los trabajadores de los quintiles de ingresos más altos, pero, en conjunto, los resultados de este proyecto sugieren que el empleo más cualificado es más sensible a los *shocks* de crecimiento que el empleo menos cualificado. Este resultado coincide con la mayor ciclicidad de la pérdida de empleo entre trabajadores del sector formal y empleados de grandes empresas porque es más probable que dichos trabajadores tengan mayores cualificaciones.

La última sección de este capítulo considera los efectos de los márgenes de ajuste del empleo en la estructura del mercado laboral. Las distintas dinámicas del mercado laboral pueden provocar cambios en la composición de la fuerza laboral, y los efectos macroeconómicos posteriores a una crisis en la estructura del empleo pueden influir en los efectos a medio y largo plazo sobre el empleo y los salarios. ¿Ocurren dichos efectos en América Latina? Un nuevo estudio desarrollado en el contexto de este proyecto revela que las crisis tienen efectos significativos en la estructura del empleo y que dichos efectos pueden perdurar durante varios años (Regis y Silva 2021). En los tres países analizados (Brasil, Chile y México), la contracción del empleo formal causada por las crisis fue abrupta y duradera. En dos de estos países, la informalidad parece haber sido un amortiguador a largo plazo del empleo; en el otro, el empleo se estancó o disminuyó. Al mismo tiempo, Artuc, Bastos y Lee (2021), quienes estudian los efectos de las crisis en la movilidad laboral y el bienestar social, concluyen que, a causa de las reducciones en los flujos de empleo, la calidad de las coincidencias laborales disminuye durante las desaceleraciones y las crisis, lo que reduce la utilidad estimada. Esto sugiere que una crisis tiene el potencial de desplazar el mercado laboral hacia un nuevo equilibrio entre el empleo formal e informal, con implicaciones a largo plazo para el bienestar social y la productividad.

Flujos de mercado laboral: desempleo frente a informalidad

Las crisis económicas son importantes y frecuentes en la región de América Latina y el Caribe, y suponen un obstáculo importante para el desarrollo económico de la región y la reducción de la pobreza. Estos *shocks* económicos reducen la demanda total, lo que al mismo tiempo reduce la demanda de mano de obra y, con el tiempo, deriva en ajustes cuantitativos en el empleo. En esta sección, se presentan datos en torno a cuatro márgenes de ajuste cuantitativo: desempleo, salida desde la población económicamente activa, transiciones hacia la informalidad y trabajo a tiempo parcial.

El objetivo de esta sección, que se fundamenta en Sousa (2021), es caracterizar los impactos a corto plazo de las fluctuaciones cíclicas del crecimiento sobre el mercado laboral; para ello, se analiza cómo varían los flujos del mercado laboral con el ciclo económico. Sousa estima los flujos de trabajadores utilizando datos de más de seis millones de transiciones del mercado laboral, elaborados a partir de paneles de encuestas de población activa de *Labor Database for Latin America and the Caribbean* (LABLAC), un proyecto conjunto del Centro de Estudios Distributivos, Laborales y Sociales (CEDLAS) y el Banco Mundial. El análisis del capítulo se centra en los trabajadores urbanos, lo que limita la influencia en los resultados de las diferencias entre países, con respecto a los niveles de subsistencia o las actividades del sector primario de baja productividad. Los países considerados, aquellos para los que se disponía de datos suficientes, son: Argentina, Brasil, Chile, Ecuador, México y Perú. Los paneles trimestrales de cada país se construyeron vinculando datos de encuestas consecutivas a personas de entre 15 y 64 años entre el primer trimestre de 2005 y el cuarto trimestre de 2017. Dichos paneles de encuestas trimestrales se utilizaron para calcular los flujos trimestrales de empleo y las tasas de transición a partir de datos en su dimensión individual.

Esta sección describe los flujos y las transiciones de empleo. Si bien los flujos de empleo miden el *número* de trabajadores que cambian entre dos estados del mercado laboral en un periodo dado, las transiciones de empleo miden las *tasas* a las que los trabajadores cambian entre dichos estados.

Los microdatos se utilizan para calcular la ciclicidad de las transiciones laborales (en otras palabras, las desviaciones de sus tasas o tendencias naturales). Los estados de empleo considerados son: empleo asalariado privado formal, empleo público formal, empleo asalariado informal, empleo por cuenta propia, desempleo, no activo y empleo a tiempo parcial. De acuerdo con Moscarini y Postel-Vinay (2012), la ciclicidad se mide construyendo series de crecimiento (para las que el crecimiento se mide como crecimiento trimestral del PIB de un año a otro) y series trimestrales de transición laboral. Para obtener el componente cíclico de estas cifras, se aplica un ajuste estacional y un filtro de Hodrik-Prescott para extraer la tendencia del crecimiento económico y las transiciones. Una transición es procíclica cuando la correlación entre el ciclo de crecimiento y la respectiva serie de transición es positiva; cuando la correlación es negativa, es contracíclica.

Desempleo

En la región de ALC, a pesar de las diferencias entre los mercados laborales nacionales, el desempleo es significativamente anticíclico en todos los países —un resultado no tan obvio, dado el nivel de informalidad de la región—. En el gráfico 2.1 se registran las fluctuaciones trimestrales del crecimiento del PIB y las tasas de desempleo desde 2005 en seis de las mayores economías de América Latina. En todas las economías se producen fuertes repuntes en el desempleo durante las grandes recesiones (incluida la crisis financiera mundial de 2008–2009). En años recientes, Brasil y Ecuador han registrado importantes caídas que han provocado grandes aumentos en el desempleo. Por ejemplo, entre los cuartos trimestres de 2014 y 2016, Brasil recortó 2,6 millones de puestos de trabajo y la tasa de desempleo nacional aumentó de 6,5 % a 12,0 %. Aunque estos picos de desempleo se producen rápidamente después de las crisis económicas, el empleo se recupera más gradualmente que las economías en su conjunto. La recuperación del empleo en

México después de la crisis financiera mundial de 2008–2009 fue particularmente lenta: el crecimiento volvió a ser positivo durante el primer trimestre de 2010 y se mantuvo por encima de la tendencia hasta finales de 2012, pero el desempleo se situó por encima de la tendencia hasta el final de 2011.

Los picos registrados en el desempleo durante recesiones importantes saltan a la vista cuando se observa el gráfico 2.1. Para medir la ciclicidad del desempleo en todo el ciclo económico, la tabla 2.1 expone la correlación y los coeficientes de mínimos cuadrados ordinarios entre las dos series sin tendencia (Sousa 2021).[3] Las correlaciones negativas reflejan la contraciclicidad; es decir, una contracción en el crecimiento asociada con un aumento del desempleo, y viceversa. Esta contraciclicidad es significativa estadísticamente en cinco de los seis países para los que se disponen de datos. Por ejemplo, en México, una reducción de 1 punto porcentual en el crecimiento del producto interno bruto (PIB) sin tendencia se asocia con un aumento del 7,9 % en la tasa de desempleo. En Perú, sin embargo, el desempleo no tiene un fuerte componente cíclico. Una regla general conocida como ley de Okun afirma que en EE. UU. cada cambio de 1 % en la producción real está asociado con una desviación de la tasa natural de desempleo de alrededor de 0,5 %, aunque esta estimación podría variar según la frecuencia con la que se midan los cambios (Aguiar-Conraria, Martins y Soares 2020).

Salida de la población activa

Un indicador secundario de la escasa demanda de mano de obra es el aumento de las salidas desde la población activa, lo que refleja un aumento en el número de trabajadores desanimados. El análisis del componente cíclico de las salidas netas desde la población activa muestra que estos flujos no son contracíclicos en los seis países analizados (tabla 2.2). Los flujos netos de salida de la población activa son cíclicos en México y Perú, pero en ambos casos son procíclicos: los flujos netos de salida de la población activa

GRÁFICO 2.1   **Fluctuaciones trimestrales en el desempleo y crecimiento del PIB, 2005-2017**

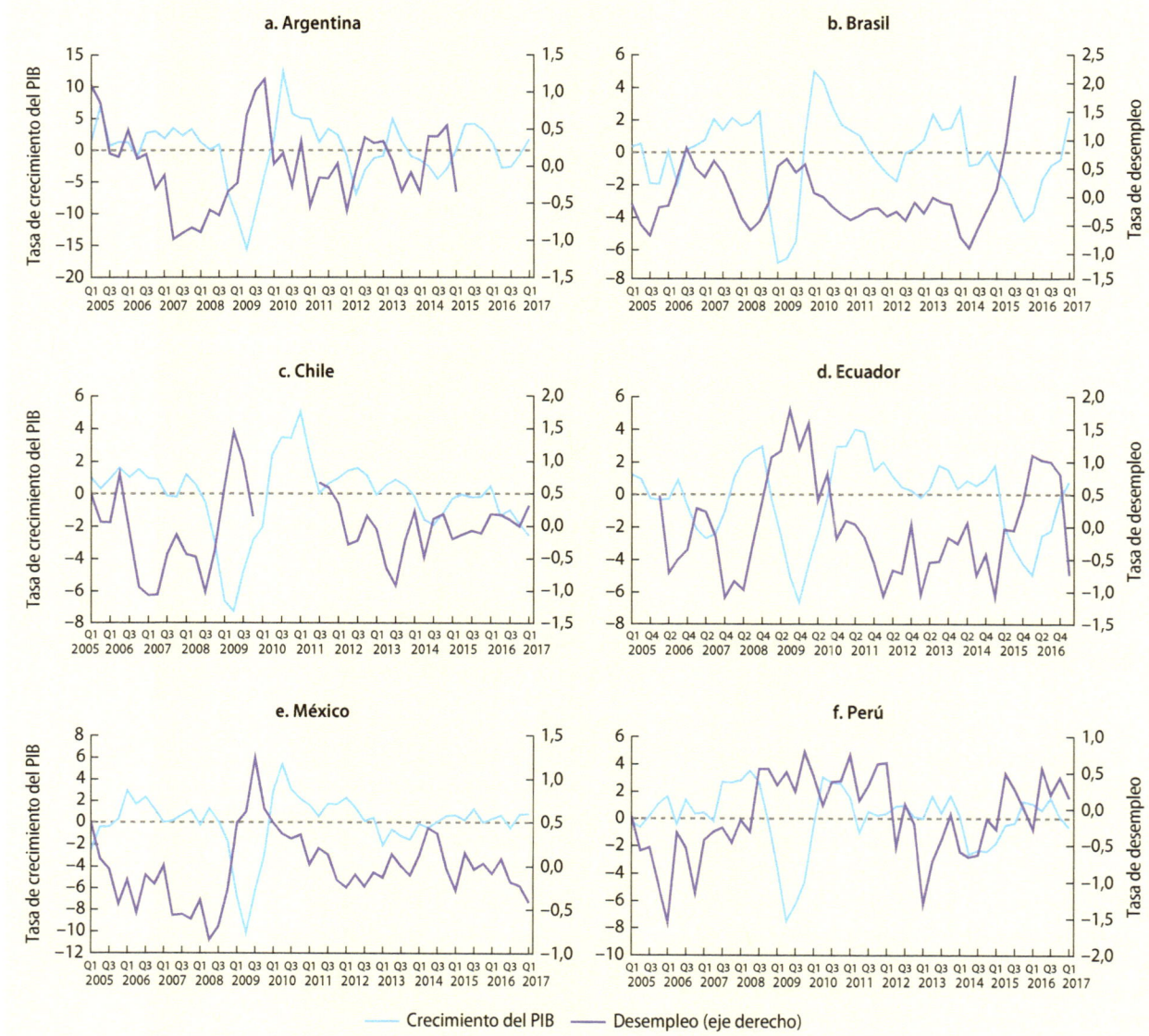

Fuente: Sousa 2021.
Nota: Este gráfico muestra los componentes cíclicos del desempleo y el crecimiento del PIB. Estos cálculos se basan en las tasas de desempleo y estimaciones del producto interno bruto de las autoridades nacionales; series desestacionalizadas y sin tendencia al aplicar un filtro de Hodrik-Prescott. Hay una ruptura en la comparabilidad de las series de desempleo para Chile entre 2009 y 2011. Debido a un cambio de metodología, la serie de datos de desempleo correspondiente a Brasil finaliza en 2015. PIB = producto interno bruto.

aumentan con el crecimiento económico y disminuyen durante las crisis. Este resultado sugiere que la salida de la población activa no se debe al desánimo de los trabajadores, más bien al contrario: los trabajadores tienden a aferrarse a su empleo cuando es más difícil encontrar otro trabajo, quizá para compensar las perspectivas menos favorables de obtención de empleo de otros miembros del mismo hogar.

TABLA 2.1 Componentes cíclicos del crecimiento del PIB, la tasa de desempleo y flujos netos desde la población económicamente activa

Países	Tasa de desempleo			Flujos desde la población activa
	Correlación	MCO		MCO
Argentina	-0,557	-0,061	***	-1391,3
Brasil	-0,444	-0,098	**	-291,5
Chile	-0,489	-0,110	**	-1403,9
Ecuador	-0,520	-0,159	***	-687,3
México	-0,533	-0,079	***	12980,1 **
Perú	-0,143	-0,035		2519,0 **

Fuente: Sousa 2021.

Nota: Esta tabla presenta los coeficientes de correlación y los coeficientes de una regresión simple de MCO de las tasas de desempleo y crecimiento del PIB (ambas sin tendencia), con desfase de un trimestre, de los seis países estudiados. MCO = mínimos cuadrados ordinarios; PIB = producto interno bruto. Nivel de significación: * = 90 %, ** = 95 %, *** = 99 %.

Informalidad

No todos los flujos del mercado laboral que surgen con las crisis son pérdidas de empleo. En América Latina en particular, el voluminoso sector informal amortigua la relación de la ley de Okun entre el crecimiento del PIB y el desempleo (David, Lambert y Toscani 2019). Por lo tanto, caracterizar totalmente el margen cuantitativo del ajuste durante las desaceleraciones en dichas economías implica no limitarse a la dinámica del desempleo. El escaso acceso de la región a la cobertura del seguro de desempleo probablemente disminuya los salarios de reserva y acorte las búsquedas de empleo. Aunque estos factores reducen el desempleo a corto plazo, también pueden dar lugar a coincidencias laborales de menor calidad.[4] En la región de ALC, donde la mayoría de los puestos de trabajo son informales —empleo por cuenta propia (23 %) y trabajo asalariado dependiente informal (35 %)[5]— un recorte de puestos en el sector formal podría provocar que cada vez más trabajadores se incorporen al sector informal.[6] ¿Está haciendo la informalidad el «trabajo sucio» de mantener el empleo en las economías de América Latina?

Estudios previos han demostrado que, aunque el empleo informal no siempre es inferior al empleo formal en la región de ALC, probablemente absorbe parte de los trabajadores del sector formal desplazados durante las recesiones. Maloney (1999), que se basa en datos de México, presenta uno de los primeros análisis de transiciones laborales entre trabajos formales e informales. El autor concluye que el mercado laboral para trabajadores relativamente poco cualificados podría estar integrado por los sectores formal e informal, y ofrecer puestos de trabajo atractivos con distintas características. Bosch y Maloney (2008) observan que la composición sectorial de propio empleo es cíclica: el empleo informal generalmente es contracíclico, mientras que en el empleo formal ocurre lo contrario. Bosch y Maloney (2010), que emplean datos de panel de encuestas de Argentina, Brasil y México y procesos de transición de Markov de tiempo continuo, hallan pruebas que apoyan la incorporación voluntaria al empleo informal, especialmente al trabajo por cuenta propia. Sin embargo, al considerar las tasas de transición en todo el ciclo económico, describen una mayor probabilidad de transitar del empleo asalariado formal al informal durante las recesiones, especialmente en el caso de trabajadores jóvenes.

De hecho, los flujos netos de trabajadores en los seis países estudiados sugieren que el trabajo informal e independiente actúa como un amortiguador del empleo durante las recesiones económicas en la región de ALC. El gráfico 2.2 muestra los flujos netos, la diferencia entre el número de nuevos trabajadores que entran y salen de un sector en cada trimestre, para puestos de trabajo del sector privado formal y puestos de trabajo informales o independientes. Existe una fuerte correlación negativa entre los flujos de empleo formal e informal en cinco de los seis países analizados. Es decir, en dichos países, las reducciones en los flujos netos hacia la formalidad suelen ir acompañadas de un aumento de los flujos hacia la informalidad y el trabajo independiente, y viceversa.

GRÁFICO 2.2 **Flujos netos trimestrales hacia el empleo formal e informal, 2015-2017**

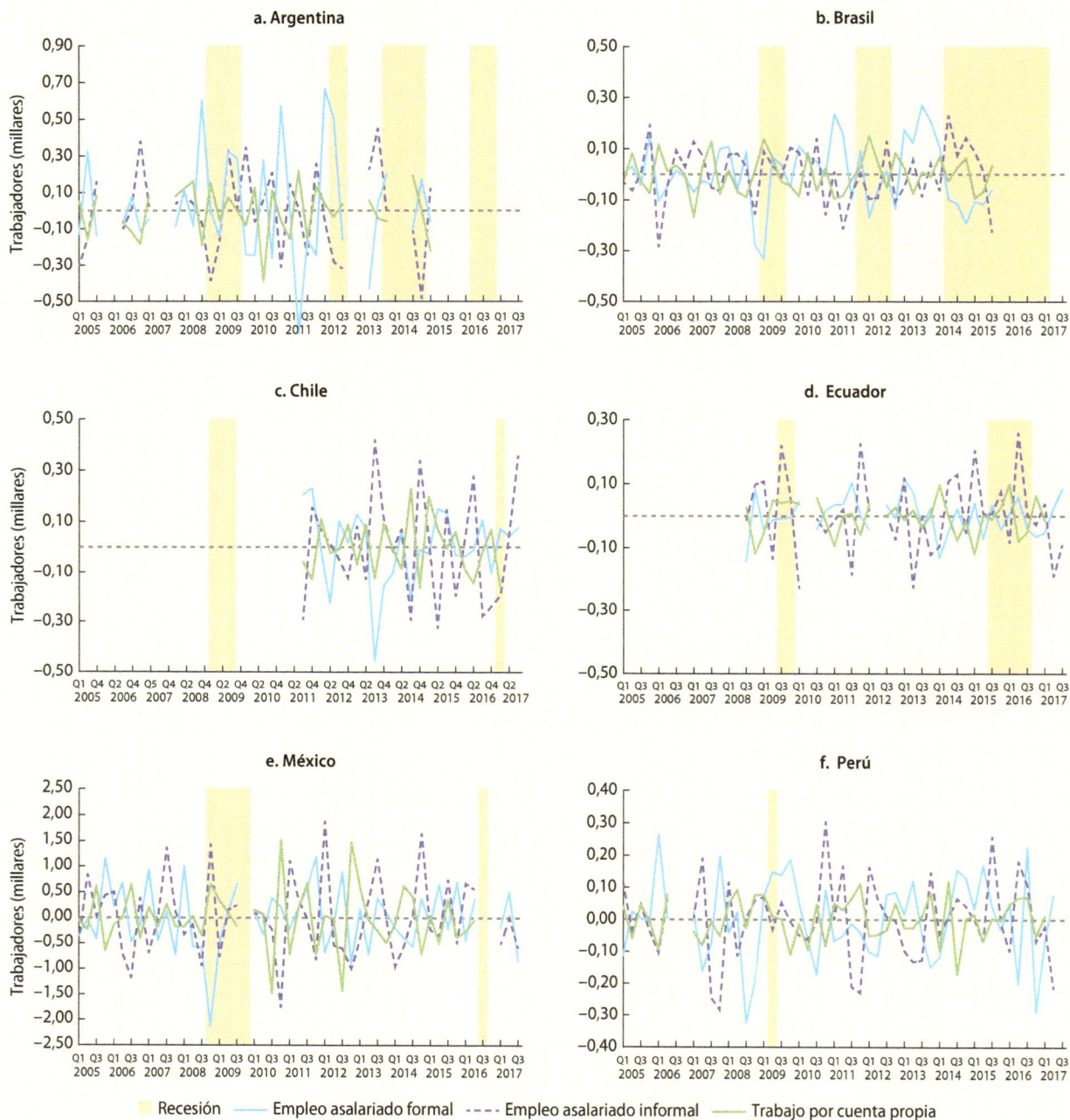

a. Argentina

b. Brasil

c. Chile

d. Ecuador

e. México

f. Perú

Recesión — Empleo asalariado formal ---- Empleo asalariado informal — Trabajo por cuenta propia

Fuente: Sousa 2021.
Nota: Los cálculos de este gráfico se basan en los componentes cíclicos de los flujos netos de puestos de trabajo a tiempo completo (nuevas contrataciones menos pérdidas de puestos de trabajo) en el sector privado formal y en los sectores dependiente e independiente (trabajo por cuenta propia y empleadores). Estos flujos se estiman en función del número de trabajadores que sufren cambios de empleo entre dos trimestres de observación consecutivos. El componente cíclico se estimó con ajustes estacionales y un filtro de Hodrik-Prescott. Las áreas sombreadas en los gráficos, etiquetadas como «recesión», representan trimestres de crecimiento negativo del producto interno bruto según estimaciones de las autoridades nacionales.

El gráfico 2.2 muestra patrones observables en los flujos netos hacia la formalidad e informalidad de varios de los países analizados durante las recesiones económicas. En 2008–2009, a medida que los efectos de la crisis financiera mundial escalaban en dichos países, se produjo una gran pérdida de empleo formal. Esta pérdida incluyó un aumento, aunque menor en magnitud, en el trabajo informal e independiente. Se observa el mismo patrón durante las últimas recesiones en Argentina, Brasil, Chile y Ecuador. Durante el período de recuperación después de las recesiones, las tendencias se invierten: el trabajo informal e independiente disminuye a medida que aumentan los flujos netos hacia la formalidad.

A pesar de la clara inversión de los flujos netos entre la formalidad y la informalidad durante las crisis y los períodos de recuperación, estos flujos solo son débilmente anticíclicos en general; es decir, solo existe una débil correlación en todo el ciclo económico entre los trabajadores que transitan hacia el trabajo formal e informal y las fluctuaciones en el crecimiento del PIB con desfase (cuadro 2.2). Sin embargo, este resultado alberga algunas excepciones. Los flujos netos sugieren que en Argentina y México el trabajo independiente (por cuenta propia) podría ser una opción de empleo inferior empleada como amortiguador durante los períodos de bajo crecimiento. Esta observación se apoya en los flujos netos procíclicos desde el trabajo por cuenta propia hacia el desempleo en ambos países, lo que sugiere que los trabajadores que antes trabajaban por cuenta propia buscan cada vez más empleo dependiente durante períodos de mayor crecimiento. Se observa una tendencia similar entre trabajadores asalariados del sector informal en Ecuador.

En la relación entre crecimiento y formalidad, Perú destaca sobre los demás países: el análisis del gráfico 2.2 sugiere que el país registra mayores flujos hacia la formalidad durante las recesiones. Los resultados de la tabla 2.2 respaldan aún más esta observación. Los flujos netos de Perú hacia la formalidad y el trabajo independiente son cíclicos; los flujos del país hacia la formalidad son

contracíclicos (los flujos hacia la formalidad caen a medida que aumenta el crecimiento) y sus flujos hacia el trabajo independiente son procíclicos (los flujos hacia el trabajo independiente aumentan a medida que aumenta el crecimiento). Los flujos netos de Perú desde el sector formal al trabajo informal también son procíclicos, mientras que los flujos del país desde la informalidad (tanto el trabajo dependiente como el independiente) a la formalidad son anticíclicos. Abordar la pregunta de por qué es posible que este sea el caso de Perú (y no de los otros países estudiados) podría ser objeto de estudio en futuras investigaciones. Una característica distintiva clave de Perú, en comparación con los otros países estudiados, es la elevada proporción de trabajadores por cuenta propia y el bajo número de empleados asalariados formales (Jaramillo y Nopo 2020).

Ajuste de las horas trabajadas

Una reducción temporal en las horas podría ser una alternativa eficaz a los despidos cuando una empresa se enfrenta a una caída temporal de la demanda. Al reducir las horas de los empleados en lugar de despedirlos, las empresas pueden mantener los vínculos laborales que ha establecido con anterioridad, y reducir los costos del ajuste (costos de despido en ese momento y costos de contratación futuros), al mismo tiempo que conserva un valioso capital humano específico a la empresa. Sin embargo, los empleados que sufren una reducción de horas también tendrán que resignarse a una pérdida de ingresos, sin poder acceder al seguro de desempleo (en los países donde existe dicho mecanismo). Las normativas laborales restringen la viabilidad de esta opción en el sector formal de la región de ALC.[7] (Las normativas laborales se analizan más detalladamente en el capítulo 3.) Aun así, la opción podría ser un margen adicional de ajuste para el sector informal y los trabajadores independientes. Por ejemplo, en lugar de quedarse completamente desempleados, los trabajadores por cuenta propia podrían tener que reducir sus horas de

TABLA 2.2 Ciclicidad de los flujos netos en los sectores y desde el empleo, 2005-2017

Coeficientes MCO de los componentes cíclicos de flujos netos y crecimiento con desfase

Flujos netos hacia	Argentina	Brasil	Chile	Ecuador	México	Perú	
Formalidad	474,0	1153,3	160,5	30,4	888,7	-2639,7	***
Informalidad	-382,3	-177,8	-697,4	-121,9	-2879,4	465,1	
Informalidad (salario)	-571,8	-435,9	-506,7	15,6	-5439,9	165,9	
Trabajo independiente	163,7	-413,9	-943,4	-702,0 **	-2629,9	705,5	*

Coeficientes MCO de los componentes cíclicos de flujos netos entre sectores de empleo y crecimiento con desfase

Trimestre 1	Trimestre 2								
Formal (sector privado)	Informal	-443,5		-102,0	-851,4	-46,9	-2660,1	1812,1	***
	Desempleo	5,7		-305,7	415,4	44,7	277,6	55,3	
	Desde la población activa	-101,9		-555,4	-12,5	-123,1	393,3	299,0	
Informal (salario)	Formal (sector privado)	506,8		-95,4	-243,7	110,2	1759,8	-997,3	**
	Desempleo	175,6		298,8	304,5	681,6 **	776,6	971,6	**
	Desde la población activa	-252,22		373,3	448,2	-117,0	4413,8	-293,9	
Trabajo independiente	Formal (sector privado)	-63,3		197,4	1095,1	-63,2	900,3	-814,8	**
	Desempleo	421,5 *		33,7	-595,9	-39,4	2158,3 **	267,8	
	Desde la población activa	-756,6 **		-100,9	-101,6	-94,3	6580,4 **	860,0	

Fuente: Sousa 2021.
Nota: Estos cálculos se basan en los componentes cíclicos de flujos netos (trabajo formal a informal, menos trabajo informal a formal, etc.) de puestos de trabajo a tiempo completo. La muestra analizada se limita a trabajadores vinculados con el sector privado formal, sector asalariado informal o trabajo independiente (trabajadores por cuenta propia y empleadores) en el primer trimestre de observación. Los flujos se estimaron como el número de trabajadores que cambiaron su estado de empleo entre dos trimestres de observación consecutivos. El componente cíclico de cada flujo se estimó con ajustes estacionales y un filtro de Hodrik-Prescott. MCO = mínimos cuadrados ordinarios. Nivel de significación: * = 90%, ** = 95%, *** = 99%.

trabajo debido a una menor demanda de sus servicios.

El análisis de los flujos netos hacia el trabajo a tiempo parcial en la región de ALC sugiere que esta opción no es un margen de ajuste significativo en el mercado laboral, bien en general bien en los sectores formal o informal. El gráfico 2A.1 en el anexo 2A refleja los flujos netos hacia el trabajo a tiempo parcial entre trabajadores que permanecen en el mismo sector (formal o informal), aislando así el ajuste del empleo existente. En Argentina, Brasil, México y, posiblemente, el sector formal de Perú, los flujos netos hacia el trabajo a tiempo parcial parecen aumentar en la primera parte de la crisis financiera mundial de 2008–2009, pero estos flujos también registran repuntes similares en períodos que no son de crisis. De los flujos netos y brutos hacia el trabajo a tiempo parcial y completo en los seis países y dos sectores, solo los flujos hacia el trabajo a tiempo parcial en el sector informal de Ecuador están correlacionados con el componente cíclico del crecimiento.

A pesar de las diferencias en las normativas entre los sectores formal e informal, en cuatro de los seis países analizados los flujos netos hacia el trabajo a tiempo parcial están correlacionados de forma positiva en los dos sectores: se mueven juntos, lo que sugiere patrones similares de fluctuaciones en las tasas de obtención de empleo y rotación. Dicha correlación es particularmente fuerte en México (con un coeficiente de correlación de 0,59) y es menos fuerte en Argentina (0,24). Con un coeficiente de correlación de -0,23, Chile registra la correlación negativa más fuerte entre los flujos netos hacia el trabajo a tiempo parcial en los dos sectores.[8]

Hay pruebas de que el sector informal de Argentina hace algunos ajustes mediante la reducción de horas (panel a del gráfico 2.3). Al principio de la crisis financiera mundial, el número de trabajadores a tiempo parcial que transitaron hacia el trabajo a tiempo completo en Argentina cayó por debajo de la tendencia, mientras que el número de trabajadores a tiempo completo que se incorporaron al trabajo a tiempo parcial superó ampliamente la tendencia. Al final de la crisis, los datos reflejaban una inversión breve pero firme: los flujos hacia el trabajo a tiempo completo crecieron significativamente por encima de la tendencia. Tal como se muestra en el panel b del gráfico 2.3, el ajuste al estado de tiempo parcial en el sector formal no está fuertemente correlacionado con el crecimiento. No obstante, las transiciones entre el estado de tiempo completo y parcial son muy cíclicas entre trabajadores independientes. Las transiciones hacia el trabajo a tiempo completo son claramente procíclicas (aumentan durante las coyunturas más favorables y disminuyen durante las épocas difíciles), mientras que las transiciones hacia el trabajo a tiempo parcial son rotundamente contracíclicas (aumentan en tiempos difíciles y disminuyen durante las coyunturas favorables).

GRÁFICO 2.3   Trabajo a tiempo parcial como un margen del ajuste en Argentina, 2005-2015

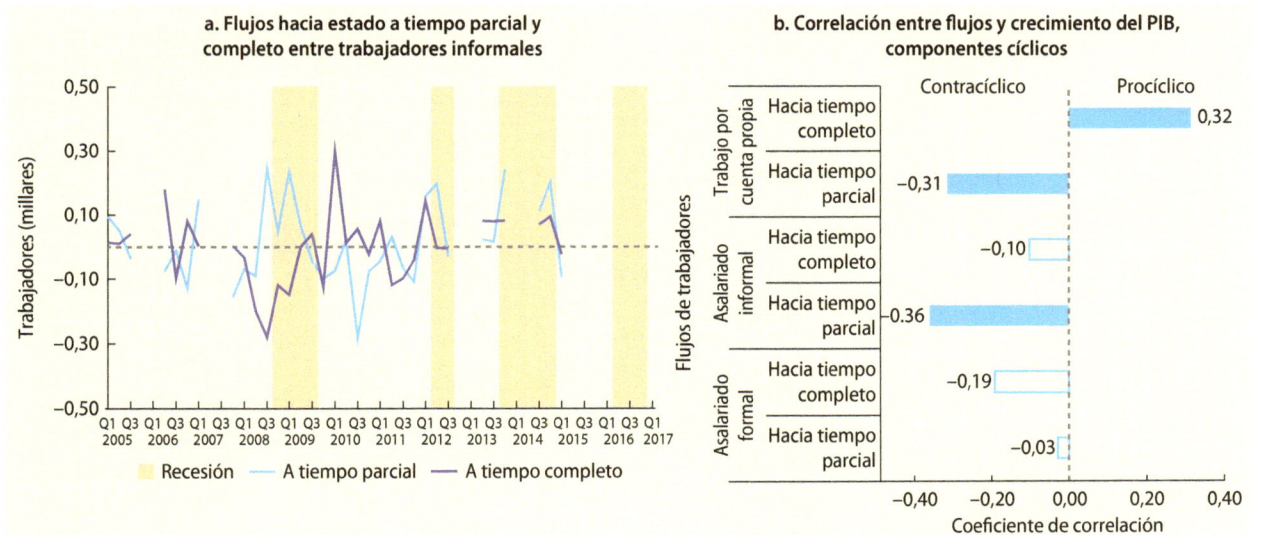

Fuente: Sousa 2021.

Nota: El panel a refleja el componente cíclico de los flujos de trabajo desde el trabajo a tiempo completo hacia el trabajo a tiempo parcial (etiquetado como «tiempo parcial») y desde trabajo a tiempo parcial hacia trabajo a tiempo completo (etiquetado como «tiempo completo») en los sectores informal e independiente (por cuenta propia y empleadores). El trabajo a tiempo parcial se define como trabajo de menos de 30 horas semanales. Los flujos se estimaron como el número de trabajadores que cambian estados de empleo entre dos trimestres de observación consecutivos. Los componentes cíclicos de dichos flujos se estimaron con ajustes estacionales y un filtro de Hodrik-Prescott. Las áreas sombreadas en las cifras etiquetadas como «recesión» son trimestres de crecimiento negativo del producto interno bruto (PIB) según estimaciones de las autoridades nacionales. El panel b presenta la correlación entre cada uno de los componentes cíclicos de los flujos de trabajo trimestrales y el crecimiento del PIB, con un trimestre de desfase. Las correlaciones representadas por las barras de colores son estadísticamente significativas, con niveles de confianza del 90 % o más

¿Cuáles son los principales márgenes de ajuste en América Latina?

El análisis anterior, que mide la ciclicidad de las transiciones laborales entre tipos de empleo, demuestra que, a pesar de que los datos ponen de manifiesto que el empleo informal funciona como un amortiguador del empleo en la región de ALC, el desempleo en la región es firmemente contracíclico (pese a las diferencias entre mercados laborales nacionales). Por el contrario, las salidas desde la población activa o los cambios hacia trabajos a tiempo parcial no parecen desempeñar un papel importante en el ajuste a las crisis de los mercados laborales de América Latina. Cabe destacar que los resultados que se presentan en esta sección hasta ahora solo reflejan los ajustes a corto plazo a las crisis: el desempleo es el principal margen de ajuste durante dicho periodo, pero a medio y largo plazo es posible que los trabajadores transiten desde el desempleo hacia la informalidad, como han demostrado Dix-Carneiro y Kovak (2019).

Los resultados de esta sección reflejan cambios significativos en los flujos de América Latina hacia el desempleo durante la crisis financiera mundial, a pesar de que las estimaciones de la ley de Okun para dichos cambios en América Latina son relativamente bajas.[9] Según dicha regla general, la aceleración del crecimiento del PIB en la región en 1 punto porcentual se asocia con una reducción simultánea (o con desfase de un año) de 0,2 puntos porcentuales en la tasa de desempleo. Los datos existentes sobre la región de ALC en su conjunto no permiten hacer una estimación precisa de dicha elasticidad al restringir la muestra a años de crisis. Sin embargo, la estimación, que sí es factible para Brasil y México, da como resultado una elasticidad de alrededor de 0,5 puntos porcentuales durante las crisis de la década de los años 2000. De acuerdo con esta estimación, las últimas proyecciones del impacto de la pandemia del COVID-19 sobre la región pronostican una caída del 9,1 % en el PIB regional y un aumento de 4 a 5 puntos porcentuales en la tasa de desempleo, lo que equivaldría a una cifra insólita de 44 millones de trabajadores desempleados.

El rol destacado del sector informal, tal como reflejan los resultados de esta sección, permite explicar por qué, a nivel agregado, la tasa de desempleo parece ser menos elástica a los cambios en la producción en América Latina que en las economías avanzadas, y la razón de que dicha elasticidad sea tan heterogénea en la región. Aunque los flujos hacia el desempleo constituyen un importante margen de ajuste en la región de ALC, los flujos hacia la informalidad los complementan como parte de un mismo mecanismo de ajuste. Este canal, el empleo informal, es mucho más limitado en las economías avanzadas.

Los resultados de esta sección son coherentes con resultados recientes diseminados por la literatura sobre comercio internacional. Dix-Carneiro y Kovak (2019) documentan que las regiones más expuestas a la competencia extranjera tras la liberalización comercial de Brasil (en la que el país sufrió un *shock* negativo de comercio) sufrieron aumentos en el desempleo a medio plazo por encima del promedio nacional, pero menores de lo que habrían registrado si la informalidad no absorbiera algunos trabajadores desplazados por el comercio.

Destrucción y creación de empleo en tiempos de crisis

Como se ha visto en la sección anterior, el desempleo es un margen primario de ajuste del mercado laboral en la región de ALC. Las altas tasas de informalidad de la región y las fuertes protecciones en el sector formal implican grandes diferencias entre los dos tipos de empleos en los costos de ajuste de los empleadores. La destrucción de puestos de trabajo en el sector formal puede resultar costosa debido a las obligaciones contractuales y legales que contraen los empleadores, mientras que la destrucción de empleo en el sector informal es relativamente gratuita para los empleadores, especialmente en el caso de los puestos de trabajo que requieren bajos niveles de capital humano específico a la empresa o al sector.

Esta observación sugiere que la destrucción de puestos de trabajo informales y la creación de puestos de trabajo formales serían los márgenes de ajuste más sensibles a las desaceleraciones. De hecho, Bosch y Maloney (2008) concluyen que el desempleo contracíclico durante las recesiones en Brasil y México depende más de las separaciones laborales entre trabajadores informales que de las separaciones del empleo formal. También observan una disminución de las contrataciones en el sector formal durante las recesiones. De manera similar, Bosch y Esteban-Pretel (2012) concluyen que la variación cíclica en el desempleo se explica principalmente por cambios en la tasa de separación del empleo de trabajadores informales, mientras que la variación cíclica en la participación del empleo formal se explica por cambios en la tasa de transición desde el empleo informal hacia el formal.

Los flujos de empleo se pueden descomponer en flujos de creación de empleo y flujos de destrucción de empleo (Davis y Haltiwanger 1992). Las mediciones de los flujos de empleo brutos y netos en los países en desarrollo son relativamente poco frecuentes (Ochieng y Park [2017] es una excepción reciente), por lo que las mediciones que se presentan en esta sección son especialmente valiosas. Para cada empresa analizada, el cambio neto de puestos de trabajo se calcula por trimestre. Las empresas que perdieron más empleados de los que ganaron son destructoras netas de empleo y contribuyen a los flujos de destrucción de empleo. Por el contrario, las empresas que terminan el trimestre con más empleados que con los que lo comenzaron son creadoras netas de empleo y contribuyen a los flujos brutos de creación del empleo. Dado que dichos flujos se miden a nivel de establecimiento, estos se limitan al empleo de empresas en el sector formal. Para una visión más amplia de la dinámica del empleo, esta sección también incluye conceptos procedentes de encuestas de trabajadores sobre los flujos de obtención y pérdida de empleo. Esta métrica alternativa es particularmente relevante en la región de

ALC, ya que se trata de la única manera de medir el sector informal.

Las tasas de separación del empleo no son necesariamente el mecanismo de ajuste crítico de los mercados laborales en América Latina: muchos trabajadores que, en otras circunstancias, renunciarían voluntariamente a su trabajo posponen la decisión durante las recesiones, cuando otras oportunidades laborales escasean. En esta sección se abordan las siguientes preguntas: ¿Qué puestos de trabajo corren mayor riesgo durante las crisis: los trabajos del sector formal o los del sector informal? Y dentro del sector formal, ¿cuáles corren mayor riesgo: los de las empresas grandes o los de las pequeñas? Esta sección se centra en las dinámicas subyacentes que determinan el desempleo y analiza cómo difieren dichas dinámicas en función de los tipos de empleo y empleadores.

Tasas de obtención y pérdida de empleo durante las recesiones económicas

Como se señaló anteriormente en este capítulo, en el caso de los trabajadores, los conceptos análogos de creación y destrucción de empleo son la obtención y pérdida de empleo respectivamente, que se basan en datos de trabajadores en lugar de datos de establecimientos. Esta perspectiva alternativa permite la inclusión de flujos de entrada y salida hacia y desde el sector informal. En el gráfico 2.4 se presentan las tasas de pérdida de empleo para los trabajadores a tiempo completo por sector de empleo. A medida que se acusan los efectos de la crisis financiera mundial en los países de ALC, se produce un aumento notable de pérdidas de empleo en la mayoría de los sectores y países. Como es de esperar, el sector menos afectado fue el de los trabajadores independientes; es decir, principalmente, el trabajo por cuenta propia y de baja cualificación. La tabla 2.3 presenta los coeficientes de correlación entre los componentes cíclicos de cada una de estas tendencias y muestra fuertes correlaciones en la pérdida de empleo entre los dos sectores informales (trabajo asalariado informal y trabajo independiente).

GRÁFICO 2.4 **Pérdida trimestral de empleo, sectores formal e informal, 2005-2017**

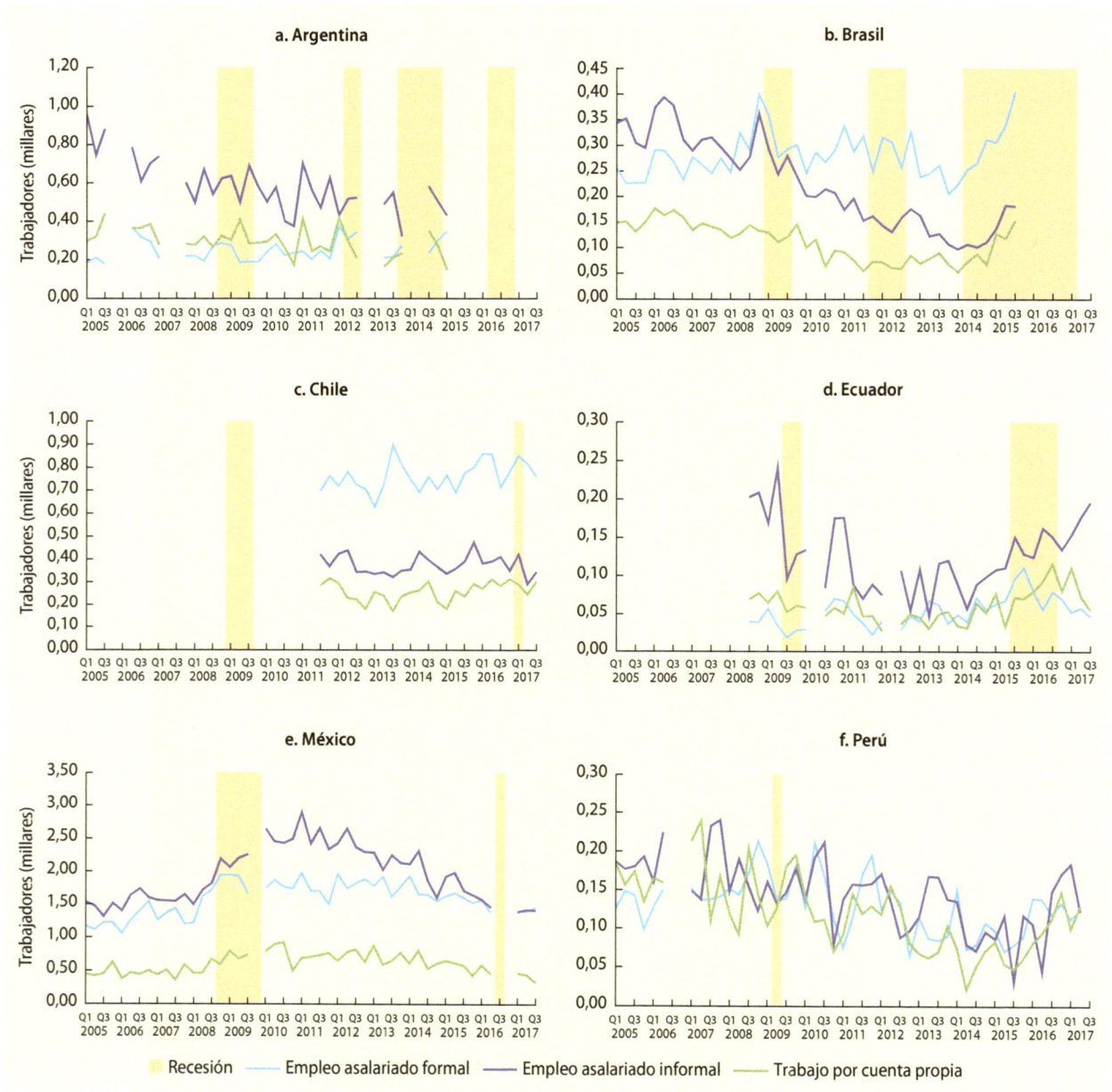

a. Argentina

b. Brasil

c. Chile

d. Ecuador

e. México

f. Perú

| | Recesión | Empleo asalariado formal | Empleo asalariado informal | Trabajo por cuenta propia |

Fuente: Sousa 2021.
Nota: Este gráfico muestra los números trimestrales de trabajadores que sufren pérdidas de empleo, que se definen como la transición desde el empleo hacia el desempleo. El análisis se limita a los trabajadores a tiempo completo, y las tendencias están desestacionalizadas. Las áreas sombreadas, etiquetadas como «recesión», representan trimestres de crecimiento negativo del producto interno bruto según estimaciones de las autoridades nacionales.

TABLA 2.3   Correlación de pérdida de empleo en los sectores

País	Trabajo asalariado formal e informal	Trabajo - independiente	Trabajo asalariado informal
Argentina	-0,094	0,167	0,277
Brasil	0,594	0,458	0,566
Chile	0,428	-0,087	0,335
Ecuador	0,227	0,272	0,323
México	0,402	0,022	0,355
Perú	0,136	0,519	0,082

Fuente: Sousa 2021.
Nota: Esta tabla presenta los coeficientes de correlación entre los flujos trimestrales de pérdida de empleo, sin tendencia y desestacionalizados, por sector de empleo. El análisis se limita a los trabajadores a tiempo completo.

La tabla también revela una fuerte correlación positiva entre el trabajo asalariado formal e informal en cuatro de los países analizados, lo que demuestra que las pérdidas de empleo de los trabajadores dependientes responden de manera similar durante todo el ciclo económico en ambos sectores.

También cabe señalar que, en la mayoría de los países analizados, el ajuste en el empleo durante la crisis financiera mundial de 2008–2009 parece haber sido impulsado por una caída en las tasas netas de obtención de empleo, que fue mayor para los trabajadores formales que para los trabajadores informales. Esta tendencia fue particularmente pronunciada en el caso de México y Perú. La tasa neta de obtención de empleo de un sector —referida al flanco de los trabajadores en la creación de empleo neta— se calcula como el número de nuevos trabajadores que se incorporan al sector y que exceden el número de trabajadores que abandonan el sector en un trimestre dado, como una participación del empleo sectorial. La tabla 2.2, en la sección anterior, mostró la baja ciclicidad de la pérdida de empleo en los tres sectores: trabajo dependiente del sector privado formal, trabajo dependiente informal y trabajo independiente. El gráfico 2.5 ilustra tasas netas de obtención de empleo más bajas en el sector formal de los seis países en todo el ciclo económico. Es decir, como participación en la población económicamente activa, el nuevo crecimiento de empleo es menor en el sector formal que en el sector informal.

Creación y destrucción de empleo durante las recesiones económicas

En el sector formal, la descomposición de las contribuciones de la creación y destrucción de empleo en empresas grandes y pequeñas demuestra que los ajustes del empleo se deben a una menor creación de empleo y una mayor volatilidad del empleo en las empresas grandes. La respuesta del empleo a las crisis por parte de las empresas pequeñas es más moderada. Sin embargo, esta diferencia entre las empresas grandes y pequeñas desaparece cuando se tienen en cuenta las creaciones y desapariciones de empresas, que son significativamente más comunes en empresas pequeñas. El siguiente análisis se lleva a cabo utilizando conjuntos de datos administrativos de Brasil y Ecuador en secciones transversales repetidas y de paneles de empleadores con información longitudinal completa. Estos datos abarcan los últimos cuarenta años en Brasil y últimos veinte años en Ecuador, e incluyen varios ciclos económicos.

Tal como se muestra en el gráfico 2.6, lo que lleva a un nivel de empleo más reducido en el sector formal durante las recesiones en Brasil y Ecuador es una disminución en la creación bruta de empleo; la creación de empleo cae más rápidamente y de manera más significativa que la destrucción de empleo. En particular, durante la reciente desaceleración que afectó a las economías exportadoras de productos primarios en América del Sur a partir de 2015,

GRÁFICO 2.5 **Tasas netas trimestrales de obtención de empleo, sectores formal e informal, 2005-2017**

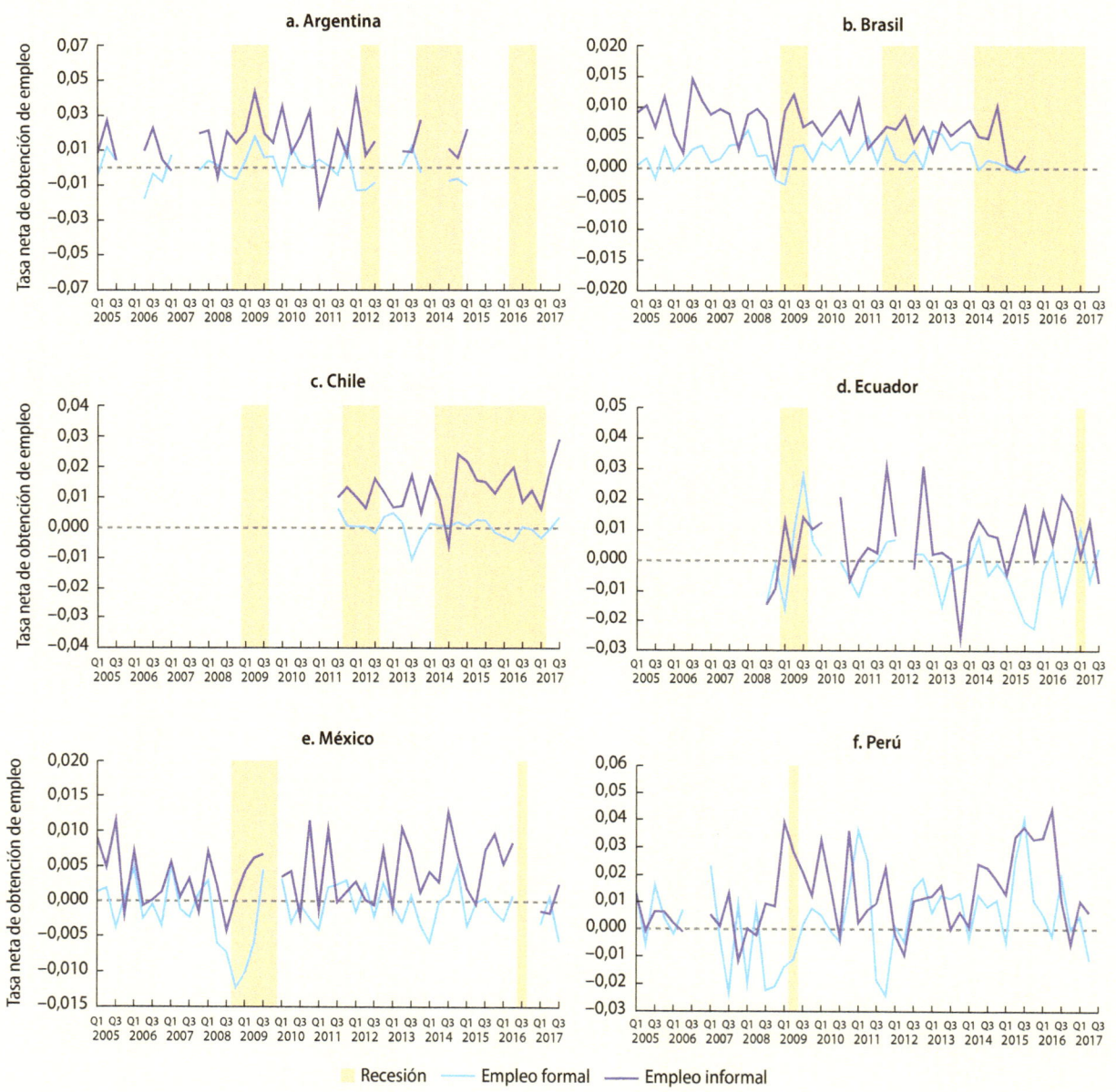

Recesión — Empleo formal — Empleo informal

Fuente: Sousa 2021.
Nota: Este gráfico muestra las tasas netas de obtención de empleo para los sectores formal e informal, calculadas como la tasa trimestral de obtención de empleo (el flujo desde el desempleo hacia el sector) menos la tasa trimestral de pérdida de empleo (el flujo desde el sector hacia el desempleo) como una participación del empleo en cada sector. El análisis se limita a los puestos de trabajo a tiempo completo y la tasa neta de obtención de empleo está desestacionalizada. Las áreas sombreadas, etiquetadas como «recesión», representan trimestres de crecimiento negativo del producto interno bruto según estimaciones de las autoridades nacionales.

GRÁFICO 2.6 **Flujos brutos de empleo en Brasil y Ecuador, sector formal**

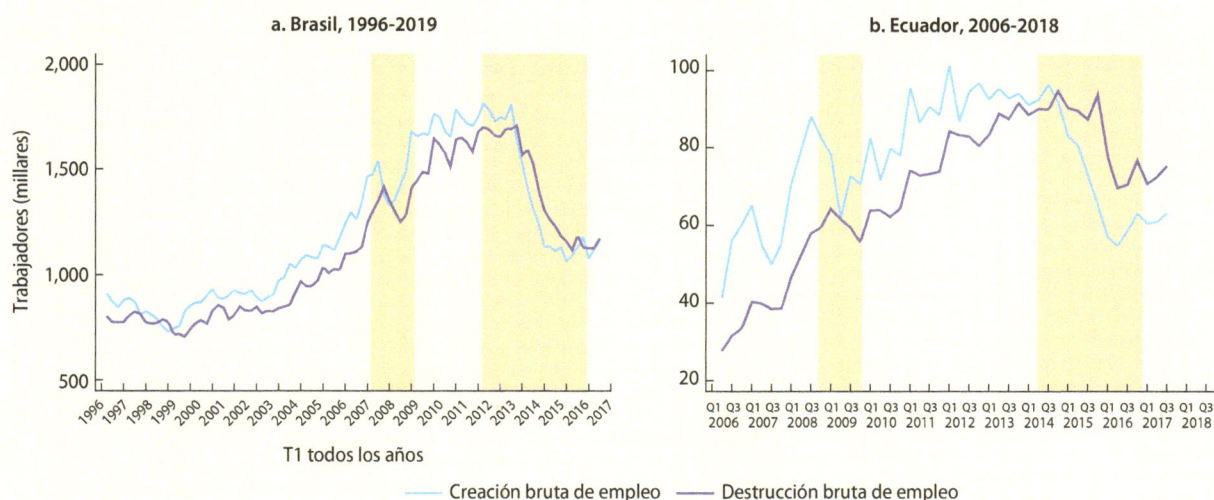

a. Brasil, 1996-2019

b. Ecuador, 2006-2018

— Creación bruta de empleo — Destrucción bruta de empleo

Fuente: Silva y Sousa 2021.
Nota: Este gráfico se basa en un panel equilibrado de empresas del sector privado. Las áreas sombreadas indican recesiones económicas. Series desestacionalizadas. En el panel a, los datos corresponden al primer trimestre de todos los años que se indican.

la destrucción bruta de empleo superó la creación bruta de empleo, lo que provocó una destrucción neta del empleo formal. En otras palabras, al entrar en un período de crecimiento más lento, los empleadores dejan de crear nuevos puestos de trabajo. A medida que la recesión se propaga o agrava la coyuntura económica, los empleadores comienzan a reducir el empleo en general (por medio de despidos, jubilaciones anticipadas o, simplemente, evitando ocupar los puestos vacantes).[10] En cambio, durante períodos de crecimiento, la creación bruta de empleo supera la destrucción bruta de empleo a medida que las empresas existentes crecen y se crean nuevas empresas.

Pero ¿cómo se ajustan distintos perfiles de empleadores en todo el ciclo económico? Estudios publicados por la OCDE y otros países de altos ingresos han puesto de manifiesto diferencias significativas en la respuesta de las empresas grandes y pequeñas a las crisis, con implicaciones para la calidad del empleo de los trabajadores. Moscarini y Postel-Vinay (2009, 2013) argumentan que las empresas menos atractivas (aquellas que pagan menos u ofrecen un empleo de menor

calidad; a menudo, empresas más pequeñas) tienen una mayor capacidad para retener a los buenos trabajadores durante las recesiones porque están menos expuestas a la competencia de talento durante dichos períodos. Este resultado es compatible con las observaciones de Moscarini y Postel-Vinay (2012), quienes concluyen que el crecimiento del empleo es más cíclico en las empresas grandes que en las pequeñas en varias economías de altos ingresos; el resultado sorprende porque las empresas pequeñas sportan más restricciones crediticias. Los autores también postulan que las empresas grandes pueden «pescar» trabajadores de empresas más pequeñas durante los períodos de mayor crecimiento cuando los mercados laborales tienen problemas de rigidez. Haltiwanger *et al.* (2018) observan que en EE. UU. las empresas grandes son más sensibles al desempleo que las empresas pequeñas. Además, encuentran indicios de una «escala cíclica de salarios de las empresas» en la que los trabajadores pueden granjearse mejores empleadores (definidos como empresas que pagan salarios más altos) durante épocas de bonanza, y peores durante tiempos difíciles.

Silva y Sousa (2021) distinguen entre las tasas de creación y destrucción de empleo en empresas grandes y pequeñas en el sector formal al aplicar un enfoque empírico similar en el contexto del empleo en el sector formal de Brasil y Ecuador. Los paneles a y b del gráfico 2.7 muestran las tasas de creación y destrucción brutas de empleo de empresas grandes y pequeñas en los dos países; en ambos países, las empresas grandes contabilizan cada vez más flujos brutos en el mercado laboral. En parte, dicha tendencia se debe a su configuración porque a medida que las empresas grandes crecen, explican una participación cada vez mayor del empleo total (las empresas grandes representan el 40 % y 35 % del empleo formal en Brasil y Ecuador respectivamente; las empresas pequeñas representan el 30 % y 32 % del empleo formal). Aunque la magnitud de sus efectos difiere, ambos tipos de empresas siguen patrones muy similares en términos de creación de empleo, que sufren grandes fluctuaciones en todo el ciclo económico.

Para evaluar las contribuciones de empresas grandes y pequeñas al desempleo total, estos flujos brutos de empleo se convierten en tasas de creación y destrucción de empleo, que se calculan como la creación o destrucción total de empleo como una participación en el empleo. Los paneles c y d del gráfico 2.7 muestran las tasas netas de creación de empleo para empresas grandes y pequeñas de Brasil y Ecuador.[11] Muestran que las empresas grandes manifiestan picos y caídas particularmente fuertes a lo largo de todo el ciclo económico: es decir, las empresas grandes son más cíclicas en el empleo que las empresas pequeñas. Incluso teniendo en cuenta su mayor nivel de empleo, las fluctuaciones en el empleo neto de las empresas grandes son más sensibles a los factores de demanda que las correspondientes a empresas pequeñas.

Por último, este informe aplica la metodología de Moscarini y Postel-Vinay (2012) para estimar la tasa diferencial bruta de creación de empleo y la tasa diferencial bruta de destrucción de empleo entre empresas grandes y pequeñas. Una tasa diferencial positiva indica que las empresas grandes tienen tasas más altas (de creación o destrucción de empleo) que las empresas pequeñas, mientras que una tasa diferencial negativa indica que los grandes empleadores tienen tasas más bajas. De acuerdo con las fuertes subidas y caídas del empleo en las empresas grandes, las tasas diferenciales de creación de empleo en Brasil y Ecuador manifiestan una mayor ciclicidad en la creación de empleo de las empresas grandes (gráfico 2.7, paneles e y f).

Sin embargo, los mecanismos de pérdida de empleo difieren entre países, como lo demuestran las tasas diferenciales de destrucción de empleo en Brasil y Ecuador. En Brasil, las tasas diferenciales de destrucción de empleo muestran variaciones significativas. Durante las recesiones son positivas, lo que refleja tasas de destrucción de empleo más altas en las empresas grandes que en las pequeñas, y durante las recuperaciones son negativas, lo que sugiere lo contrario. Sin embargo, en Ecuador la tasa diferencial de destrucción de empleo se mantiene estable en torno a 0; esto implica que las empresas grandes y pequeñas destruyen puestos de trabajo a tasas similares en todo el ciclo económico.

En conjunto, estos resultados demuestran que, entre las empresas formales, la pérdida de puestos de trabajo es significativamente mayor para las empresas grandes que para las pequeñas durante las recesiones. En otras palabras, en Brasil y Ecuador, el empleo en las empresas grandes es más cíclico que en las empresas pequeñas. Sin embargo, la deconstrucción de los flujos de empleo en flujos de creación y destrucción de empleo revela que los mecanismos implicados en los cambios en el empleo de empresas grandes y pequeñas varían en los dos países. En Brasil, las empresas grandes crean y destruyen puestos de trabajo a tasas más altas que las empresas pequeñas. En Ecuador, la respuesta de mayor empleo entre las empresas grandes se debe a fluctuaciones más drásticas

GRÁFICO 2.7   **Flujos brutos de trabajo y tasas diferenciales en empresas grandes y pequeñas del sector formal**

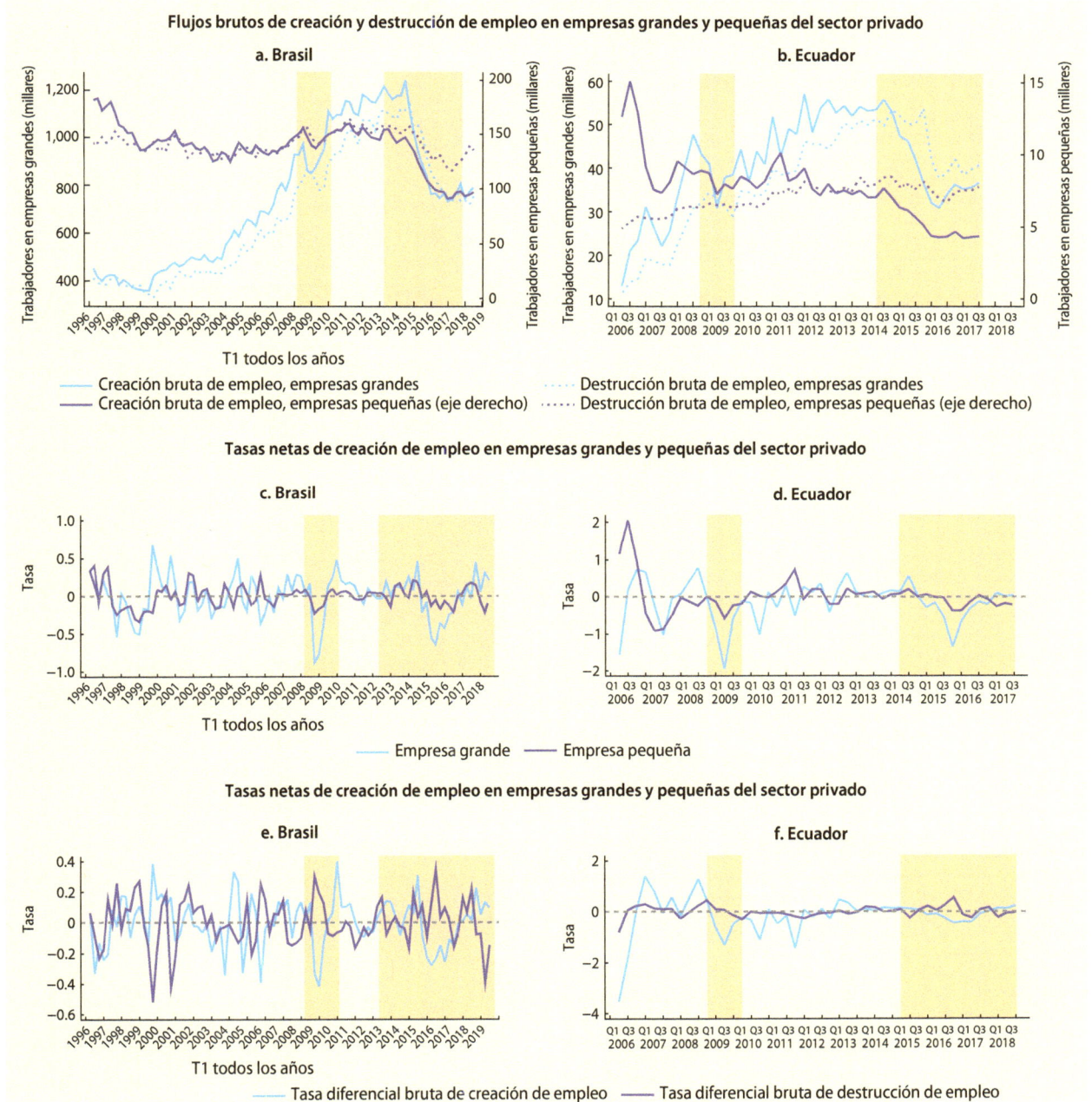

Flujos brutos de creación y destrucción de empleo en empresas grandes y pequeñas del sector privado

Tasas netas de creación de empleo en empresas grandes y pequeñas del sector privado

Tasas netas de creación de empleo en empresas grandes y pequeñas del sector privado

Fuente: Silva y Sousa 2021.
Nota: Este gráfico se basa en un panel equilibrado de empresas del sector privado. Los flujos de empleo en empresas pequeñas se presentan en el eje derecho, en los paneles a y b.
El tamaño de las empresas se define cada año: las empresas pequeñas son aquellas que emplean 20 empleados o menos, mientras que las empresas grandes son aquellas con más de 250 empleados. Las áreas sombreadas indican recesiones económicas. Series desestacionalizadas. En el panel a, c y e, los datos corresponden al primer trimestre de todos los años que se indican.

de dichas empresas en la creación de empleo a lo largo del ciclo económico, en comparación con las empresas pequeñas.

Las empresas grandes podrían ser más resilientes que las pequeñas, y, en parte por esta razón, se consideran mejores empleadores que ofrecen más seguridad laboral. Esta idea se aleja de los resultados anteriores: las mayores pérdidas de empleo en el sector formal tienen lugar en las empresas grandes, tanto en términos absolutos como relativos. Sin embargo, es importante diferenciar entre la resiliencia de las empresas y la seguridad laboral. Los resultados anteriores no tienen en cuenta la creación y desaparición de empresas. Las empresas más pequeñas son mucho más propensas a las creaciones y desapariciones (en parte, por su configuración, porque las empresas son inicialmente pequeñas y pueden reducir gradualmente su tamaño antes de desaparecer). Una vez que se tienen en cuenta las creaciones y desapariciones de empresas, la diferencia en la pérdida de puestos de trabajo entre las empresas grandes y pequeñas se vuelve menos evidente (gráfico 2.8). La menor resiliencia de las empresas pequeñas, que se manifiesta en mayores fluctuaciones en su creación y desaparición, explica una parte significativa de sus fluctuaciones en la creación neta de empleo durante las recesiones.

Transiciones laborales entre distintos perfiles de trabajadores

Otra fuente de complejidad en las tendencias de creación y destrucción de empleo es la heterogeneidad entre trabajadores. Dado que los trabajadores más experimentados podrían contribuir a una mayor productividad y requerir una costosa reinversión para reemplazarlos (Jovanovic 1979), perder trabajadores con niveles más bajos de capital humano (incluido el capital humano específico a las empresas) implica menores costos de transacción para los empleadores. Por ejemplo, Robertson y Dutkowsky (2002) señalan que los costos de ajuste en el sector manufacturero de México son más altos para los trabajadores no relacionados con la producción (que, generalmente, son trabajadores con salarios más altos), trabajadores con cualificaciones más específicas al puesto de trabajo y trabajadores de sectores más sindicalizados. En consecuencia, cuando una empresa experimenta una caída de la demanda, los trabajadores directamente relacionados con la producción, que tienen salarios más bajos, son despedidos a un ritmo superior que los trabajadores con salarios más altos.

Este resultado implica que los ajustes cuantitativos se materializarán por medio

GRÁFICO 2.8   **Tasas netas de creación de empleo en Brasil y Ecuador, sector formal**

Tasas netas de creación de empleo en empresas grandes y pequeñas del sector privado, incluidas las creaciones y desapariciones de empresas

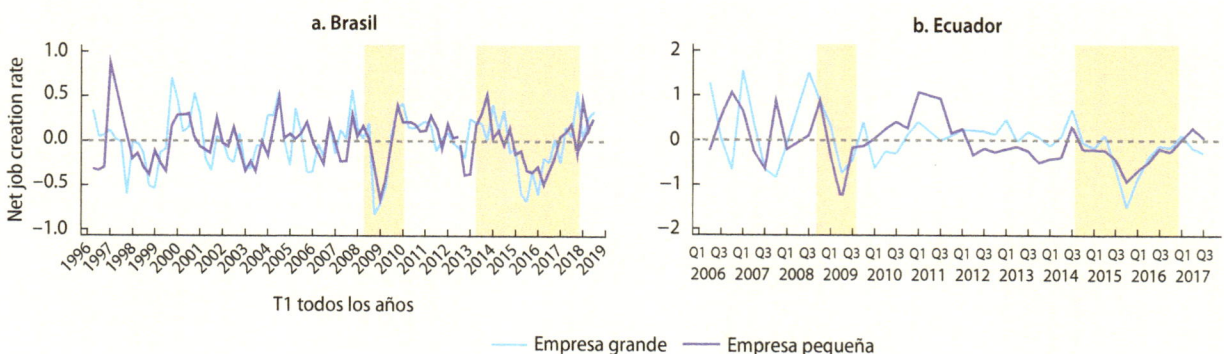

Fuente: Silva y Sousa 2021.
Nota: Este gráfico presenta las tasas netas de creación de empleo en el sector privado (incluyendo la creación y la destrucción de empresas). El gráfico se basa en un panel equilibrado de empresas del sector privado. Las áreas sombreadas indican recesiones económicas. Series desestacionalizadas. En el panel a, los datos corresponden al primer trimestre de todos los años que se indican.

de reducciones en el empleo de trabajadores con menores costos de ajuste. En las economías de altos ingresos, los trabajadores de ingresos más bajos salen de la población activa a tasas desproporcionadamente altas durante las recesiones (Carneiro, Guimarães y Portugal 2011; Solon, Barsky y Parker 1994), y el desplazamiento es mayor entre trabajadores jóvenes y poco cualificados que entre otros perfiles de trabajadores (Devereux 2004; Teulings 1993). Varios estudios en los países de ALC sugieren tendencias similares. Campos-Vázquez (2010), y Freije, López-Acevedo y Rodríguez-Oreggia (2011) estudian la crisis económica de México de 2009 y observan mayores tasas de pérdida de empleo entre trabajadores jóvenes y poco cualificados.

La combinación de la región de ALC de grandes economías informales y trabajadores con diversos niveles de cualificación sugiere la existencia de una jerarquía en los costos de ajuste, en la que los trabajadores informales —que tienen menos protecciones laborales— podrían tropezar con una mayor probabilidad de pérdida de empleo, independientemente de cuáles sean sus cualificaciones. Entre los trabajadores formales, los trabajadores de ingresos más bajos tendrían más probabilidades de perder el empleo que los trabajadores de ingresos más altos. De hecho, en cinco de los seis países analizados y a lo largo del ciclo económico, es más probable que los trabajadores con salarios más bajos sufran periodos de desempleo que los trabajadores con salarios más altos, independientemente de su vinculación a los sectores formal o informal (gráfico 2.9). México es la única excepción: en dicho país, las transiciones hacia el desempleo son más altas en el centro de la distribución salarial que en la parte inferior o superior.

Sin embargo, que existan mayores probabilidades de que los trabajadores poco cualificados transiten hacia el desempleo no necesariamente sugiere una mayor vulnerabilidad de su empleo a las fluctuaciones del crecimiento económico. En cambio, las transiciones de empleo cíclicas (aquellas que están correlacionadas con el crecimiento económico con desfase) son más comunes entre trabajadores más cualificados que entre los menos cualificados. (Véase la tabla 2A.1, anexo 2A.) Este resultado es válido tanto para hombres como para mujeres. Ninguna de las transiciones laborales analizadas es cíclica para las mujeres poco cualificadas en ninguno de los seis países estudiados.

Una estructura de empleo cambiante y la desaparición de buenos puestos de trabajo

Las crisis se traducen en menos oportunidades laborales conforme avanza el tiempo, una vez finalizado el ciclo económico (Artuc, Bastos y Lee 2021). Las crisis reducen la rotación de trabajadores; es decir, los flujos de empleo a empleo, lo que conlleva una reducción en la calidad de las coincidencias laborales. El motivo principal es que cuando hay menos oportunidades de empleo disponibles, los trabajadores son menos capaces y están menos dispuestos a abandonar sus empleos existentes para nuevos empleos. Empleando un modelo estructural para Brasil, Artuc, Bastos y Lee (2021) concluyen que los *shocks* externos negativos reducen la movilidad interna entre trabajos, lo que a su vez reduce el bienestar social de los trabajadores a lo largo de la vida.

Las crisis también están reduciendo gradualmente el número de buenas oportunidades de empleo en la región de ALC. Este efecto sucede porque las crisis en la región de ALC no solo influyen en los flujos de trabajadores de manera temporal, sino que también tienen importantes efectos en la estructura del empleo y que son posteriores a la crisis y duran varios años (Regis y Silva 2021). En diversos estudios macroeconómicos de crisis, el análisis se centra en los efectos a corto plazo, como las desviaciones negativas en el empleo o los salarios reales en el corto plazo (concomitantes o en el año posterior). Cabe esperar este enfoque, dado que, en general, no se dispone de medidas directas de episodios de crisis pasados, basadas en datos agregados a nivel nacional. Solo se dispone datos trimestrales sobre el empleo en países de ALC desde finales de la década de los

GRÁFICO 2.9 **Participación trimestral de trabajadores que se incorporan al desempleo por decil salarial, sectores formal e informal, 2005-2017**

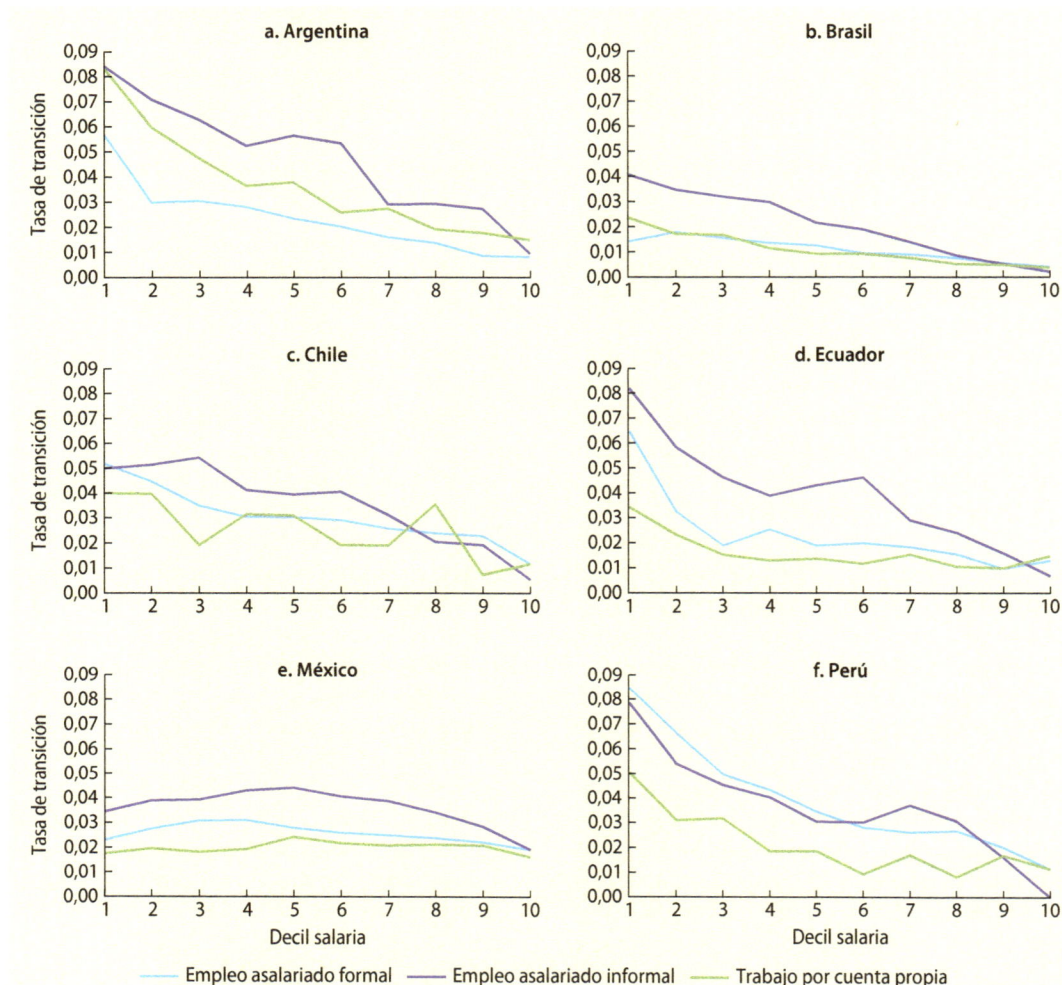

Fuente: Sousa 2021.
Nota: La tasa de transición trimestral desde el empleo al desempleo se define como la participación de trabajadores empleados en el trimestre t que transitan hacia el desempleo en el trimestre t+1.

noventa y dichos datos no se desglosan en empleo formal o informal. Las series temporales mensuales largas para el empleo son aún más limitadas. Una estrategia alternativa para medir los efectos a más largo plazo sería analizar datos administrativos de alta calidad combinados con cuentas nacionales. Este es el enfoque que siguieron Regis y Silva (2021).

Regis y Silva (2021) investigan los efectos a largo plazo de las crisis en los trabajos

mediante la compilación de series temporales de empleo total, formal e informal, que datan de la década de los ochenta para tres países: Brasil (1985–2019), Chile (2006–19) y México (1994–2019). El estudio estima las funciones impulso-respuesta del empleo total —formal e informal— a las crisis, siguiendo a Jorda (2005), y Jorda, Singh y Taylor (2020). Los autores crearon una nueva base de datos mensuales empleador-empleado, utilizando datos administrativos anuales de los registros de la seguridad social de cada país (que incluyen datos longitudinales administrativos sobre los mercados laborales formales nacionales). Para elaborar estos datos se utilizó información sobre el mes de contratación o separación del empleo de todos los trabajadores formales. Como estos datos se refieren a todos los trabajadores formales, el equipo utilizó la serie de empleo disponible de las cuentas nacionales, la armonizó cronológicamente con su base de datos y dedujo el empleo informal total de cada país a partir de la diferencia entre ambos países.[12] En el contexto de este estudio, las crisis se definieron conforme al PIB trimestral de cada país, que se estandarizó en el intervalo [0,1] (donde 0 representa la recesión más profunda y 1 el mayor crecimiento), y se utilizó para definir la tendencia de largo plazo de la economía. El PIB se mantuvo por debajo o por encima de su tendencia de largo plazo cuando el ciclo se aproximó a los valores 0 o 1, respectivamente. A continuación, se utilizaron los ciclos económicos delimitados como se ha descrito para obtener una variable ficticia (*dummy*) de recesión. Su duración correspondió al período de tiempo entre el pico y la caída del ciclo.

De este estudio se pueden extraer tres resultados principales. Primero, las crisis han provocado contracciones plurianuales en el empleo de Brasil, Chile y México (gráfico 2.10). Segundo, el empleo formal está menguando de manera evidente y persistente en estos tres países. Las economías de ALC no se recuperan de la contracción en el empleo formal provocada por una crisis hasta pasados varios años. En Brasil, más de 30 meses después del inicio de una recesión, el empleo formal se mantiene muy por debajo del nivel inicial y muestra pocos signos de recuperación —algo que resulta particularmente preocupante—. En general, 20 meses después del inicio de una recesión, el empleo siguió sin recuperar los niveles precrisis, aunque mostró signos de progreso hacia la recuperación en Chile y México. El empleo formal siguió situándose por debajo de los niveles previos al inicio de la recesión durante más de 30 meses, con una tendencia hacia la recuperación solo en Chile.

La informalidad se mantuvo más alta y mostró una débil recuperación en Brasil y Chile. Estas conclusiones sugieren que la exposición a mercados laborales deprimidos no solo desplaza a las personas hacia la informalidad de manera temporal, sino que también conduce a cambios estructurales más sistémicos. Después de una crisis grave, el empleo podría no llegar a recuperar los niveles de actividad económica previos; es muy posible que las crisis lleven a un nuevo equilibrio deprimido del mercado laboral. Tercero, mientras que en Brasil y Chile la informalidad actúa como un amortiguador del *shock* en términos de empleo desde el inicio de una crisis, este no es el caso en México, donde el empleo informal se estanca durante alrededor de 20 meses antes volver a aumentar. El efecto con desfase en la informalidad podría estar causado por trabajadores formales que buscan otro trabajo formal antes de desistir y transitar hacia la informalidad. En general, después de tres años, la recesión promedio en Brasil, Chile y México provoca una pérdida neta de 1,5 millones de puestos de trabajo, con una contracción del 3 por ciento del trabajo formal y una expansión del informal. La crisis actual podría ser aún peor y provocar una contracción del empleo formal de hasta un 4 por ciento.

Los resultados de este estudio permiten explicar las diferencias entre los países de ALC en cuanto al desfase entre un cambio en la producción y su efecto en la tasa de desempleo. En Colombia, el desempleo manifiesta una reacción rápida y elástica a los *shocks* de producción: en promedio, la tasa de desempleo disminuye 45 puntos básicos después de un aumento de un 1 % en la producción. En Brasil, el desempleo también es sensible a los *shocks* de producción, pero reacciona más lentamente: en promedio, la tasa de desempleo disminuye 10 puntos básicos después de un aumento de 1 % en la producción; el cambio acumulado después de un año es de alrededor de 40 puntos básicos. Por el contrario, en Argentina, Chile y Perú el desempleo presenta muy poca elasticidad a los cambios en la producción: el cambio acumulado después de un año es de 10 puntos básicos o menos (FMI 2019).

GRÁFICO 2.10 **Funciones impulso-respuesta, por tipo de empleo, durante los 30 meses posteriores al inicio de la recesión**

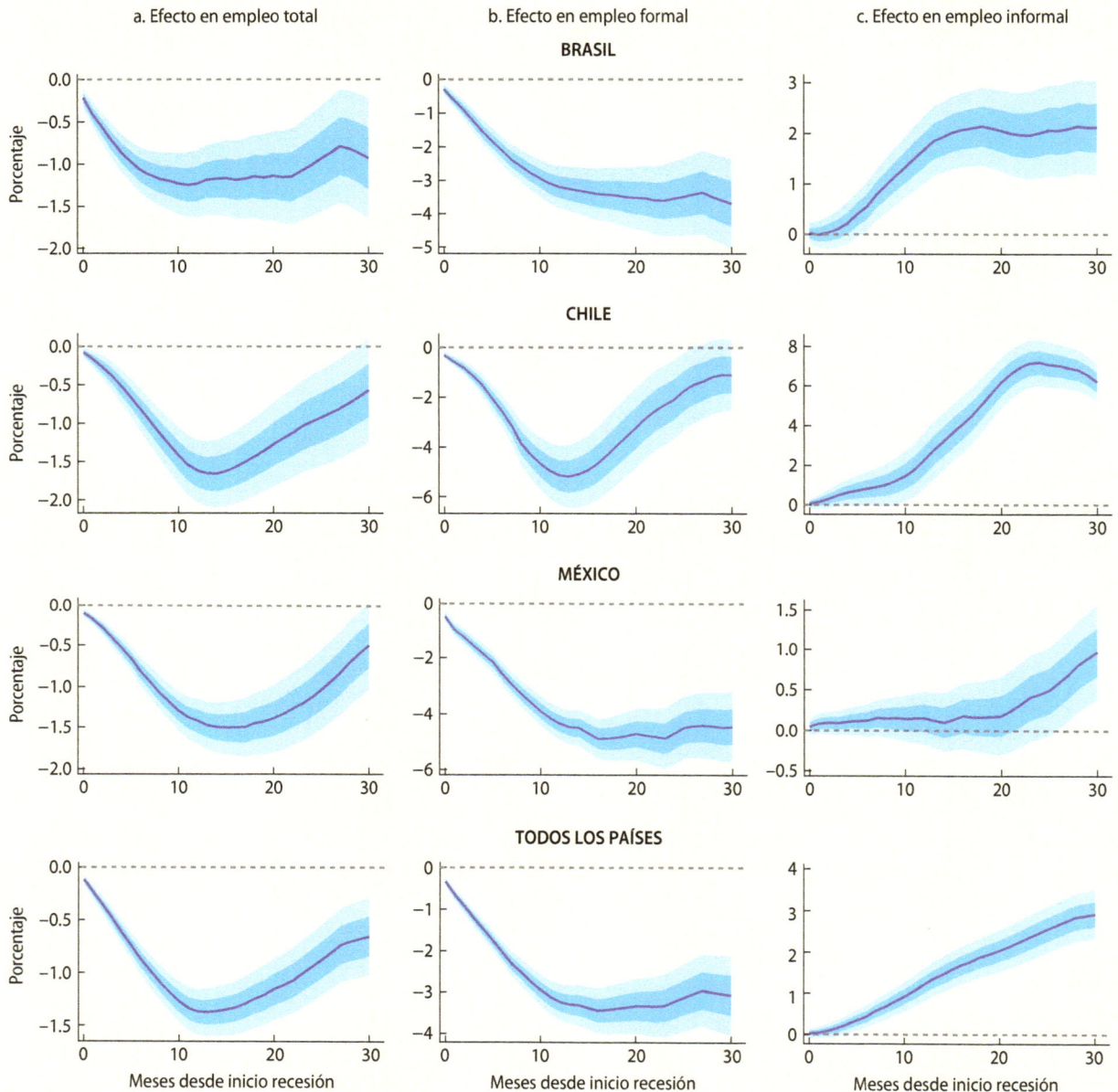

Fuente: Regis y Silva 2021.
Nota: Los desfases se midieron en meses después del comienzo de una crisis. Las áreas sombreadas representan intervalos de confianza del 95 % (bandas de error estándar de 1,96, azul más claro) y del 68 % (bandas de error estándar de 1, azul más oscuro) en torno a las estimaciones de respuesta.

Conclusión

Los resultados que se han presentado en este capítulo señalan que, en general y a pesar de la presencia de grandes sectores informales, el desempleo es un margen de ajuste significativo para los mercados laborales en la región de ALC durante las recesiones económicas. Aunque haya pérdidas de empleo tanto en el sector formal como informal, la reducción en la creación de empleo en el sector formal es un factor determinante del desempleo. Asimismo, existen indicios de que el sector informal actúa como un amortiguador del empleo durante las recesiones, y que absorbe a los trabajadores que de otra manera se habrían incorporado al sector formal o sufrido un periodo de desempleo. La reducción de horas, que constituye un tercer margen de ajuste potencial, no parece ser importante para los sectores formal o informal en la mayoría de los países.

Las crisis económicas no solo tienen un impacto sobre el bienestar social de los trabajadores por medio de dichos márgenes de ajuste, sino también por una reducción en el número de oportunidades laborales. Un número menor de oportunidades implica menos rotación, lo que a su vez significa coincidencias laborales de menor calidad. Estas coincidencias de menor calidad reducen el crecimiento de la productividad y los ingresos de los trabajadores de por vida, lo que supone verdaderas reducciones del bienestar social. Asimismo, el impacto de una crisis sobre el nivel de empleo puede perdurar mucho tiempo después del fin de la recesión, y la crisis podría provocar ajustes permanentes en la estructura del empleo en una economía.

Este capítulo se ha servido de fuentes claves de datos disponibles para presentar medidas empíricas de los ajustes del mercado laboral en toda la región. La primera sección del análisis se basó en los flujos de empleo utilizando datos de encuestas de población activa para seis países de ALC (Argentina, Brasil, Chile, Ecuador, México y Perú), mientras que la segunda y la tercera sección incluyeron un análisis de conjuntos de datos mensuales empleador-empleado, de reciente creación y elaborados en el marco de este estudio usando información sobre meses de contratación o separación del empleo de trabajadores de Brasil, Chile, Ecuador y México. Aunque los datos administrativos de la primera sección ofrecen información muy valiosa sobre los flujos de trabajadores y la destrucción de empleo en el sector formal, los nuevos datos de encuestas retratan

un panorama más amplio del mercado laboral en su conjunto, incluidos los trabajadores desempleados y la significativa proporción de trabajadores que trabajan de manera informal en la región de ALC.

Dadas las grandes cantidades de datos necesarias para estos análisis, muchos de los países más pequeños o empobrecidos de la región de ALC no se pudieron incluir en este análisis. Sin embargo, las estimaciones de la ley de Okun para un conjunto más amplio de países de ALC muestran que los países incluidos en este análisis abarcan todo el espectro de resultados para la ley de Okun en la región de ALC. La relación entre el crecimiento económico y las tasas de desempleo varía ampliamente en la región (gráfico 2.11). La estimación de la ley de Okun es relativamente alta en Bolivia (-0,63), pero en Paraguay se acerca a 0, y Chile y Jamaica son comparables a EE. UU. (-0,48) (Aguiar-Conraria, Martins y Soares 2020; Ball, Leigh y Loungani 2017). Aunque la falta de datos impide llevar a cabo un análisis detallado de los mecanismos de ajuste del mercado laboral en cada uno de los países de ALC, los países incluidos en el análisis de este capítulo, como Chile, México y Perú, tal vez puedan arrojar algo de luz sobre los mecanismos de ajuste en otros países de la región con valores similares de la Ley de Okun.

GRÁFICO 2.11 **Estimaciones de la ley de Okun para países de la región de ALC, 1991-2018**

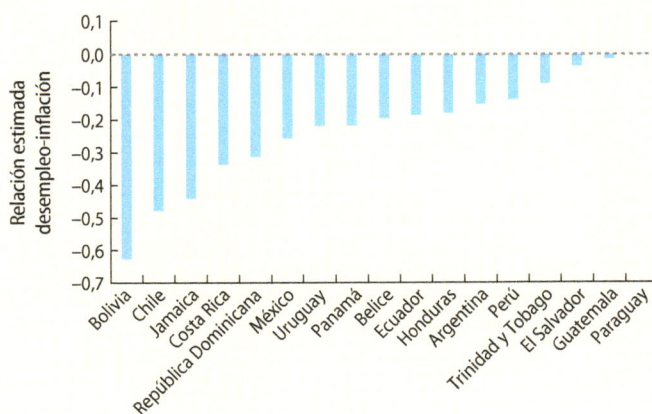

Fuente: Cálculos de los autores basados en indicadores del FMI.
Nota: Las estimaciones de la ley de Okun representan la relación inversa entre la inflación y el desempleo. Estas estimaciones representan la pendiente de dicha relación.

Notas

1. Estadísticas conforme al Instituto Salvadoreño de Seguro Social y el Observatorio de Mercados Laborales del Banco Interamericano de Desarrollo (BID).
2. Estas estadísticas fueron elaboradas por los autores con datos de SEDLAC (base de datos socioeconómicos para América Latina y el Caribe) (Banco Mundial y CEDLAS).
3. En esta tabla y en los siguientes gráficos, se utiliza la medida estándar de ciclicidad de una variable, que es la correlación incondicional de sus desviaciones de la tendencia con una medida filtrada del PIB. Para eliminar la tendencia de las series, se emplea un filtro de Hodrik-Prescott.
4. De hecho, estudios en países de altos ingresos han concluido que la calidad de las coincidencias laborales es menor durante las recesiones; es decir, las personas aceptan trabajos de menor duración y salarios más bajos en dichos periodos (Bowlus 1995) y el empleo se redistribuye en industrias y empresas que pagan salarios más bajos (Moscarini y Postel-Vinay 2012).
5. Estos valores son para 2018 y se basan en tabulaciones de *LAC Equity Lab* a partir de datos de SEDLAC (Banco Mundial y CEDLAS).
6. El trabajo formal por cuenta propia es cada vez más común en algunos países de la región de ALC, especialmente en Brasil. Sin embargo, cuando se analiza la informalidad, este estudio combina dichos trabajadores con trabajadores dependientes informales porque la gran mayoría de los trabajadores formales por cuenta propia de la región no pagan impuestos sobre sus ingresos, cotizan a la seguridad social o reciben prestaciones laborales.
7. Como parte de un paquete de respuesta tras la crisis del COVID-19, Brasil introdujo un programa temporal de subsidios salariales que permite la reducción de horas de trabajadores formales bajo ciertas condiciones.
8. Brasil, Ecuador y Perú muestran correlaciones más débiles de 0,10, 0,15 y –0,14, respectivamente.
9. La llamada ley de Okun mide la elasticidad entre el desempleo y la producción. Dicha elasticidad suele ser negativa, pero menor a uno en términos absolutos, lo que significa que los mercados laborales no se ajustan completamente a todos los *shocks* en la producción cíclica durante el primer año. Una posible explicación a este ajuste parcial es que los empleadores esperan que dichos cambios cíclicos en la producción sean, por definición, temporales. Además, mientras que los resultados de este documento acerca de la ciclicidad se derivan del análisis de las transiciones a nivel individual, la ley de Okun simplemente compara la serie macro de la tasa de desempleo con la de crecimiento del PIB real.
10. Una menor creación de empleo también puede deberse a un menor número de creación de empresas, y una mayor destrucción de empleo también puede ser el resultado de una mayor desaparición de empresas. El gráfico 2.5 muestra un panel equilibrado, por lo que no incluye estos efectos, pero los patrones de creación y destrucción bruta de empleo son similares cuando se utilizan paneles no equilibrados en ambos países.
11. La creación neta de empleo equivale a la creación de empleo menos la destrucción de empleo como participación en el empleo.
12. Aunque este estudio presenta los resultados de la función impulso-respuesta a las crisis, también aborda los efectos de otros grandes *shocks* exógenos, incluido el crecimiento de importaciones entre socios comerciales, los cambios en los términos de intercambio de los productos primarios y los movimientos del tipo de cambio.

Referencias

Abras, A., R. K. Almeida, P. Carneiro y C. H. L. Corseuil. 2018. "Enforcement of Labor Regulations and Job Flows: Evidence from Brazilian Cities." *IZA Journal of Development and Migration*, 8 (1).

Aguiar-Conraria, L., M. M. F. Martins, y M. J. Soares. 2020. "Okun's Law across Time and Frequencies." *Journal of Economic Dynamics and Control* 116.

Arias, J., E. Artuc, D. Lederman y D. Rojas. 2018. "Trade, Informal Employment and Labor Adjustment Costs." *Journal of Development Economics* 133: 396–414.

Artuc, E., P. Bastos, y E. Lee. 2021. "Trade Shocks, Labor Mobility, and Welfare: Evidence from Brazil." Banco Mundial, Washington, DC.

Ball, L., D. Leigh y P. Loungani. 2017. "Okun's Law: Fit at 50?" *Journal of Money, Credit and Banking*, 49 (7), 1413–41.

Bekker, S. 2019. "Nominal Wage Rigidity in Village Labor Markets." *American Economic Review* 109 (10): 3585–3616.

Belloc, F., y M. D'Antoni. 2020. "The Elusive Effect of Employment Protection on Labor Turnover." *Structural Change and Economic Dynamics* 54, 11–25.

Bosch, M., y J. Esteban-Pretel. 2012. "Job Creation and Job Destruction in the Presence of Informal Markets." *Journal of Development Economics* 98 (2): 270–86.

Bosch, M. y W. Maloney. 2008. "Cyclical Movements in Unemployment and Informality in Developing Countries." Documento de trabajo sobre investigación de políticas 4648, Banco Mundial, Washington, DC.

Bosch, M., y W. F. Maloney. 2010. "Labor Dynamics in Developing Countries: Comparative Analysis using Markov Processes: An Application to Informality." *Labour Economics* 17 (4): 621–31.

Bowlus, A. J. 1995. "Matching Workers and Jobs: Cyclical Fluctuations in Match Quality." *Journal of Labor Research* 13 (2): 335–50.

Campos-Vázquez, R. 2010. "The Effects of Macroeconomic Shocks on Employment: The Case of Mexico." *Estudios Económicos* 25 (1): 177–246.

Carneiro, A., P. Guimarães y P. Portugal. 2012. "Real Wages and the Business Cycle: Accounting for Worker, Firm, and Job Title Heterogeneity."*American Economic Journal: Macroeconomics* 4 (2): 133–52.

Castellanos, S. G., R. García-Verdú y D. S. Kaplan. 2004. "Nominal Wage Rigidities in Mexico: Evidence from Social Security Records." *Journal of Development Economics* 75 (2): 507–33.

David, A., F. Lambert y F. G. Toscani. 2019. "More Work to Do? Taking Stock of Latin American Labor Markets." Documento de trabajo del FMI 19/55, Fondo Monetario Internacional. https://www.imf.org/en/Publications/WP/Issues/2019/03/09/More-Work-to-Do-Taking-Stock-of-Latin-American-Labor-Markets-46661.

David, A. C., S. Pienknagura y J. E. Roldos. 2020. "Labor Market Dynamics, Informality and Regulations in Latin America." Documento de trabajo del FMI 20/19, Fondo Monetario Internacional. https://ssrn.com/abstract=3545284

Davis, S., y J. Haltiwanger. 1992. "Gross Job Creation, Gross Job Destruction, and Employment Reallocation." *Quarterly Journal of Economics* 107 (3): 819–63.

Devereux, P. J. 2004. "Cyclical Quality Adjustment in the Labor Market." *Southern Economic Journal* 70 (3): 600–15.

Dix-Carneiro, R. y B. K. Kovak. 2019. "Margins of Labor Market Adjustment to Trade." *Journal of International Economics* 117: 125–42.

Elsby, M. W., B. Hobijn y A. Sahin. 2013. "Unemployment Dynamics in the OECD." *Review of Economics and Statistics* 95 (2): 530–48.

Erten, B., J. Leight y F. Tregenna. 2019. "Trade Liberalization and Local Labor Market Adjustment in South Africa." *Journal of International Economics* 118: 448–67.

FMI (Fondo Monetario Internacional). 2019. *Regional Economic Outlook: Stunted by Uncertainty.* https://www.imf.org/en/Publications/REO/WH/Issues/2019/10/22/wreo1019 Fondo Monetario Internacional, Washington, DC. https://www.imf.org/en/Publications/REO/WH/Issues/2019/10/22/wreo1019.

Freije, S., G. López-Acevedo y E. Rodríguez-Oreggia. 2011. "Effects of the 2008–09 Economic Crisis on Labor Markets in Mexico." Documento de trabajo sobre investigación de políticas 5840, Banco Mundial, Washington, DC.

Haltiwanger, J. C., H. R. Hyatt, L. B. Kahn y E. McEntarfer. 2018. "Cyclical Job Ladders by Firm Size and Firm Wage." *American Economic Journal: Macroeconomics* 10 (2): 52–85.

Jaramillo, M. y H. Nopo. 2020. "COVID-19 and External Shock: Economic Impacts and Policy Options." Documento de política COVID-19 5, Programa de las Naciones Unidas para el Desarrollo en América Latina y el Caribe, Nueva York.

Jorda, O. 2005. "Estimation and Inference of Impulse Responses by Local Projections." *American Economic Review* 95 (1): 161–82.

Jorda, O., S. R. Singh y A. M. Taylor. 2020. "Longer-Run Economic Consequences of Pandemics." Documento de trabajo 26934, National Bureau of Economic Research, Cambridge, Massachusetts, Estados Unidos.

Jovanovic, B. 1979. "Job Matching and the Theory of Turnover." *Journal of Political Economy* 87 (5): 972–90.

Kaur, S. 2019. "Nominal Wage Rigidity in Village Labor Markets." *American Economic Review* 109 (10): 3585–3616.

Liu, Y. 2018. "Job Creation and Destruction in Japan: Evidence from Division-Level

Employment Data." *Journal of Asian Economics* 58: 59–71.

Maloney, W. F. 1999. "Does Informality Imply Segmentation in Urban Labor Markets? Evidence from Sectoral Transitions in Mexico." *World Bank Economic Review* 13 (2): 275–302.

Moscarini, G. y F. Postel-Vinay. 2009. "Large Employers Are More Cyclically Sensitive." Documento de trabajo 14740, National Bureau of Economic Research, Cambridge, Massachusetts, Estados Unidos.

Moscarini, G. y F. Postel-Vinay. 2012. "The Contribution of Large and Small Employers to Job Creation in Times of High and Low Unemployment." *American Economic Review* 102 (6): 2509–39.

Moscarini, G. y F. Postel-Vinay. 2013. "Stochastic Search Equilibrium." *Review of Economic Studies* 80 (4): 1545–81.

Ochieng, H. K., y B. Park. 2017. "The Heterogeneity of Job Creation and Destruction in Transition and Non-Transition Developing Countries: The Effects of Firm Size, Age and Ownership." *East Asian Economic Review,* 21 (4): 385–432.

Regis, P., y J. Silva. 2021. "Employment Dynamics: Timeline and Myths of Economic Recovery." Banco Mundial, Washington, DC.

Robertson, R., y D. H. Dutkowsky. 2002, "Labor Adjustment Costs in a Destination Country: The Case of Mexico. *Journal of Development Economics* 67 (1): 29–54.

Shimer, R. 2005. "The Cyclical Behavior of Equilibrium Unemployment and Vacancies." *American Economic Review* 95 (1): 25–49.

Silva, J. y L. Sousa. 2021. "Job Creation and Destruction in Small and Large Firms in Brazil and Ecuador." Banco Mundial, Washington, DC.

Solon, G., R. Barsky y J. A. Parker. 1994, "Measuring the Cyclicality of Real Wages: How Important Is Composition Bias?" *Quarterly Journal of Economics* 109 (1): 1–25.

Sousa, L. 2021. "Economic Shocks and Employment Adjustments in Latin America." Banco Mundial, Washington, DC.

Taskin, T. 2013. "Intensive Margin and Extensive Margin Adjustments of Labor Market: Turkey versus United States." *Economics Bulletin* 33 (3): 2307–19.

Teulings, C. 1993. "The Diverging Effects of the Business Cycle on the Expected Duration of Job Search."° *Oxford Economic Papers* 45: 482–500.

Van Rens, T. 2012. "How Important Is the Intensive Margin of Labor Adjustment? Discussion of Aggregate Hours Worked in OECD Countries: New Measurement and Implications for Business Cycles by Lee Ohanian and Andrea Raffo." *Journal of Monetary Economics* 59 (1): 57–63.

Anexo 2A: Análisis complementario de las transiciones de empleo

GRÁFICO 2A.1 **Flujos netos trimestrales hacia el trabajo a tiempo parcial, sectores formal e informal, 2015-2017**

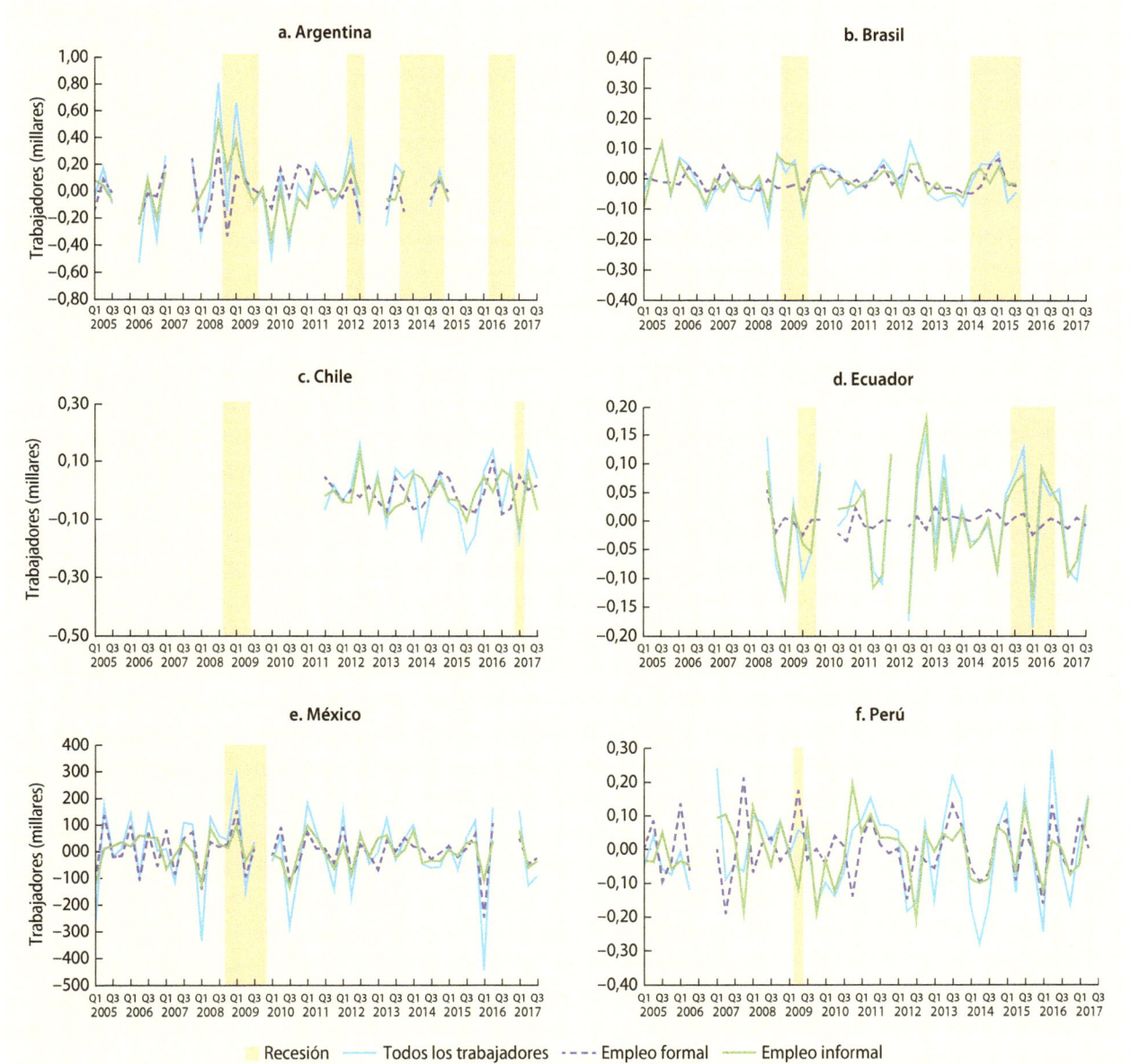

Fuente: Sousa 2021.

Nota: Estos paneles muestran los componentes cíclicos de los flujos netos hacia el trabajo a tiempo parcial (el número de trabajadores que transita desde el trabajo a tiempo completo hacia el trabajo a tiempo parcial menos el número de trabajadores que transita desde el trabajo a tiempo parcial hacia el trabajo a tiempo completo) entre trabajadores empleados en un empleo formal dependiente o un empleo informal (dependiente o por cuenta propia). Este análisis se limita a los trabajadores que no transitaron desde la formalidad hacia la informalidad al mismo tiempo que transitaron desde el trabajo a tiempo parcial hacia el trabajo a tiempo completo y que no cambiaron de sector. Los flujos se estimaron como el número de trabajadores que transitaron desde una situación laboral hacia otra entre dos trimestres de observación consecutivos. El componente cíclico se estimó con ajustes estacionales y un filtro de Hodrik-Prescott. Las áreas sombreadas, etiquetadas como «recesión», representan trimestres de crecimiento negativo del producto interno bruto según estimaciones de las autoridades nacionales.

TABLA 2A.1 **Ciclicidad de las transiciones laborales, por género y nivel de cualificación**

País	Estado inicial	Estado final	Mujeres				Hombres			
			Alta cualificación		Baja cualificación		Alta cualificación		Baja cualificación	
Argentina	Formal	Informal	0,19		0,12		0,17		0,14	
	Formal	Desempleo	-0,04		-0,01		-0,06		-0,15	
	Informal	Formal	0,09		0,23		0,45		0,93	*
	Salario informal	Formal	0,09		0,31		0,41		0,71	
	Salario informal	Desempleo	-0,34		-0,29		-0,69	**	0,09	
	Cuenta propia	Formal	0,08		-0,02		0,22		0,81	*
	Cuenta propia	Desempleo	0,40		0,17		-0,33		-0,41	
Brasil	Formal	Informal	0,29		0,19		0,30		0,15	
	Formal	Desempleo	0,02		0,05		-0,22	*	-0,20	
	Informal	Formal	0,86	**	0,80		0,60	*	0,93	*
	Salario informal	Formal	0,94		0,93		0,28		0,94	
	Salario informal	Desempleo	-0,10		-0,41		-0,28		-0,04	
	Cuenta propia	Formal	0,88	**	0,80		0,78	**	0,77	
	Cuenta propia	Desempleo	-0,01		0,09		-0,29	*	-0,11	
Chile	Formal	Informal	0,13		0,00		-0,72		-0,23	
	Formal	Desempleo	0,22		0,58		-0,03		-0,13	
	Informal	Formal	1,14		1,25		0,33		1,03	
	Salario informal	Formal	0,27		0,78		0,53		1,15	
	Salario informal	Desempleo	-0,09		-0,65		0,69		0,44	
	Cuenta propia	Formal	2,43		2,45		0,51		1,66	
	Cuenta propia	Desempleo	-0,53		-0,73		0,95		0,87	
Ecuador	Formal	Informal	0,12		0,72		-1,25		0,29	
	Formal	Desempleo	-0,58		-0,79		0,14		0,16	
	Informal	Formal	0,47		0,40		-0,33		-0,53	
	Salario informal	Formal	0,62		0,08		-0,03		-0,82	
	Salario informal	Desempleo	0,34		-0,93		0,33		-0,75	
	Cuenta propia	Formal	-0,09		-0,21		-0,20		-0,08	
	Cuenta propia	Desempleo	-0,27		0,10		0,08		-0,07	
México	Formal	Informal	-0,11		-0,44		0,22		-0,17	
	Formal	Desempleo	-0,38	**	0,02		-0,19		0,07	
	Informal	Formal	0,17		0,25		0,86	***	1,04	**
	Salario informal	Formal	-0,06		0,28		0,72	**	0,90	
	Salario informal	Desempleo	-0,10		-0,14		-0,47	**	-0,06	
	Cuenta propia	Formal	0,29		0,86		0,59	*	0,71	
	Cuenta propia	Desempleo	0,00		-0,40		0,00		-0,34	

Continúa en la siguiente página

TABLA 2A.1   **Ciclicidad de las transiciones laborales, por género y nivel de cualificaciones (*Continuado*)**

País	S(0)	S(1)	Mujeres		Hombres		
			Alta cualificación	Baja cualificación	Alta cualificación		Baja cualificación
Perú	Formal	Informal	1,71	2,83	2,65	**	1,78
	Formal	Desempleo	0,67	0,80	0,09		-0,07
	Informal	Formal	-0,48	-1,27	-1,26		-1,32
	Salario informal	Formal	-1,27	-1,65	-1,18		-0,88
	Salario informal	Desempleo	0,86	0,98	1,37		0,29
	Cuenta propia	Formal	0,48	-0,23	-0,90		-0,86
	Cuenta propia	Desempleo	0,63	0,52	-0,55		0,06

Fuente: Sousa 2021.
Nota: La tabla muestra los coeficientes de una regresión de mínimos cuadrados ordinarios de las tasas de transición trimestrales sobre la tasa de crecimiento del producto interno bruto con desfase, por género y grupo de cualificación. Los trabajadores de «baja cualificación» tienen un nivel de educación secundaria o inferior, y los trabajadores de «alta cualificación» tienen un nivel de educación terciaria o educación superior. Las tasas de transición se definen como la participación de trabajadores con un tipo de empleo en el trimestre t que transitaron hacia otro tipo de empleo en el trimestre t+1. Nivel de significación: * = 90 %, ** = 95 %, *** = 99 %.

El impacto sobre los trabajadores, las empresas y los lugares | 3

Introducción

El capítulo anterior demostró cómo cambian la dinámica del empleo agregado y la estructura del empleo en América Latina y el Caribe (ALC) a causa de las crisis. Las crisis provocan un mayor desempleo (en mayor medida que un aumento de la informalidad), con pérdidas de empleo particularmente importantes en el sector formal. A medida que se reducen las buenas oportunidades laborales, toda la estructura económica se ve perjudicada. La pérdida de empleo provocada por las crisis es particularmente dolorosa en la región de ALC debido a sus lentos procesos de recuperación. La reducida creación de empleo de la región depende de factores relacionados con la demanda, como empresas y localización, no solo de los trabajadores. Aunque los datos presentados hasta ahora sugieren que las crisis tienen impactos perjudiciales a nivel agregado, ¿cuál es la magnitud de sus impactos sobre los trabajadores a nivel individual?, ¿cómo ajustan los sectores y las empresas el empleo y los salarios en respuesta a las crisis?, ¿qué márgenes de ajuste se utilizan más allá del recorte de puestos de trabajo y cuál es su impacto a medio y largo plazo

sobre la eficiencia? Y ¿cómo influyen las características de las localidades en los impactos de las crisis?

Estas preguntas son importantes para las prioridades de respuesta a las crisis en la región de ALC, particularmente por sus implicaciones duraderas. Si el desempleo es persistente, el deterioro asociado con el capital humano será mayor y dará lugar a una mayor disminución del potencial de crecimiento a largo plazo. A pesar de la magnitud de un *shock*, si sus efectos son en gran medida heterogéneos entre los trabajadores y algunos pierden mucho más que otros, concentrar el escaso apoyo en los trabajadores que más han perdido puede generar mayores ganancias. Es mucho lo que está en juego en América Latina; no solo en términos de crecimiento potencial, sino también de estabilidad social, ya que algunos estudios recientes han relacionado el desplazamiento laboral con el aumento de la violencia (Dell, Feigenberg y Teshima 2019). Además, el capítulo anterior demostró que los ajustes cuantitativos a las crisis afectan más a los trabajadores menos cualificados que a los que tienen más cualificaciones. Los efectos permanentes pueden amplificar este efecto al erosionar aún más los ingresos de los trabajadores menos cualificados y acentuar la desigualdad en una región ya de por sí muy desigual.

Las crisis pueden disminuir el bienestar social individual, pero también pueden aumentar la eficiencia a corto y medio plazo. Durante una crisis, las coincidencias empleador-empleado y el capital humano específico a ciertos puestos de trabajo que surgen de estas, que exigieron una inversión costosa en términos de tiempo, y seguirían siendo rentables cuando la economía retorne a la normalidad, podrían disolverse de manera permanente debido al *shock* temporal. Esta pérdida podría retrasar el aumento de la producción en un futuro e implica una pérdida de productividad. No obstante, la pérdida de empleo provocada por una crisis económica puede tener un efecto depurador significativo y favorecer una mayor productividad tanto a nivel de empresa como de mercado. Puede ser algo positivo, siempre que se creen nuevos puestos de trabajo después de la crisis.

Este capítulo comienza con una cuidadosa caracterización de los efectos permanentes causados por la pérdida involuntaria y exógena de trabajo —es decir, la pérdida de trabajo no relacionada con el desempeño o las preferencias de los trabajadores— al examinar las pérdidas salariales a largo plazo de los trabajadores desplazados tras el cierre de empresas. En la literatura sobre la región de ALC se observan los efectos de dichos desplazamientos a corto plazo; por ejemplo, Amarante, Arim y Dean (2014) identifican pérdidas salariales superiores al 14 % un año después de la separación laboral entre el personal uruguayo de alta dirección. Arias-Vázquez, Lederman y Venturi (2019) se suman a esta creciente literatura y encuentran amplios y duraderos efectos salariales del desplazamiento provocado por el cierre de empresas. Dos años después del cierre de una fábrica, los salarios tienden a ser un 11 % más bajos para los trabajadores desplazados que para los trabajadores no desplazados. Cuatro años después del cierre, la brecha salarial es del 6 %. Los salarios no se recuperan por completo hasta pasados nueve años.

A continuación, este capítulo considera los efectos permanentes causados por las condiciones iniciales a las que se enfrentan los recién llegados al mercado laboral en la región de ALC, y contempla si hay consecuencias salariales y de empleo a largo plazo al incorporarse al mercado laboral durante una recesión, dando lugar a lo que los medios de comunicación suelen llamar «una generación perdida». Esta cuestión es particularmente relevante para la región de ALC, dadas las altas tasas de desempleo juvenil y sus inversiones para aumentar y mejorar los resultados educativos en los niveles secundario y terciario. ¿Vulneran las crisis frecuentes dichas inversiones en el capital humano de la región? Estudios previos, que han encontrado pruebas de los efectos a largo plazo de las recesiones económicas en los trabajadores que se incorporan al mercado laboral, se han centrado en las economías de altos ingresos.[1] Los estudios de países como Japón, Suecia y EE. UU. encuentran indicios de efectos negativos a largo plazo en los salarios de los nuevos graduados.

Sin embargo, ¿en qué medida son relevantes estos resultados para los mercados laborales de la región de ALC, donde la participación de trabajadores con educación universitaria es mucho menor y donde la informalidad sigue siendo una opción de empleo importante? Moreno y Sousa (2021) estiman el alcance de los efectos permanentes causados por las condiciones laborales iniciales que los recién llegados al mercado laboral encaran durante la primera década de su vida activa en cuatro economías de América Latina. Sus resultados confirman que la incorporación al mercado laboral durante las crisis tiene consecuencias a largo plazo en la región de ALC. Sin embargo, los efectos permanentes se observan en los resultados relacionados con el empleo (tasas de participación más bajas, tasas de desempleo más altas y mayor probabilidad de informalidad), en lugar de tener un impacto a largo plazo sobre los ingresos, y son más notables entre trabajadores que solo han recibido educación secundaria. De manera similar, Fernandes y Silva (2021) observan efectos permanentes más profundos en los resultados de empleo y salarios entre trabajadores menos cualificados —en comparación con los más cualificados— en el sector formal de Brasil y Ecuador. Una posible explicación a este efecto es que existe una menor competencia en los trabajos cualificados debido a la relativa escasez de graduados universitarios en la región de ALC. Es decir, el análisis sugiere que los efectos permanentes probablemente estén profundizando el alto nivel de desigualdad salarial de la región.

Desde la perspectiva de la eficiencia, este capítulo demuestra que las empresas y los sectores de ALC se ajustan a las crisis de tres formas principales y que estas pueden alterar la eficiencia a largo plazo. En primer lugar, el ajuste de los trabajadores varía en función de las características del empleador o la empresa: los trabajadores de empresas más grandes y mejor gestionadas afrontan mejor los efectos de las crisis (Fernandes y Silva 2021). Este resultado tiene implicaciones potenciales para la productividad y la demanda laboral de las empresas. En la región de ALC, los mecanismos de ajuste a las crisis incluyen efectos depuradores, efectos permanentes que reflejan una falta de oportunidades, y *shocks* que afectan a las distorsiones y conducen a beneficios con posibles efectos positivos en la eficiencia del ajuste a las crisis a largo plazo.

Además, los resultados presentados en este capítulo llevan a cuestionar de qué forma afectan los factores institucionales y de mercado que son externos a los trabajadores a los efectos permanentes y, en general, a las perspectivas a largo plazo de recuperación laboral. Los resultados de este capítulo demuestran que el empleo en empresas protegidas —definidas como aquellas que tienen menos competencia— se ve menos afectado por las crisis que el empleo en empresas menos protegidas. En los sectores donde unas pocas empresas aglutinan un gran porcentaje de la cuota de mercado, los *shocks* no ocasionan ajustes a la baja del salario real ni del empleo. En cambio, pueden conducir a un aumento en el

empleo; lo contrario de lo que conllevarían los mecanismos económicos normales. Por la misma lógica, el empleo es menos sensible a los *shocks* negativos de exportaciones en empresas de propiedad estatal que en empresas de propiedad privada.

El capítulo concluye considerando el tercer vértice del triángulo: los lugares. Los resultados indican que los trabajadores de localidades menos formales se recuperan mejor de las crisis que los trabajadores de otras localidades. La presencia de un gran sector informal puede proteger a algunos trabajadores contra los *shocks*. Por ejemplo, este estudio observa menores pérdidas de empleo y salarios en respuesta a las crisis entre trabajadores formales del sector privado que viven en localidades con mayores tasas de informalidad (Fernandes y Silva 2021). Este resultado sugiere que la informalidad podría ser un importante amortiguador del empleo a medio y largo plazo cuando los trabajadores pueden transitar desde el desempleo hacia la informalidad; Dix-Carneiro y Kovak (2019) demostraron este efecto en el caso del ajuste a la liberalización comercial. De hecho, las transiciones del desempleo a la informalidad son el doble de probables en los datos brasileños que las transiciones del desempleo a la formalidad.

Por último, las conclusiones señalan que los trabajadores de localidades con más oportunidades laborales (alternativas) se recuperan mejor de las crisis. Las pérdidas en el empleo (y a veces en los salarios) son mayores y más duraderas entre trabajadores formales en localidades con sectores primarios más grandes, sectores de servicios más pequeños, menos empresas grandes y una producción altamente concentrada en el mismo sector donde los trabajadores tenían un empleo antes de la crisis (Fernandes y Silva 2021). En estos casos, las pérdidas de ingresos persistentes para los trabajadores podrían reflejar la falta de oportunidades durante la recuperación económica, y no solamente los efectos permanentes en el sentido tradicional de una pérdida persistente de capital humano asociada con un período de desempleo o empleo de menor calidad.

Trabajadores: un mayor costo para quienes tienen menos cualificaciones

El objetivo de esta sección es mejorar la comprensión de las implicaciones a largo plazo de las crisis para los trabajadores de la región de ALC. El objetivo principal del capítulo es caracterizar la incidencia y magnitud de los efectos permanentes laborales en la región. Los efectos permanentes se refieren a los efectos a largo plazo de la pérdida de empleo en los ingresos de los trabajadores, a través del deterioro del capital humano de los trabajadores y los cambios en la calidad del empleo. Desde que Jacobson, LaLonde y Sullivan (1993a, b) documentaran por primera vez los efectos duraderos de la pérdida de empleo en los salarios de EE. UU., estudios de todo el mundo han observado que los efectos salariales de perder un puesto de trabajo son duraderos. El deterioro del capital humano y la redistribución de trabajadores y empresas en otros sectores son dos canales importantes que pueden tener implicaciones a largo plazo para las perspectivas de bienestar social y crecimiento económico de la región de ALC.

Esta sección responde a dos series de preguntas: Primero, ¿qué alcance tienen dichos efectos permanentes en América Latina y el Caribe y qué formas adoptan? La sección analiza los efectos permanentes en las tres dimensiones que pueden causarlos: pérdida de empleo, peores condiciones iniciales en la incorporación a la fuerza de trabajo y ajuste causado por la crisis. En segundo lugar, ¿cómo varían los efectos permanentes entre diferentes perfiles de trabajadores?

Los efectos permanentes implican una reducción en el capital humano y la productividad de los trabajadores, lo que conduce a peores resultados laborales y salarios más bajos con el transcurso del tiempo. Se puede considerar que el capital humano adopta dos formas. El capital humano general incluye cualificaciones que son valiosas en muchos sectores de la economía (como educación general, alfabetización y algunas habilidades informáticas). El capital humano específico está relacionado con una industria o empresas específicas, se genera a través de la experiencia laboral y la formación en el puesto de trabajo y aumenta la productividad de los trabajadores en dichas empresas o industrias. Los efectos permanentes ocurren como consecuencia del deterioro de uno (o ambos) de estos tipos de capital humano. Cuando los trabajadores pierden sus trabajos, pierden lo que aprendieron y produjeron en sus trabajos en forma de cualificaciones y relaciones específicas a la empresa. Burdett, Carrillo-Tudela y Coles (2020) observan que la pérdida de capital humano es el factor más importante para determinar los costos de la pérdida de empleo entre trabajadores, pero Carrington y Fallick (2017) sugieren que es necesario llevar a cabo estudios adicionales para evaluar cómo contribuye este factor.

No obstante, los efectos permanentes no necesariamente conllevan la pérdida de empleo. La calidad de las coincidencias laborales tempranas de los trabajadores puede tener efectos significativos en su acumulación de capital y trayectoria profesional, en la misma medida que la formación y experiencia en el puesto de trabajo generan capital humano, evitan la erosión del capital humano existente y sirven como indicador de la calidad de los trabajadores para otros empleadores. Se ha demostrado que los trabajadores que se incorporan por primera vez a los mercados laborales en tiempos difíciles tienen ingresos más bajos que los trabajadores similares que se incorporan en coyunturas más favorables.

Esta sección revisa la literatura existente y presenta los resultados de tres nuevos documentos elaborados en el contexto de este proyecto de investigación sobre los efectos permanentes del mercado laboral en América Latina. Dos de los artículos utilizan conjuntos de datos trabajador-empresa para analizar los efectos permanentes que suceden a la pérdida del empleo y los efectos permanentes causados por la exposición de las empresas a las crisis. El tercero se basa en encuestas de población activa para analizar los efectos permanentes entre personas empleadas en el sector formal e informal, y para considerar el impacto de la coyuntura laboral sobre los resultados laborales de los trabajadores durante la primera década de su vida activa.

Esta sección también analiza si diferentes perfiles de trabajadores se ven afectados de diferentes maneras por las crisis. No todas las personas sufrirán pérdidas basadas en los efectos permanentes; estas se concentrarán en algunos perfiles de trabajadores. Esta sección identifica algunos de los grupos que merecen una atención especial por parte de los responsables de la formulación de políticas para reducir los costos económicos y sociales de las crisis. Comprender las diferencias existentes en las respuestas a las crisis entre los perfiles de trabajadores es importante porque permite a los gobiernos orientar el apoyo hacia donde más se necesita.

Magnitud de los efectos a largo plazo

Efectos permanentes causados por la pérdida de empleo

Perder un empleo tiene costos significativos a corto y largo plazo. Los primeros estudios en esta área se centraron en EE. UU. Jacobson, LaLonde y Sullivan (1993a, 1993b) demuestran que los trabajadores estadounidenses incurren en períodos prolongados de pérdidas de salario después de perder el empleo. También observan que una muestra de trabajadores en Pensilvania sufrió pérdidas de aproximadamente el 25 % de sus ingresos previos al desplazamiento; dichas pérdidas perduraron entre cinco y seis años después de la pérdida del empleo. Otros estudios concluyen que este mismo fenómeno se ha producido en otros países.[2] Los períodos de desempleo más prolongados o frecuentes tienen mayores consecuencias salariales negativas (Arulampalam 2001; Gregg y Tominey 2005; Gregory y Jukes 2001). Además, los efectos permanentes causados por la pérdida de empleo pueden dilatarse varias generaciones. Oreopoulos, Page y Stevens (2008) observaron que descendientes canadienses de trabajadores desplazados tenían ingresos anuales un 9 % más bajos que personas de características semejantes cuyos padres no experimentaron *shocks* laborales similares. Sin embargo, la mayor parte de la investigación en esta área se ha centrado en los países desarrollados.

Uno de los síntomas más llamativos de las crisis económicas son los despidos en masa debidos a cierres de empresas. El análisis de los despidos en masa permite abordar la posible endogeneidad de los trabajadores que abandonan las empresas de forma voluntaria porque los motivos para abandonar una empresa (incluso en el contexto de un despido en masa) tiene un efecto significativo en los ingresos y el empleo futuros (Flaaen, Shapiro y Sorkin 2019). No obstante, sorprende que haya pocos estudios sobre los efectos permanentes que sufren los trabajadores desplazados después de los cierres de empresas en América Latina. Amarante, Arim y Dean (2014) y Kaplan, González y Robertson (2007), para Uruguay y México respectivamente, son dos excepciones importantes. Amarante, Arim y Dean (2014) observan que el personal uruguayo de alta dirección sufre pérdidas salariales superiores al 14 % un año después de la separación laboral. La reducción de salarios es incluso mayor entre trabajadores que se separaron durante las recesiones. Para México, Kaplan, González y Robertson (2006) utilizan conjuntos de datos administrativos empresa-trabajador para hacer un seguimiento de los trabajadores que abandonaron empresas durante un «despido en masa», un evento en el que una participación significativa del empleo de la empresa abandona la empresa. Los autores identifican grandes reducciones en los salarios de dichos trabajadores y mayores reducciones entre quienes se separaron durante las crisis.

A partir de este enfoque, Arias-Vázquez, Lederman y Venturi (2019), en un análisis desarrollado para este informe, determinan que los trabajadores que fueron desplazados de sus empleos tras el cierre de la fábrica que los empleaba, sufrieron pérdidas salariales importantes y duraderas. Los autores utilizan datos de México de 2005 a 2017 (información retrospectiva sobre el empleo a nivel de trabajador de la Encuesta Nacional de Ocupación y Empleo de México), que les permiten identificar las pérdidas de empleo derivadas del cierre de empresas. Sus resultados ponen de manifiesto que, en promedio, pasaron 10 años hasta que los trabajadores que fueron desplazados por el cierre de una fábrica recuperaron su salario. Este periodo es significativamente más prolongado que el periodo de recuperación promedio de trabajadores que renunciaron de forma voluntaria (tres años) o trabajadores que cierran sus propios negocios (cuatro años). El gráfico 3.1 ilustra la magnitud y duración del impacto del cierre de una fábrica sobre los salarios reales de trabajadores desplazados en comparación con trabajadores no desplazados. Inicialmente, en los primeros dos años tras el desplazamiento, los salarios son un 11 % más bajos entre los trabajadores desplazados que entre los trabajadores no desplazados. La brecha salarial se reduce al 6 % después del cuarto año tras el cierre de la fábrica, y los salarios de los trabajadores desplazados no se recuperan completamente hasta después de nueve años.

GRÁFICO 3.1 Efecto en los salarios del desplazamiento causado por el cierre de fábricas en México

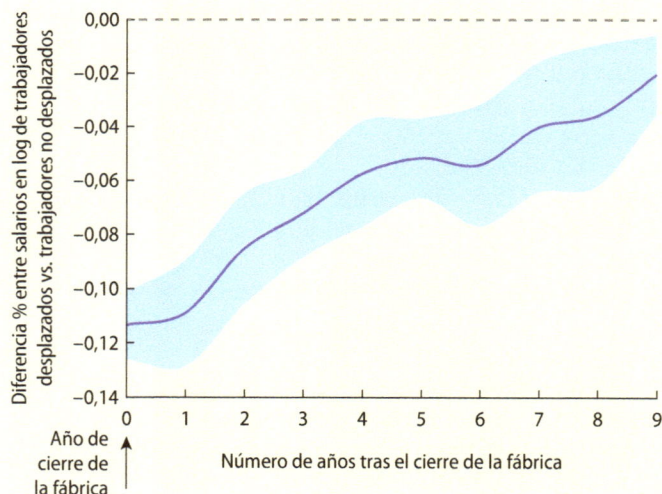

Fuente: Arias-Vázquez, Lederman y Venturi 2019.
Nota: Este gráfico traza la diferencia porcentual entre los salarios en log de trabajadores desplazados y trabajadores no desplazados (es decir, el coeficiente estimado de la variable de desplazamiento con desfase) en el eje vertical para cada año desde el desplazamiento laboral en el eje horizontal (donde 0 marca el año del cierre de la fábrica). La línea continua representa los coeficientes (la brecha salarial). Las líneas punteadas reflejan los intervalos de confianza del 95 %. Los errores estándares se presentan agrupados a nivel estatal. Todas las regresiones controlan los años de educación, el género, el estado civil, la edad, la edad al cuadrado, el estado, el período de la encuesta y los efectos fijos de la industria.

Efectos permanentes debidos a la incorporación al mercado laboral durante una recesión

Tal como se mencionó anteriormente en este capítulo, los efectos permanentes no necesariamente conllevan pérdidas de empleo. La calidad de las coincidencias laborales tempranas de los trabajadores puede tener efectos significativos en su acumulación de capital y trayectorias profesionales, en la misma medida que la formación y experiencia en el puesto de trabajo generan capital humano, evitan la erosión del capital humano existente y sirven como indicador de la calidad del trabajador para otros empleadores. De tal forma, los trabajadores jóvenes podrían ser especialmente vulnerables a los impactos de las crisis sobre los mercados laborales locales porque incorporarse al mercado laboral es más difícil en épocas difíciles y hacerlo tiene efectos a largo plazo sobre los ingresos (Hardoy y Schone 2013).

Se ha demostrado que los trabajadores que se incorporan por primera vez a los mercados laborales en tiempos difíciles tienen ingresos más bajos que trabajadores similares que se incorporan en épocas de bonanza (véanse Brunner y Kuhn [2014] para Austria, y Kahn [2010] para EE. UU.). Liu, Salvanes y Sørensen (2016) observan que el mecanismo asociado con estos efectos negativos a largo plazo en los trabajadores con educación universitaria es el desajuste cíclico de las cualificaciones: es decir, la falta de oportunidades laborales cuando dichos trabajadores se incorporan al mercado laboral hace que acepten coincidencias laborales de menor calidad. El estudio observa que la calidad de las coincidencias del primer empleo de dichos trabajadores explica la mayor parte de sus pérdidas de ingresos a largo plazo al finalizar sus estudios en época de recesión.

La investigación sobre los efectos permanentes que sufren los recién llegados al mercado laboral en la región de ALC es escasa. Cruces, Ham y Viollaz (2012) utilizan pseudopaneles y cohortes de nacimiento e identifican un impacto negativo fuerte, aunque de corta duración, en los salarios de los trabajadores brasileños expuestos a recesiones al principio de su vida activa. Martinoty (2016) concluye que las recesiones conducen a cambios en la composición del empleo juvenil (ya que algunas personas jóvenes eligen prolongar sus estudios). Todos los grupos educativos que se incorporan al mercado laboral durante una recesión manifiestan indicios de efectos permanentes a largo plazo.

Para contribuir a la literatura sobre los efectos permanentes en la región de ALC, Moreno y Sousa (2021) analizan los efectos de cohorte en los resultados del mercado laboral relacionados con la coyuntura económica durante el año de incorporación a la población activa. El gráfico 3.2 muestra las tasas de desempleo de las cohortes durante los primeros años de participación en los mercados laborales de Argentina y Colombia. Los niveles iniciales de desempleo diferían notablemente entre ambas cohortes: las personas jóvenes de Colombia que se incorporaron al mercado laboral en 2010 se enfrentaron a tasas de desempleo significativamente más altas que las que se incorporaron en 2012. El gráfico también

ilustra que esta diferencia puede prolongarse durante años después de la incorporación. La cohorte de 2010 no alcanzó la tasa de desempleo más baja de la cohorte de 2012 hasta cuatro años después de incorporarse al mercado laboral.

Siguiendo la metodología de Genda, Kondo y Ohta (2010), Moreno y Sousa (2021) se sirven de las variaciones espaciales y temporales de las tasas locales de desempleo en el momento de incorporación de una cohorte al mercado laboral. Al emplear secciones transversales repetidas y tasas de desempleo subnacionales, se observa la misma cohorte a lo largo del tiempo y en diferentes condiciones iniciales del mercado laboral. Dado que esta metodología se basa en datos de encuestas, se puede utilizar para considerar la informalidad como un resultado, algo que no es posible hacer si se utilizan registros administrativos.

En cuatro países con series subnacionales suficientemente amplias para este análisis —Argentina, Brasil, Colombia y México— Moreno y Sousa (2021) concluyen que las condiciones iniciales de empleo pueden provocar efectos permanentes, que se traducen en una combinación de mayor

GRÁFICO 3.2 **Tasas de desempleo por cohorte, Argentina y Colombia**

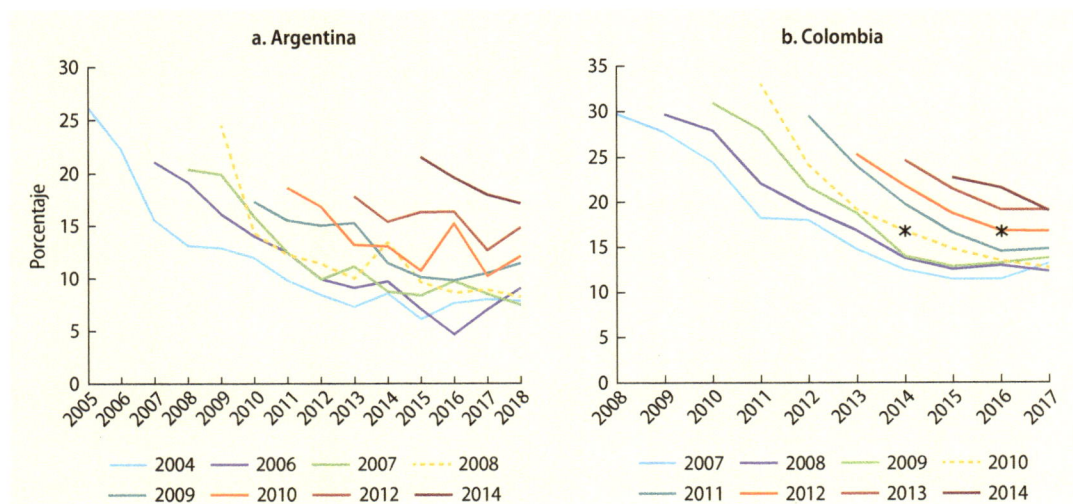

Fuente: Moreno y Sousa 2021.
Nota: Este gráfico muestra las tasas de desempleo nacionales, por año de incorporación al mercado laboral. Las estrellas sobre las líneas para las cohortes de 2010 y 2012 en Colombia muestran las tasas de desempleo cuatro años después de la incorporación.

desempleo, menor participación del mercado laboral y mayor informalidad, en función del país. Sin embargo, estos resultados no reflejan efectos permanentes significativos a través de efectos salariales; dichos efectos solo se manifiestan en los primeros tres años de participación en el mercado laboral y solo entre subconjuntos específicos de trabajadores (mujeres brasileñas y hombres mexicanos poco cualificados). El gráfico 3.3 presenta los efectos en trabajadores poco cualificados de México. En México, los recién llegados con solo estudios de secundaria que se incorporan durante los peores períodos del mercado laboral tienen tasas de participación más bajas y tasas potencialmente más altas de desánimo, lo que se refleja en la combinación de una participación más baja y una tasa de desempleo más baja. Este resultado se mantiene durante los primeros nueve años de dichos trabajadores en el mercado laboral. Curiosamente, a pesar de una diferencia significativa en las tasas de participación de hombres y mujeres en México, este resultado es válido para ambos grupos.

Los resultados para México también muestran mayores tasas de informalidad en años posteriores entre los trabajadores que se incorporan al mercado laboral durante una recesión. También se obtienen los mismos resultados para Colombia y algunos perfiles de trabajadores de Brasil. Aunque, como se explicó en el capítulo anterior, la informalidad no es necesariamente una alternativa de empleo inferior en la región de ALC, este resultado se hace eco de la teoría antes mencionada que esgrime que la informalidad actúa como un amortiguador del empleo durante las crisis económicas. Un papel de dicho amortiguador es absorber a quienes se incorporan por primera vez al mercado laboral y que, en circunstancias más favorables, podrían encontrar empleo formal. Por el contrario, en Argentina las tasas de informalidad de los hombres que se incorporan al mercado laboral durante las recesiones son más bajas, mientras que las tasas de desempleo son más altas; este resultado sugiere que la informalidad no actúa como un amortiguador eficaz para dicho grupo.

GRÁFICO 3.3 **Efectos en los salarios y el empleo de una mayor tasa de desempleo local durante la incorporación al mercado laboral en México**

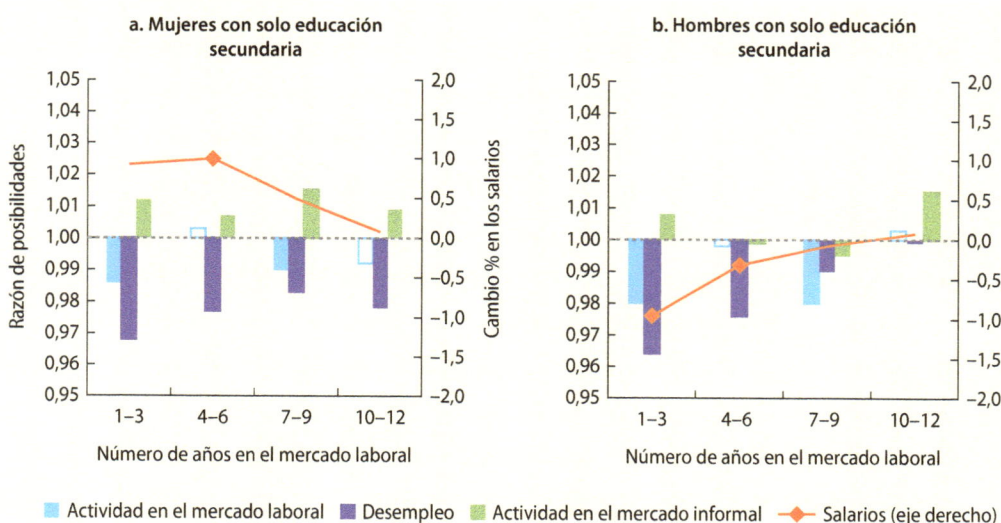

Fuente: Moreno y Sousa 2021.
Nota: La razón de posibilidades logísticas se presenta para resultados binarios y los coeficientes de Heckman para los salarios en log. Las barras en color (y los puntos) indican la significación estadística. Los errores estándar entre paréntesis se calculan por remuestreo (bootstrap) (rep = 50), y se agrupan por año y región. El modelo empleado incluye características individuales y efectos fijos para región, cohorte y año. Las barras huecas y los tramos de la línea que no tienen un punto sombreado no son estadísticamente significativos.

Efectos permanentes transferidos por empresas afectadas por las crisis

La mayor parte de los estudios que investigan los efectos permanentes se centran en los efectos generales de los desplazamientos, tanto en coyunturas económicas favorables como desfavorables. Sin embargo, hay muchas razones para sospechar que el desplazamiento durante una crisis podría no tener los mismos efectos que el desplazamiento en coyunturas económicas más favorables. Esta distinción es particularmente relevante para la región de ALC, donde las crisis son frecuentes. Davis y von Wachter (2011) observan que las pérdidas de ingresos por el desplazamiento laboral son mayores durante las recesiones que durante los periodos de auge, y Amarante, Arim y Dean (2014) encuentran mayores reducciones salariales entre trabajadores que se separaron durante las recesiones que entre otros trabajadores. McCarthy y Wright (2018) señalan que los trabajadores irlandeses que perdieron sus trabajos durante la crisis financiera mundial de 2008–2009 incurrieron en pérdidas de ingresos mucho mayores y duraderas que los trabajadores que perdieron sus trabajos entre 2005 y 2007. Carrington (1993); Farber (2003); Howland y Peterson (1988); y Jacobson, LaLonde y Sullivan (1993b, capítulo 6), que estudian el mercado laboral estadounidense, sugieren que las condiciones de este pueden afectar a los salarios que ganan los trabajadores en sus nuevos puestos de trabajo (en el caso de encontrarlos) después de abandonar involuntariamente sus trabajos previos. Kaplan, González y Robertson (2007) demuestran que los efectos permanentes en México son mucho peores durante tiempos de crisis que en otras épocas.

Una de las principales dificultades a la hora de identificar los efectos de las crisis en los efectos permanentes que sufren los trabajadores es que los ejemplos de cambios en la demanda, debidos a las crisis y específicos a las empresas, son poco comunes. En un documento de referencia elaborado para este informe, Fernandes y Silva (2021) se sirven de la heterogeneidad en la exposición de las empresas a la crisis financiera mundial de 2008–2009 para medir el potencial de un *shock* de demanda fuerte para generar efectos a largo plazo en el empleo y los salarios de los trabajadores. Su estrategia se basa en la idea de que, habida cuenta de sus diferentes carteras de exportación predefinidas, las empresas estuvieron expuestas a los *shocks* externos provocados por la crisis de manera distinta. Utilizando conjuntos de datos longitudinales empleador-empleado de los registros de la seguridad social, asociados con datos aduaneros sobre exportaciones de empresas por destino, para dos países de ALC (Brasil y Ecuador), los autores compararon los resultados de empleo entre trabajadores formales inicialmente vinculados a empresas que soportaron mayores cambios en la demanda laboral, con los de trabajadores vinculados a empresas que soportaron menores cambios en la demanda laboral durante los ocho años posteriores a la crisis.

Fernandes y Silva (2021) concluyen que el efecto de la crisis financiera mundial fue mayor y más duradero para los trabajadores de las empresas más afectadas negativamente al principio de la crisis. El gráfico 3.4 muestra los resultados del estudio. Los efectos de la crisis financiera mundial en el número promedio de meses con empleo formal se muestran en el panel a; los efectos en los salarios mensuales reales promedio de los trabajadores, en el panel b. Cada punto del gráfico representa el coeficiente de regresión sobre la crisis durante el año en cuestión.

La respuesta de Brasil es diferente a la de Ecuador. El efecto en los meses trabajados en Brasil es más negativo en un principio, pero desaparece conforme avanza el tiempo (aunque nunca desaparece por completo). En Ecuador ocurre lo contrario: el efecto negativo inmediato se amplifica conforme avanza el tiempo. Después de 9 años tras la crisis, el empleo no se había recuperado por completo en Brasil o Ecuador (ni los salarios reales en Brasil). Una posible razón para dicha diferencia tiene que ver con la flexibilidad salarial. El gráfico 3.4, panel b, muestra que los salarios reales de los trabajadores más afectados en Brasil cayeron significativamente después de la crisis. Esta reducción de los salarios reales significa

GRÁFICO 3.4 **Efectos dinámicos de la crisis financiera mundial en los trabajadores, 2009-2017**

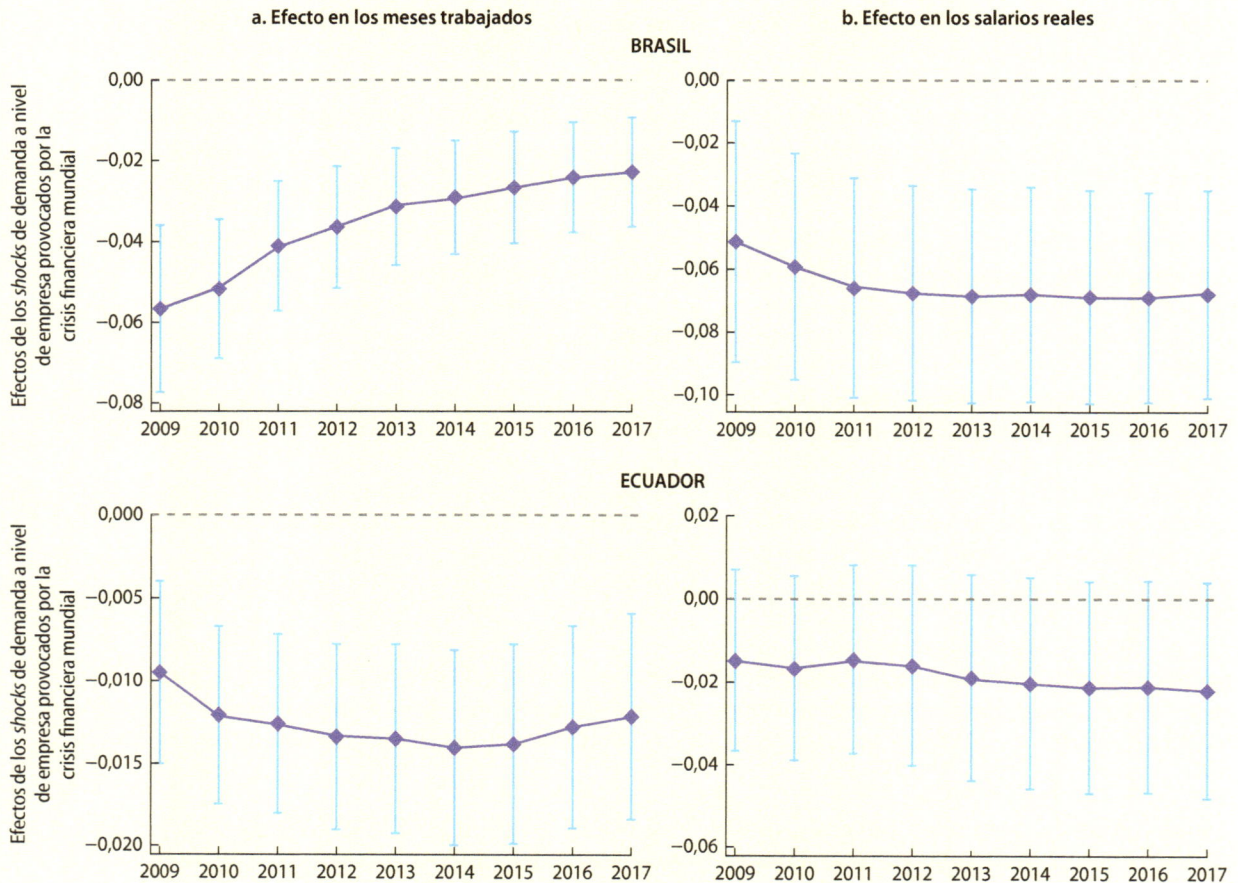

a. Efecto en los meses trabajados · b. Efecto en los salarios reales

BRASIL

ECUADOR

Fuente: Fernandes y Silva 2021.
Nota: Este gráfico muestra los efectos de los *shocks* de demanda a nivel de empresa, provocados por la crisis financiera mundial (registrados de 2008 a 2009), en los trabajadores en términos de número promedio de meses con empleo formal entre 2009 y 2017 (panel a) y los salarios mensuales reales promedio entre 2009 y 2017 (panel b). Un número mayor de estimaciones negativas implica mayores reducciones en el resultado correspondiente entre trabajadores empleados en el momento de la crisis financiera mundial en empresas que soportaron mayores reducciones de la demanda externa (en comparación con trabajadores empleados en empresas menos afectadas). Las líneas verticales representan intervalos de confianza del 95 % basados en errores estándares robustos agrupados por empresa. Las muestras incluyen alrededor de 3 millones de observaciones año-trabajador para Brasil y alrededor de 800.000 observaciones año-trabajador para Ecuador.

que los trabajadores de las empresas más afectadas aceptaron recortes salariales (bien en la empresa original bien en un nuevo empleo). En Ecuador, sin embargo, los salarios reales no cayeron entre los trabajadores de las empresas más afectadas. Estos países acusan importantes diferencias con respecto a sus normativas laborales, lo que podría influir en los impactos de las crisis sobre los trabajadores. En particular, la rigidez de los salarios implica que

los ajustes en el mercado laboral deben producirse en cantidades (es decir, empleo), en lugar de precios (es decir, salarios), por lo que los ajustes del empleo en los mercados laborales con salarios más rígidos podrían ser mayores.

Otros estudios también observan efectos duraderos de otros *shocks*. El aumento de la competencia de China, por ejemplo, ha provocado pérdidas duraderas en el empleo y los salarios en los países de altos ingresos (para EE. UU., Autor, Dorn y Hanson [2013], y Autor *et al.* [2014]; para Dinamarca, Utar [2014]; y para Alemania, Dauth, Findeisen y Suedekum [2016] y Yi, Müller y Stegmaier [2016]). La literatura sobre comercio internacional pone de manifiesto que la dinámica del ajuste del mercado laboral a los *shocks* comerciales es diferente en países desarrollados que en otros lugares (Autor *et al.* 2014; Dauth, Findeisen y Suedekum 2017; Dauth *et al.* 2019; Utar 2018). En referencia a Brasil, Dix-Carneiro y Kovak (2017, 2019) se centran en los efectos negativos de una gran reforma de liberalización arancelaria. Los autores señalan que un trabajador cuya región sufrió inicialmente una disminución arancelaria mayor de 10 puntos porcentuales, con respecto a otras regiones, en promedio trabajó 9,9 meses menos en el sector formal entre 1990 y 2010. Este efecto es pronunciado: dichos meses representan el 8 % del número promedio de meses totales trabajados en el sector formal durante dicho período de 21 años (125 meses). Al igual que Fernandes y Silva (2021), Dix-Carneiro y Kovak (2017, 2019) concluyen que el empleo promedio y los resultados salariales no se recuperan ni siquiera una década y media después del *shock* inicial. Llama la atención que en Fernandes y Silva (2021) el *shock* temporal estudiado condujo al mismo tipo de efectos que normalmente se asocian con grandes *shocks* permanentes, como la liberalización comercial.

Incidencia de los efectos a largo plazo

Como se demostró en el capítulo 2, las pérdidas de empleo causadas por las crisis no se distribuyen de manera uniforme entre los diferentes perfiles de trabajadores. En un estudio reciente, Yagan (2019) observa que los *shocks* localizados durante la crisis financiera mundial se asociaron con el aumento de la desigualdad de los ingresos (salarios) entre varios perfiles de trabajadores de EE. UU. Los trabajadores, que inicialmente tenían características

similares, acusaron resultados diferentes con respecto al empleo y los ingresos después de la exposición a diferentes *shocks* locales relacionados con la crisis. Yagan (2019) señala que los trabajadores de ingresos más bajos inicialmente soportaron una mayor parte de los efectos de dichos *shocks* en el empleo. Otros estudios también han demostrado que el impacto a largo plazo del auge de las exportaciones de China sobre los mercados laborales fue considerable y las pérdidas se concentraron en trabajadores poco cualificados en los países de altos ingresos (Autor *et al.* 2014; Autor, Dorn y Hanson 2013; Dauth, Findeisen y Suedekum 2016; Utar 2014; Yi, Müller y Stegmaier 2016). Los datos acerca de los efectos de este fenómeno en trabajadores mujeres frente a hombres, y en personas jóvenes frente a personas mayores son más heterogéneos.

Las características del trabajo y los trabajadores —en particular, la distribución de cualificaciones, pero también la composición ocupacional y las tasas de participación de la población activa— son diferentes en los países de ALC, en comparación con los países de altos ingresos. Por lo tanto, esta sección considera los efectos permanentes en los trabajadores con diferentes características demográficas y niveles de experiencia en el mercado laboral. Los nuevos datos que se presentan proceden de dos documentos elaborados para este informe: Fernandes y Silva (2021), y Moreno y Sousa (2021). Ambos trabajos desagregan los efectos permanentes entre diferentes perfiles de trabajadores; de esta manera, facilitan una perspectiva más detallada acerca del impacto de los efectos permanentes sobre distintos grupos.

Los efectos permanentes pueden tener implicaciones a largo plazo para la desigualdad salarial en la misma medida en que los trabajadores poco cualificados y los trabajadores de hogares de bajos ingresos tienen más probabilidades de sufrir ajustes cuantitativos que conducen al desempleo o empleo de menor calidad.

Si las desaceleraciones implican un acceso desproporcionadamente menor a la formación en el puesto de trabajo y la experiencia laboral para trabajadores poco cualificados, su acumulación de capital humano se verá más afectada que la de los trabajadores altamente cualificados. Este efecto podría llevar a un menor crecimiento salarial para trabajadores poco cualificados, lo que agravaría la desigualdad salarial entre los dos grupos. Los resultados que se presentan a continuación sugieren que los efectos permanentes podrían contribuir a una desigualdad creciente en la ya muy desigual región de ALC. Los trabajadores poco cualificados no solo tienen más probabilidades de sufrir pérdidas de empleo y mayor desempleo en todo momento, sino también de soportar los impactos de dichos *shocks* a más largo plazo.

¿Qué sugieren los resultados de este proyecto de investigación? Fernandes y Silva (2021) estiman las diferencias en los cambios en el empleo y los salarios después de la crisis financiera mundial —caída inducida en la demanda de trabajadores empleados en empresas brasileñas y ecuatorianas— entre grupos demográficos y ocupaciones. Los autores hacen un seguimiento de los resultados laborales de los trabajadores desde 2009 hasta 2017. El gráfico 3.5 resume sus resultados.

Los resultados de Brasil indican que solo los trabajadores con menores niveles de educación sufrieron fuertes respuestas de empleo y salario a la crisis, mientras que los trabajadores con educación superior no se vieron afectados significativamente (gráfico 3.6). En comparación con los trabajadores de mayor edad y en términos de meses trabajados, los más jóvenes manifiestan respuestas significativamente menores al *shock* de exportaciones de empresas. Las respuestas a la crisis financiera mundial fueron similares entre todos los trabajadores, independientemente de su género, y entre trabajadores con una participación previa alta y baja en el mercado laboral formal.

En el caso de Ecuador, el documento halla una fuerte respuesta del empleo a la crisis financiera mundial solo entre trabajadores menos educados, mientras que los trabajadores con educación superior no se vieron afectados significativamente (gráfico 3.6). Curiosamente, los salarios de los trabajadores con una baja participación previa en el sector formal mostraron una respuesta negativa significativa a la disminución del producto interno bruto en los destinos de exportación de las empresas de los trabajadores; sin embargo, no se produjo tal respuesta entre trabajadores con una alta participación previa en el sector formal. Las respuestas del empleo a la crisis financiera mundial fueron similares entre trabajadores hombres y mujeres, trabajadores de diferentes grupos de edad, y trabajadores con diferentes niveles de participación previa en el sector formal. En conjunto, estos resultados sugieren que los trabajadores menos cualificados de Brasil y Ecuador y los trabajadores de mayor edad de Brasil fueron los más afectados por la crisis financiera mundial.

Si retomamos los efectos permanentes de los recién llegados al mercado laboral en función de las condiciones iniciales del mercado, Moreno y Sousa (2021) observan que las condiciones iniciales del mercado laboral generaron efectos negativos a largo plazo en los resultados de empleo de los trabajadores que solo tienen un nivel de educación secundaria (tabla 3.1). Aunque los mecanismos específicos que causan los efectos permanentes y la persistencia de dichos efectos podrían variar entre hombres y mujeres, en general los resultados son similares para los dos grupos. Tanto en el caso de hombres como de mujeres, se observan efectos permanentes entre quienes tienen niveles de educación más bajos; los efectos son poco probables entre quienes han cursado estudios superiores, y es mucho más probable que se manifiesten en resultados de empleo que en salarios más bajos.

GRÁFICO 3.5 **Heterogeneidad en los efectos de la crisis financiera mundial en los trabajadores, 2009-2017**

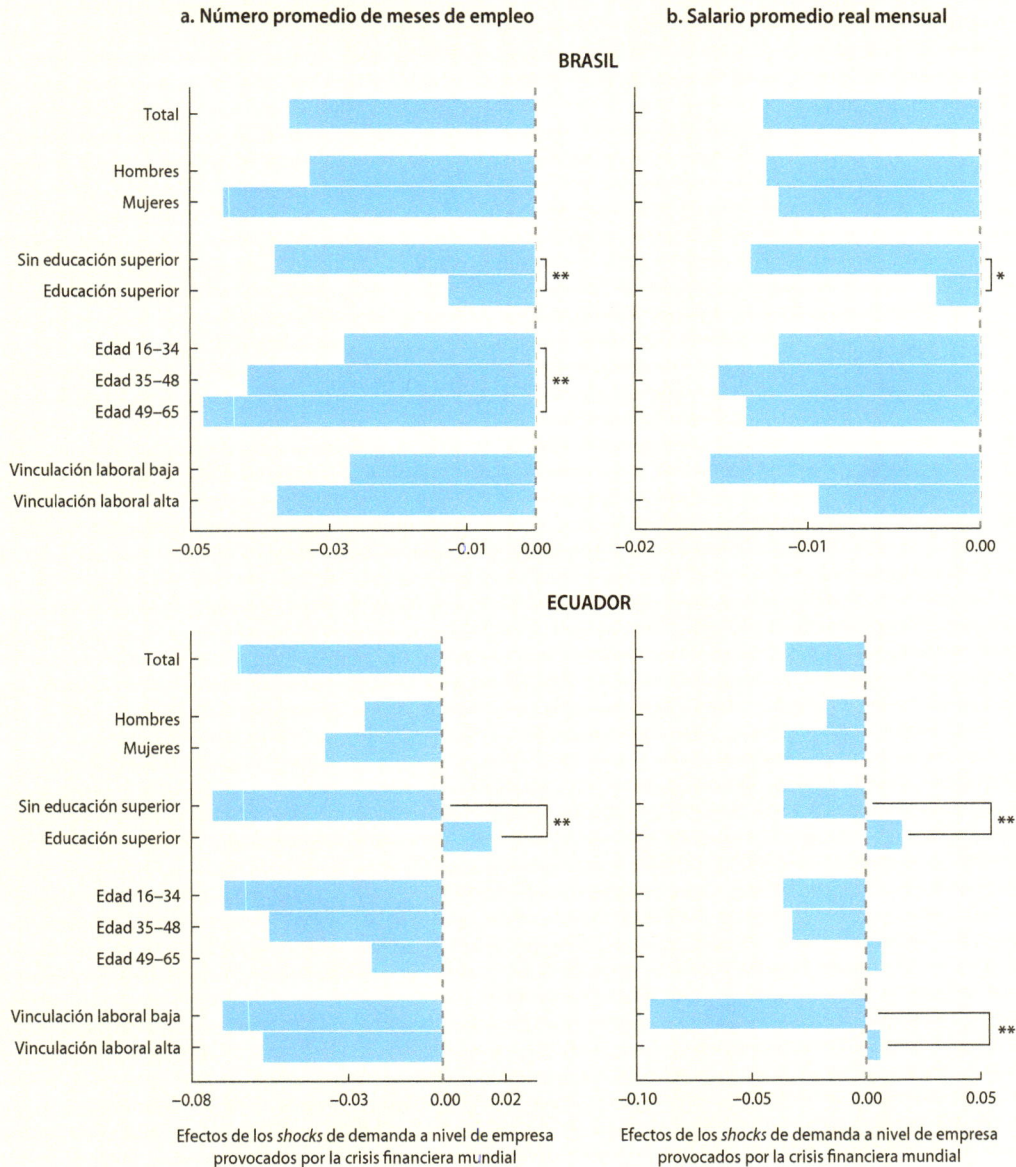

a. Número promedio de meses de empleo

b. Salario promedio real mensual

BRASIL

ECUADOR

Efectos de los *shocks* de demanda a nivel de empresa provocados por la crisis financiera mundial

Efectos de los *shocks* de demanda a nivel de empresa provocados por la crisis financiera mundial

Fuente: Fernandes y Silva 2021.

Nota: Este gráfico muestra los efectos de los *shocks* de demanda a nivel de empresa, provocados por la crisis financiera mundial (registrados de 2008 a 2009), en los trabajadores brasileños y ecuatorianos en términos de número promedio de meses con empleo formal entre 2009 y 2017 (panel a) y salarios mensuales reales promedio entre 2009 y 2017 (panel b). Un número mayor de estimaciones negativas implica mayores reducciones en el resultado correspondiente entre trabajadores empleados en el momento de la crisis financiera mundial en empresas que soportaron mayores reducciones de la demanda externa (en comparación con trabajadores empleados en empresas menos afectadas). Cada barra muestra el coeficiente de una regresión para cada submuestra en función de las características de los trabajadores listadas en el eje y. Las muestras completas incluyen alrededor de 3 millones de observaciones año-trabajador para Brasil y alrededor de 800.000 observaciones año-trabajador para Ecuador.

***, ** y * indican los niveles de significación 1 %, 5 % y 10 %, respectivamente, de la prueba "t", que indica si la diferencia en los coeficientes entre categorías de trabajadores es significativa.

TABLA 3.1 **Presencia de efectos negativos en el empleo y efectos permanentes en los salarios, por género y nivel de educación**

	Hombres		Mujeres	
	Educación secundaria	**Educación terciaria**	**Educación secundaria**	**Educación terciaria**
Menor participación de la población activa	Brasil [4-6] México [1-3]	N. D.	Colombia [4-12] México [1-9]	N. D
Mayor desempleo	Argentina [4-6] Brasil [4-9]	N. D.	Argentina [1-6] Brasil [4-12]	Colombia [1-3]
Mayor informalidad	Colombia [4-12] México [10-12]	Colombia [10-12]	Brasil [4-9] Colombia [4-12] México [7-9]	N. D.
Salarios más bajos	México [1-3]	N. D.	Brasil [1-3]	Brasil [1-3]

Fuente: Moreno y Sousa 2021.
Nota: Esta tabla presenta los países y años (entre paréntesis) desde la incorporación al mercado laboral para los que existen indicios de efectos permanentes (definidos como un coeficiente estadísticamente significativo). N. D. indica que no se encontraron indicios de efectos permanentes.

GRÁFICO 3.6 **Efectos dinámicos de la crisis financiera mundial en los trabajadores, por nivel de cualificación**

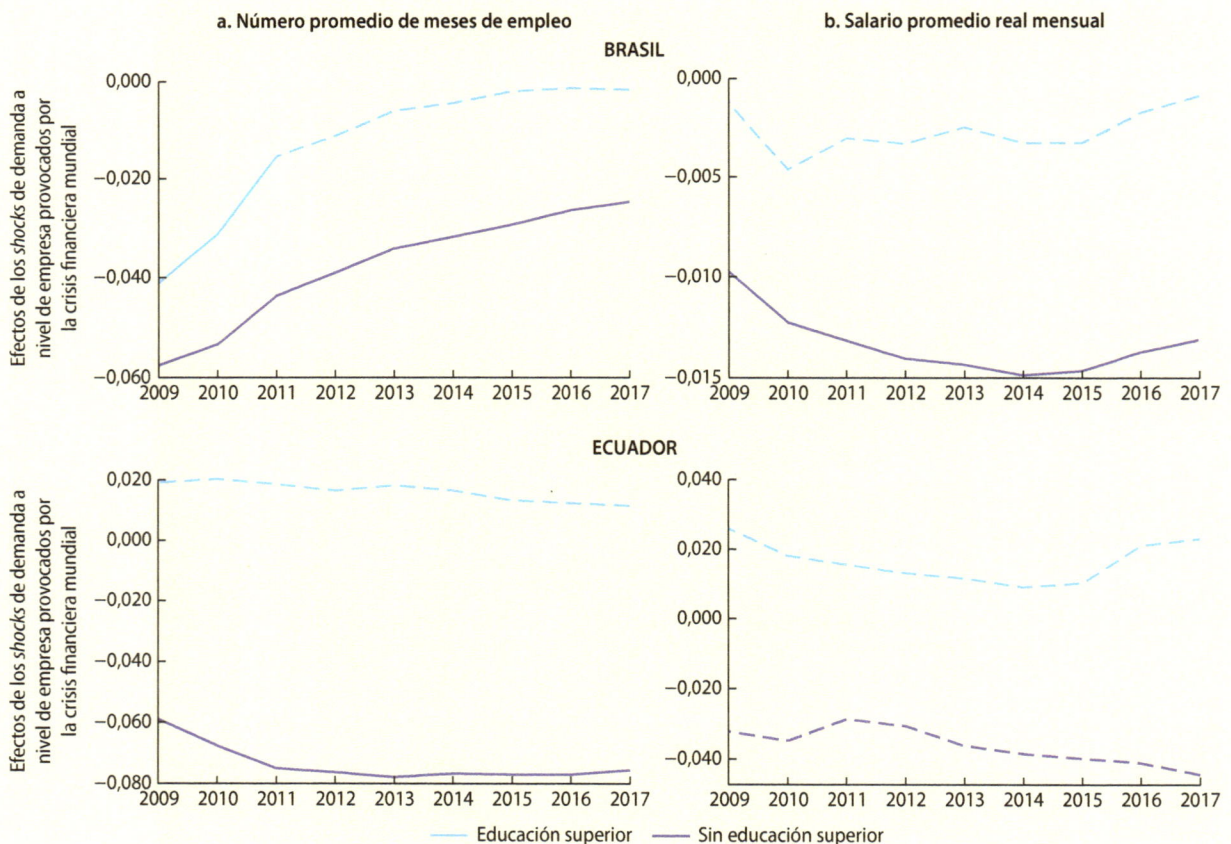

a. Número promedio de meses de empleo

b. Salario promedio real mensual

BRASIL

ECUADOR

— — — Educación superior   —— Sin educación superior

Fuente: Fernandes y Silva 2021.
Nota: Este gráfico muestra los efectos de los *shocks* de demanda a nivel de empresa, provocados por la crisis financiera mundial (registrados de 2008 a 2009), en los trabajadores brasileños y ecuatorianos con y sin educación superior en términos de número promedio de meses con empleo formal entre 2009 y 2017 (panel a) y de salarios mensuales reales promedio entre 2009 y 2017 (panel b). Las estimaciones negativas implican mayores reducciones en los resultados correspondientes entre trabajadores empleados en el momento de la crisis financiera mundial en empresas que soportaron mayores reducciones de la demanda externa (en comparación con empresas menos afectadas). Las líneas unen los coeficientes para cada año. Las líneas discontinuas significan que el coeficiente del efecto de la crisis financiera global no es estadísticamente diferente de cero. Las muestras incluyen alrededor de 3 millones de observaciones año-trabajador para Brasil y alrededor de 800.000 observaciones año-trabajador para Ecuador.

Estos resultados son coherentes con investigaciones desarrolladas en países de altos ingresos. Dado que los trabajadores más experimentados podrían contribuir a una mayor productividad y requerir una costosa reinversión por parte de las empresas para reemplazarlos (Jovanovic 1979), perder trabajadores con niveles más bajos de capital humano (incluido el capital humano específico a las empresas) implica menores costos de transacción para los empleadores. En las economías de altos ingresos, los trabajadores con bajos ingresos salen de la fuerza laboral en cifras desproporcionadas durante las crisis (Carneiro, Guimarães y Portugal 2011; Solon *et al.* 1994), y el desplazamiento es más probable entre trabajadores poco cualificados y trabajadores jóvenes que entre otros perfiles de trabajadores (Devereux 2004; Teulings 1993). Los estudios sobre los países de ALC apuntan a tendencias similares. Campos-Vazquez (2010) y Freije, Lopez-Acevedo y Rodriguez-Oreggia (2011) estudian la crisis económica de México de 2009 y observan mayores tasas de pérdida de empleo entre trabajadores jóvenes y poco cualificados que entre otros grupos de trabajadores.

La combinación de la región de ALC de grandes economías informales y trabajadores con diversos niveles de cualificación sugiere la existencia de una jerarquía en los costos de ajuste, en la que los trabajadores informales —que tienen menos protecciones laborales— podrían tropezar con una mayor probabilidad de pérdida de empleo, independientemente de cuáles sean sus cualificaciones. Entre los trabajadores formales, los trabajadores menos cualificados y con ingresos más bajos tendrían más probabilidades de perder el empleo que los trabajadores de ingresos más altos o con más cualificaciones.

Empresas: el costo de una competencia de mercado limitada

La sección anterior estableció que las crisis afectan al bienestar social a largo plazo. Esta sección analiza de qué maneras afectan las crisis a la eficiencia. Los economistas reconocen cada vez más la importancia de la heterogeneidad en las empresas para determinar y mejorar los resultados de los trabajadores. Algunos estudios sugieren que la estructura de la industria (Koeber y Wright 2001) y las prácticas de negociación salarial locales (Janssen 2018) son importantes para dichos resultados, pero la relación entre las características del mercado laboral local y de la empresa, y los efectos permanentes del mercado laboral ha recibido muy poca atención. Esta sección se centra en el papel que desempeñan dos cuestiones que son particularmente importantes en la región de ALC: el poder de mercado y las condiciones del mercado laboral.

La oferta y la demanda del mercado laboral se ven afectadas a medida que una crisis se propaga por la economía. Del lado de la oferta, los trabajadores menos cualificados y más vulnerables soportan mayores costos y efectos adversos duraderos; del de la demanda, las respuestas a nivel de empresa dependen de la estructura del mercado local. La estructura puede servir como una indicación del grado de poder de mercado que tienen determinadas empresas. El poder de mercado es una función de factores externos a las empresas, como la concentración de mercado, e internos, como la productividad. Esta sección hace hincapié en la investigación fronteriza en esta área en América Latina y el Caribe, y presenta nuevos resultados.

Efectos depuradores

Las pérdidas de empleo provocadas por una crisis económica pueden reducir la productividad al destruir las coincidencias empleador-empleado y el capital humano específico a los puestos de trabajos que surge de estas. Sin embargo, los *shocks* macroeconómicos conllevan una redistribución microeconómica a nivel de trabajador y empresa. En estos momentos decisivos, los trabajadores y las empresas caminan hacia un destino común. Las empresas pueden ajustar el número de empleados, el número de horas trabajadas

GRÁFICO 3.7 **Efectos dinámicos de la crisis financiera mundial en las empresas**

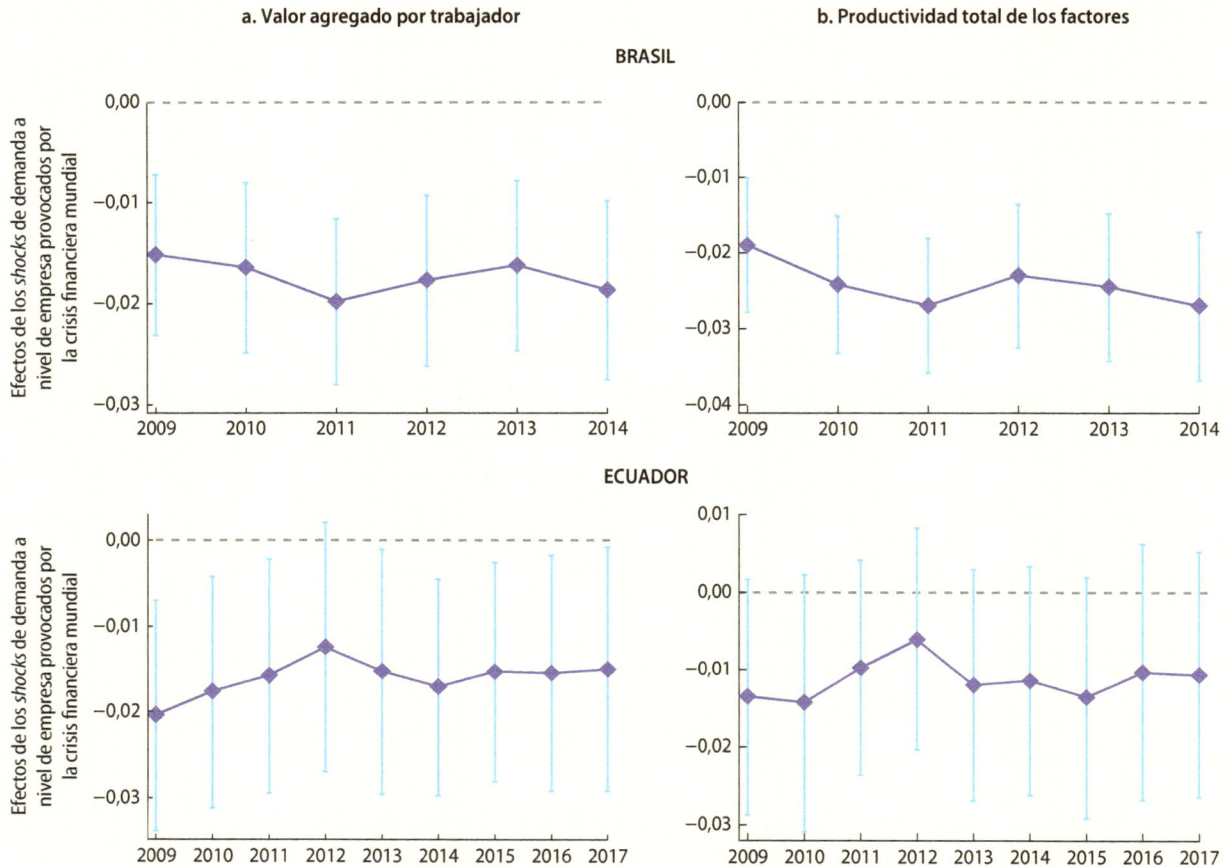

a. Valor agregado por trabajador

b. Productividad total de los factores

BRASIL

ECUADOR

Fuente: Fernandes y Silva 2021.
Nota: Este gráfico muestra los efectos de los *shocks* de demanda a nivel de empresa, provocados por la crisis financiera mundial (registrados entre 2008 y 2009), en la productividad de las empresas entre 2009 y el año que figura en el eje x. Un número mayor de estimaciones negativas implica mayores reducciones en los resultados correspondientes entre empresas que soportaron mayores reducciones de la demanda externa (en comparación con las empresas menos afectadas). Las líneas verticales representan intervalos de confianza del 95 % basados en errores estándares robustos a grupados por empresa. Cada gráfico muestra los coeficientes de una regresión que se basa en aproximadamente 90.000 observaciones año-empresa para Brasil y 23.000 observaciones año-empresa para Ecuador.

por sus empleados y las ofertas salariales, y los trabajadores pueden optar por aceptar dichas ofertas o buscar otras alternativas. A partir de estas interacciones, se genera un nuevo equilibrio a corto plazo. En este estudio se argumenta que dicho equilibrio depende de las condiciones del mercado laboral local, así como de la capacidad de las empresas para ajustar empleos y salarios, lo que a su vez tiene relación con las normativas laborales. Dado que las empresas son un canal clave de transferencia de los efectos de las crisis a los trabajadores

a nivel individual, dichos efectos también dependen de la estructura del mercado de productos, los beneficios existentes y los mecanismos de distribución de dichos beneficios.

En la transición hacia un nuevo equilibrio, muchos trabajadores perderán sus puestos de trabajo o sufrirán una reducción de ingresos, algunas empresas cerrarán y los recién llegados al mercado laboral tendrán más dificultades para iniciar sus carreras profesionales. Tal como se analizó previamente en este capítulo, los impactos de una crisis tienen efectos permanentes en los trabajadores y las empresas. Muchos trabajadores no se sobreponen por completo, ni siquiera a largo plazo; sus ingresos se mantienen bajos y sus carreras profesionales se deterioran. Quienes pierden, pierden mucho. Los trabajadores menos cualificados y aquellos con ingresos más bajos se ven más afectados en la región de ALC. En el mercado de trabajo, las coincidencias empleador-empleado y el capital humano específico al puesto de trabajo que se deriva de estas pueden disolverse de forma permanente debido a un *shock* temporal. Esta disolución podría retrasar el aumento de la producción en un futuro e implica una pérdida de productividad. Una crisis también puede tener efectos persistentes en los insumos tecnológicos —que pueden ser un margen de ajuste utilizado por las empresas— y en la estructura de la economía —si las crisis provocan la desaparición de algunas empresas y aumentan la cuota de mercado de otras—. Las grandes perturbaciones económicas también podrían liberar trabajadores y otros insumos de producción de las empresas de baja productividad, lo que les permitiría redistribuirse en empresas más productivas a medida que la economía se recupera. Del mismo modo, las crisis pueden estimular la redistribución de empresas desde sectores de muy baja productividad. Estos cambios pueden tener efectos persistentes en la economía.

Debido a estos tipos de efectos, las crisis pueden disminuir el bienestar individual, pero también pueden aumentar la eficiencia y productividad (tanto a nivel de empresa como de mercado) a corto y medio plazo.

Aunque la crisis del COVID-19, por su naturaleza, ha estimulado avances tecnológicos cada vez más rápidos impulsados por la digitalización (Beylis *et al.* 2020), ¿cómo pueden las crisis de distinta índole tener también efectos persistentes en la tecnología? Los datos de Brasil demuestran que las empresas se ajustan a las crisis de demanda externa a través de cambios en la productividad, la demanda de cualificaciones, el atractivo de los productos y los márgenes de ganancia

(Mion, Proenca y Silva 2020). Los *shocks* de demanda a nivel de empresa durante la crisis financiera mundial hicieron que las empresas más afectadas redujeran su coeficiente capital/trabajador en países como Ecuador, mientras que en Brasil las empresas simplemente ajustaron el empleo y los salarios en respuesta a dichos *shocks* (Fernandes y Silva 2021). Los *shocks* negativos de demanda externa también aumentan el contenido de cualificaciones de producción —la participación de mano de obra cualificada en los aumentos del empleo total— tras un *shock* negativo de demanda externa en países como Argentina (Brambilla, Lederman y Porto 2012), Brasil (Mion, Proenca y Silva 2020) y Colombia (Fieler, Eslava y Xu 2018).

Las crisis en América Latina afectan a la estructura general de la economía a través de diferentes mecanismos. Los *shocks* de demanda a nivel de empresa durante la crisis financiera mundial provocaron una salida de empresas —no de inmediato, sino aproximadamente dos años después del *shock* en Brasil y Ecuador— (Fernandes y Silva 2021). También se han documentado problemas de sobreendeudamiento, que tienen el potencial de hacer desaparecer las empresas menos resilientes y aumentar la cuota de mercado de las más resilientes. Además de tener efectos en las empresas ya existentes, las crisis tienen efectos persistentes en las empresas que se crean en tiempos difíciles. La demanda es un factor clave de las capacidades de las empresas y si estas se crean cuando la demanda es baja, tendrán más dificultades para desarrollar redes de clientes y aprender a colaborar adecuadamente con ellos. Nuevos datos del caso de EE. UU. indican que las empresas que se crean en tiempos de crisis se desarrollan con dificultades; es decir, crecen lentamente a lo largo de su ciclo de vida, incluso cuando los tiempos mejoran (Moreira 2018). Estos cambios tienen implicaciones persistentes para la economía que las empresas no pueden revertir.

Al causar la salida de empresas menos eficientes, las coyunturas económicas desfavorables pueden tener un efecto depurador.

Suponiendo que un mercado laboral está sujeto a grandes fricciones, las empresas de muy baja productividad pueden sobrevivir si contratan trabajadores por salarios muy bajos. Dada la gran fricción del mercado, los trabajadores que reciben las ofertas de bajos salarios de dichas empresas, las aceptan; la alternativa de seguir buscando trabajo, a pesar de la baja tasa de coincidencia laboral, es peor. Por lo tanto, las empresas de baja productividad básicamente pueden retener recursos que podrían emplearse de manera más eficiente en otros lugares. En este contexto, las grandes perturbaciones económicas pueden tener un efecto depurador al liberar a los trabajadores de dichas empresas y permitir su redistribución en empresas más productivas a medida que la economía se recupera. De manera similar, las crisis podrían facilitar la redistribución de sectores de muy baja productividad que se han mantenido en el margen de la mera supervivencia. Pero estos efectos solo son posibles si se crean puestos de trabajo después del final de las crisis. Por lo tanto, no existe garantía de los efectos positivos de las crisis en la productividad agregada.

Lo que es más importante, tampoco hay garantías de efectos positivos de las crisis en la productividad a nivel de empresa. Nuevos datos elaborados en el contexto de este informe demuestran que la crisis financiera mundial de 2008–2009 condujo a una caída en la productividad de las empresas de Brasil y Ecuador (al contrario de los datos de recuperación del empleo debida al aumento de la productividad total de los factores [TFP] en EE. UU.) (Fernandes y Silva 2021). El gráfico 3.7 muestra que en Brasil una caída en la demanda de exportaciones de una empresa —causada por la crisis— se asoció con una productividad significativamente menor para la empresa, independientemente de si la productividad se mide empleando el valor añadido por trabajador o la PTF. En Ecuador, la relación entre la productividad y la caída en la demanda de exportaciones causada por la crisis apunta en la misma dirección. Una posible explicación a la diferencia entre los efectos de la productividad

en los dos países —una disminución duradera en Brasil frente a una disminución temporal en Ecuador— es la diferencia documentada en el ajuste del empleo de los países: la recuperación fue más «carente de empleo» en Ecuador. Esta diferencia también es coherente con un posible mayor acaparamiento de trabajadores por parte de las empresas ecuatorianas en previsión de una recuperación de la demanda, causada por la dificultad de despedir y luego volver a contratar trabajadores o por el carácter general de ciertos perfiles de trabajadores. También había otros dos mecanismos en juego. En primer lugar, los resultados muestran que las empresas en Brasil aumentaron su participación de trabajadores cualificados durante la crisis, pero este ajuste no se produjo en Ecuador. En segundo lugar, las empresas brasileñas no ajustaron sus coeficientes capital/trabajador, pero las empresas en Ecuador registraron una fuerte reducción y duradera en esta medida.

Sectores y empresas protegidos: la concentración de mercado amortigua la depuración positiva

Las estructuras de mercado menos competitivas podrían amortiguar los efectos depuradores positivos descritos anteriormente en este capítulo. Si las empresas protegidas, definidas como las que tienen menos competencia, se ajustan menos durante una crisis, su oportunidad de experimentar un efecto depurador es menor. En lugar de volverse más ágiles y productivas, si dichas empresas protegidas aglutinan una mayor cuota de mercado y desplazan aún más a la competencia durante las recesiones económicas, podrían retener recursos adicionales que podrían emplearse de manera más eficiente en otra parte. Esta dinámica es particularmente preocupante en la región de ALC, que exhibe grandes desigualdades y un reducido crecimiento de la productividad.

Comúnmente se acepta la idea de que la competencia perfecta es poco común en los mercados de factores y producción.

La competencia imperfecta en los mercados de producción a menudo implica que las empresas tienen cierto poder de mercado. El poder de mercado suele medirse con índices de concentración, como el índice de Herfindahl e Hirschman, que calcula la suma de los cuadrados de las cuotas de mercado de todas las empresas en un mercado dado. Los economistas a menudo asocian mayores medidas de concentración, que resultan de la presencia de menos empresas con mayores cuotas de mercado, con más poder de mercado de dichas empresas. Aunque las empresas con más poder de mercado tienden a tomar el mismo tipo de decisiones sobre insumos (como los coeficientes capital/trabajo) que las empresas con más competencia, las empresas con más poder de mercado tienen un incentivo para reducir su producción y aumentar el precio de mercado de sus bienes. En el caso extremo, un mercado en el que opera un monopolista tiene menos producción que un mercado donde opera un gran número de empresas pequeñas y competitivas. Así, el empleo total en un mercado concentrado podría ser menor de lo que sería en un mercado más competitivo.

GRÁFICO 3.8 **Efectos de la crisis financiera mundial en los trabajadores de Brasil, por grado de concentración sectorial y propiedad estatal**

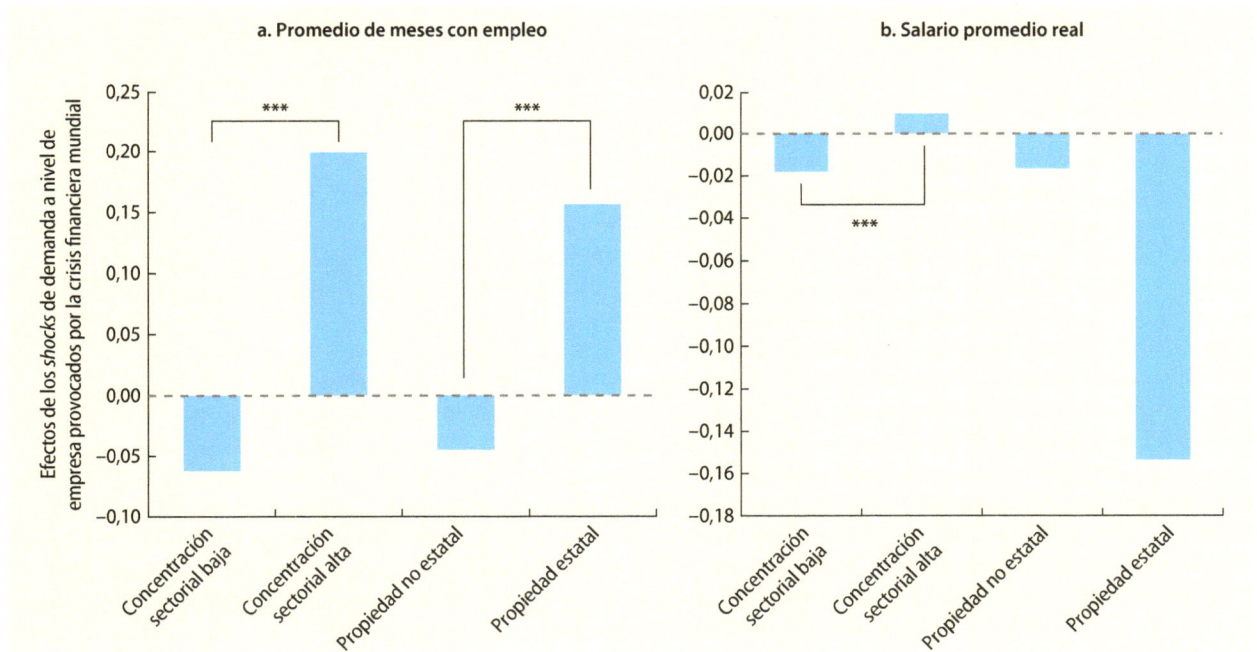

a. Promedio de meses con empleo

b. Salario promedio real

Fuente: Fernandes y Silva 2021.
Nota: Este gráfico muestra los efectos de los *shocks* de demanda a nivel de empresa, provocados por la crisis financiera mundial (2008), en el número promedio de meses que los trabajadores brasileños tuvieron un empleo formal y los salarios mensuales reales promedio entre 2009 y 2017 en sectores de baja y alta concentración, en el primer grupo de barras. Los sectores de alta concentración tienen un índice de concentración del empleo de Herfindahl e Hirschman dentro del sector por encima de la mediana. El segundo grupo de barras del gráfico muestra los efectos de los *shocks* de demanda a nivel de empresa, provocados por la crisis financiera mundial (registrados entre 2008 y 2009), en empresas de propiedad pública y en empresas de propiedad privada. Las estimaciones negativas implican mayores reducciones en el resultado correspondiente entre trabajadores empleados en el momento de la crisis financiera mundial en empresas que soportaron mayores reducciones de la demanda externa (en comparación con empresas menos afectadas). Cada gráfico muestra los coeficientes de dos regresiones diferentes: una para el primer grupo de dos barras, y la otra para el segundo grupo de dos barras.
*** ** y * indican los niveles de significación 1 %, 5 % y 10 %, respectivamente, de la prueba "t", que indica si la diferencia en los coeficientes entre categorías de trabajadores es significativa.

Al mismo tiempo, la concentración de mercado se asocia con mayores diferencias entre los precios de producción y los costos a nivel de empresa (es decir, «márgenes de beneficio» más altos). En algunos casos, los márgenes de beneficio más altos generan beneficios que las empresas podrían compartir con sus empleados. Una «prima» específica a la empresa es el término utilizado para describir lo que ocurre cuando una empresa comparte con sus empleados los beneficios que sobrepasan la consecución de ciertos objetivos en forma de paga extra. Las empresas también podrían ofrecer a los trabajadores salarios por encima de los salarios más competitivos para evitar abandonos o fomentar la lealtad a la empresa y reducir la elusión de responsabilidades. Trabajos recientes demuestran la importancia de primas específicas a las empresas que se pueden dividir entre los trabajadores a través de procesos de negociación colectiva (Card, Cardoso y Kline 2016).

Varios estudios sugieren que una mayor concentración de mercado se asocia con una menor desigualdad salarial porque las empresas que ganan primas bonifican a sus trabajadores. Por ejemplo, Magalhaes, Sequeira y Alfonso (2019) observan que la desigualdad (medida como la relación entre los salarios de los trabajadores más cualificados y los salarios de los trabajadores menos cualificados) es menor cuando la industria local está más concentrada (medida por el índice de Herfindahl e Hirschman).

Sin embargo, una menor concentración del mercado de productos también podría correlacionarse con una mayor competencia entre los trabajadores, pero puede ayudar a amortiguar los efectos negativos de la pérdida de empleo y los efectos permanentes. Cuando se produce una mayor concentración de empresas en un área que valora un conjunto específico de cualificaciones, los trabajadores con dichas cualificaciones incurren en menos pérdidas tras la pérdida de empleo (Green 2012; Neffke, Otto e Hidalgo 2018). Asimismo, Yang (2014) concluye que una mayor aglomeración, definida como un aumento en el número de empresas dentro de un sector determinado en una región, reduce las tasas de desempleo en dicho sector, pero se asocia con tasas de desempleo más altas en la región. Existe un número más reducido de estudios que se centra en el ajuste del empleo a los *shocks* cuando entran en juego las primas salariales. Orazem, Vodopivec y Wu (2005) demuestran que, al menos en el caso de Eslovenia, las empresas con mayores beneficios recortan menos trabajadores que las empresas con menores beneficios cuando se exponen a *shocks* negativos de producción.

En este contexto, la concentración del mercado de productos puede afectar a la magnitud y distribución de los ajustes del mercado laboral a las crisis. Este efecto es particularmente relevante en América Latina, donde hay algunos indicios de asignación deficiente de los recursos a favor de empresas con conexiones políticas. El valor del capital político se ha estudiado en diferentes contextos de la región. Por ejemplo, durante el régimen de Pinochet en Chile (1973–90), las empresas vinculadas a la dictadura eran relativamente improductivas y se beneficiaban de una asignación deficiente de los recursos, y estas distorsiones persistieron a medida que el país transitó hacia la democracia (González y Prem 2020). En Brasil, después de auditorías anticorrupción, los municipios registraron un aumento de la actividad económica concentrada en sectores con una mayor dependencia en las relaciones gubernamentales. También se encontraron indicios de patrocinio en Brasil en la selección de trabajadores para organismos del sector público (Colonnelli, Prem y Teso 2020). En Ecuador, donde se ha demostrado que las conexiones políticas conllevan una asignación deficiente de los contratos públicos, las empresas que establecen vínculos con la administración tienen más probabilidades de obtener un contrato gubernamental (Brugués, Brugués y Giambra 2018). En Costa Rica, Alfaro-Urena, Manelici y Vásquez (2019) observan grandes cambios en los beneficios recaudados por las empresas cuando estas comienzan a abastecer a corporaciones multinacionales. En general, De Loecker *et al.* (2020) concluyen que los márgenes de beneficio son muy altos en América Latina en comparación con otros continentes.

Aunque la literatura existente demuestra que existe una relación entre la concentración del mercado de productos (y aglomeración), los salarios y el desempleo, pocos estudios se centran en la relación entre la concentración y los efectos permanentes del mercado laboral. Para llenar este vacío, Fernandes y Silva (2021) emplean microdatos detallados para evaluar los cambios en el empleo y los salarios a nivel de trabajador según el tipo de estructura de mercado y el tipo de empresa. Los resultados se presentan en el gráfico 3.8. Demuestran, por ejemplo, que los trabajadores que en el momento de la crisis trabajaban en mercados con una menor concentración de mercado incurren en mayores efectos permanentes. En estos sectores menos concentrados, los salarios y el empleo más bajos son un reflejo de la respuesta a los *shocks*, tal como predice la teoría económica. Por el contrario, en los sectores en los que pocas empresas controlan una gran cuota del mercado, un *shock* negativo de demanda no produce pérdidas de empleo —en lugar de ello, el empleo aumenta— y los salarios no se ajustan. Estos resultados coinciden con la idea de que las empresas con más poder de mercado están más protegidas contra los *shocks* negativos. Aunque los trabajadores de estos sectores están mejor protegidos contra las crisis que otros trabajadores, los costos de dicha protección corren a cargo de la economía en su conjunto.

La existencia de una competencia imperfecta en los mercados de producción está aceptada entre los economistas (como afirman Card *et al*. 2018), y las preocupaciones sobre la competencia imperfecta en los mercados de productos de América Latina han surgido en los debates sobre políticas (OCDE 2015). Estos debates sobre políticas dependen fundamentalmente de la fuente de la concentración en estos mercados de productos. Hay varias fuentes potenciales, incluidas las barreras económicas a la entrada (como los grandes costos fijos), las barreras políticas a la entrada (como las protecciones o la normativa gubernamental) y las diferencias de productividad a nivel de empresa que provocan que las empresas más productivas expulsen a empresas menos productivas (Melitz 2003).

Varios trabajos recientes sugieren que los beneficios de las empresas predominan en los países en desarrollo y que con frecuencia se asocian con conexiones políticas, tanto en América Latina (Brugués, Brugués y Giambra 2018) como en otros lugares (Rijkers, Freund y Nucifora 2017). Las empresas estatales son un caso extremo de empresas con fuertes conexiones políticas. Dichas empresas son menos rentables en general y tienen mayores coeficientes trabajo/capital que las empresas privadas (Dewenter y Malatesta 2001). Aunque existe una extensa literatura sobre las diferencias en las opciones de empleo entre empresas estatales y privadas, hay escasa evidencia empírica que compare las diferencias en el ajuste del empleo a los *shocks* entre las empresas protegidas por el estado y las no protegidas.

Para cubrir este vacío, Fernandes y Silva (2021) comparan el cambio en el empleo tras un *shock* negativo en empresas estatales y privadas. Los autores observan que las empresas estatales se ajustaron menos a lo largo del margen intensivo (los meses de trabajo de los trabajadores) en respuesta a la crisis financiera mundial de 2008–2009 porque dichas empresas estaban protegidas contra el *shock*.

Lugares: el rol de las oportunidades locales y la informalidad

Hasta ahora, este capítulo ha explorado las diferencias potenciales en los efectos permanentes causados por diferencias en las características personales (demográficas) y las características de las empresas. Una tercera dimensión que podría afectar a los efectos permanentes del mercado laboral son las características de los mercados laborales locales en los que los trabajadores residen y trabajan. Estudios recientes han prestado cada vez más atención a los importantes costos que soportan los trabajadores cuando se desplazan entre ciudades o industrias. Dix-Carneiro (2014) estima que la mediana del costo directo de movilidad al que hacen frente los trabajadores cuando cambian de sectores varía de 1,4 a 2,7 veces el salario anual promedio. Artuc, Chaudhuri y McLaren (2010), y Artuc y McLaren (2015) obtienen estimaciones similares para el costo de la transición entre sectores. Según algunas estimaciones, los costos de cambiar de ubicación pueden ser hasta siete veces los ingresos anuales promedio (Bayer, Keohane y Timmins 2009; Bishop 2008; Kennan y Walker 2011).[3] En consecuencia, los trabajadores, (especialmente los trabajadores con salarios bajos) tienden a establecer un vínculo más estrecho con sus mercados laborales locales de lo que se pensaba anteriormente.

Dichos vínculos con los mercados laborales locales implican que las características de los mercados podrían desempeñar un papel importante en la configuración de los efectos permanentes del mercado laboral. Por ejemplo, Meekes y Hassink (2019) señalan que el mercado inmobiliario local afecta significativamente a los trabajadores después de las pérdidas de empleo; el efecto de desplazamiento en la probabilidad de cambiar de domicilio es negativo. Las conclusiones de la sección anterior ya sugieren que el grado de concentración en una industria podría afectar al empleo y los salarios. Vivir en una «ciudad empresarial» ofrece oportunidades muy diferentes a vivir en un área metropolitana grande y diversificada. El grado de informalidad del mercado laboral es importante.

La informalidad puede afectar a los efectos permanentes de diversas maneras, y no todas apuntan en la misma dirección. Para muchos trabajadores, especialmente en la región de ALC, el mercado laboral informal se considera una red de protección social que reemplaza la función tradicional del seguro social. Los trabajadores que pierden empleos en el sector formal y no encuentran un apoyo familiar o gubernamental no tienen más remedio que aceptar las oportunidades de empleo disponibles. Cuando los requisitos legales para crear o gestionar un negocio no se cumplen de manera estricta, los trabajadores pueden tener más facilidades para establecerse con un negocio informal (como las ventas ambulantes, o *tianguis*, muy frecuentes en México) que para recuperar el empleo formal. Por tanto, el empleo en el sector informal puede ofrecer oportunidades para la acumulación de capital humano a través de la experiencia y el espíritu empresarial.

Sin embargo, la presencia de un importante sector informal podría indicar una aplicación imperfecta del salario mínimo u otras normativas laborales. En muchos casos, los empresarios del sector informal ofrecen servicios a las empresas exportadoras y a las empresas del sector formal que ayudan a dichas empresas a suavizar las fluctuaciones de la demanda. Debido a los diversos costos a nivel de empresa para ajustar el empleo, las empresas del sector formal prefieren mantener una mano de obra formal relativamente constante. En algunos casos, la legislación sobre empleo incluso incita a las empresas a contratar menos trabajadores de los que contratarían durante los periodos de mayor actividad. En cambio, cuando aumenta la demanda, las empresas exportadoras del sector formal subcontratan a empresas informales o contratan trabajadores de manera informal para hacer frente al aumento de la demanda; y cuando la demanda se contrae, las empresas del sector formal simplemente reducen sus pedidos y empleos del sector informal o reducen el empleo de trabajadores informales, al mismo tiempo que mantienen el empleo formal más o menos constante. Por lo tanto, los trabajadores formales en áreas con una alta informalidad podrían tener dificultades en términos de crecimiento salarial porque la oferta esencialmente infinita de trabajadores informales disponibles para ocupar puestos no cubiertos debilita el vínculo entre el aumento de la demanda de mano de obra y la necesidad de que las empresas aumenten sus salarios. Este efecto genera resultados similares a los de los efectos permanentes del mercado laboral, pero, por otro lado, la pérdida de empleo en el sector formal podría ser menor en estas localidades que en las que existe menos informalidad.

Un trabajo reciente desarrollado para este estudio arroja luz sobre esta aparente contradicción a varios niveles. En primer lugar, Fernandes y Silva (2021) observan que los trabajadores formales de municipios con mayores niveles de informalidad perdieron menos en la crisis financiera mundial. En particular, en un país dado, el documento halla menores pérdidas de empleo y salarios entre trabajadores formales afectados por los *shocks* que viven en mercados laborales locales menos formales, lo que sugiere que los efectos a medio plazo de las crisis en el desempleo son menores para trabajadores formales en lugares donde la informalidad es mayor. Es irónico que los efectos de las crisis podrían incluso pasar de negativos a positivos para trabajadores en municipios con altas tasas de informalidad. Estos resultados concuerdan con la idea de que (a) ante la informalidad manifiesta, las empresas

formales podrían emplear trabajadores informales, y (b) las empresas reducen el empleo de dichos trabajadores, en lugar de los trabajadores formales, cuando se producen *shocks* negativos de exportaciones (gráfico 3.9). En este contexto, la informalidad podría aumentar la flexibilidad *de facto* para que las empresas y los trabajadores se repongan a los *shocks* negativos. Este resultado confirma los ya publicados por Dix-Carneiro y Kovak (2019) y Ponczek y Ulyssea (2018) sobre el efecto de la liberalización comercial en Brasil.

Este estudio también concluye que los trabajadores de localidades con más oportunidades laborales (alternativas) se recuperan mejor de las crisis. En concreto, se identifican mayores pérdidas y más duraderas en el empleo (y a veces en los salarios) tras una crisis entre trabajadores formales de localidades con sectores primarios más grandes, sectores de servicios más pequeños, menos empresas grandes y una producción altamente concentrada en el mismo sector donde los trabajadores tenían un empleo

GRÁFICO 3.9 **Efectos de la crisis financiera mundial en los trabajadores de Brasil, por nivel de informalidad del mercado laboral local**

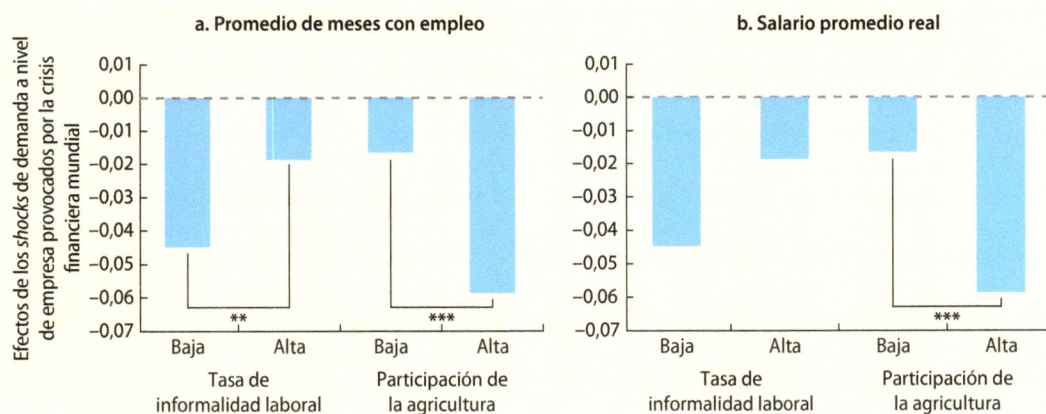

Fuente: Fernandes y Silva 2021.
Nota: Este gráfico muestra los efectos de los *shocks* de demanda a nivel de empresa, provocados por la crisis financiera mundial (2008), en los trabajadores brasileños, en términos de número promedio de meses de empleo formal y salarios mensuales reales promedio entre 2009 y 2017, y en alta y baja informalidad. Los municipios de alta informalidad son aquellos con un nivel de informalidad por encima de la mediana. Las barras de participación de la agricultura en cada panel muestran los efectos de los *shocks* de demanda a nivel de empresa, provocados por la crisis financiera mundial (2008-2009), en las empresas ubicadas en municipios con altas y bajas participaciones del empleo en el sector agrícola. Las estimaciones negativas implican mayores reducciones en el resultado correspondiente entre trabajadores empleados en el momento de la crisis financiera mundial en empresas que soportaron mayores reducciones de la demanda externa (en comparación con empresas menos afectadas). Cada panel muestra los coeficientes de dos regresiones diferentes: una para el primer grupo de dos barras, y la otra para el segundo grupo de dos barras.
***, ** y * indican los niveles de significación 1 %, 5 % y 10 %, respectivamente, de la prueba "t", que indica si la diferencia en los coeficientes entre categorías de trabajadores es significativa.

antes de la crisis (Fernandes y Silva 2021). Las pérdidas de ingresos persistentes de dichos trabajadores podrían reflejar la falta de oportunidades durante la recuperación, no solo los «efectos permanentes» en el sentido tradicional de una pérdida persistente de capital humano asociada con un período de desempleo o empleo de menor calidad.

Conclusión

Las crisis pueden provocar efectos a largo plazo en los mercados laborales a través de dos canales principales. Primero, las crisis podrían tener efectos a largo plazo en las perspectivas de crecimiento de una región, en la medida en que provocan interrupciones en el empleo que destruyen o reducen el capital humano de dicha región.[4] La acumulación de capital humano es fundamental para el crecimiento económico continuo y los beneficios sociales de una región. Si bien la acumulación de capital humano de un país es un factor determinante del crecimiento a través de su rol como insumo en la producción (Mincer 1984), los investigadores también han enfatizado su contribución al crecimiento a través de un aumento de la innovación y productividad, y la adopción de las últimas tecnologías (Benhabib y Spiegel 1994; Nelson y Phelps 1966; Romer 1990).

El segundo canal por el que las crisis pueden conducir a cambios en el empleo con efectos a largo plazo en el crecimiento es al provocar una redistribución de trabajadores y empresas (por ejemplo, entre sectores u ocupaciones) o al alterar el uso de la tecnología por parte de las empresas (por ejemplo, la combinación de distintos insumos por parte de las empresas). Esta redistribución da lugar tanto a la destrucción de puestos de trabajo (que supone un resultado inmediato) como a la ralentización de la creación de puestos de trabajo por la fricción del mercado. Los resultados presentados en este capítulo sugieren que ambos canales intervienen en América Latina.

Los datos presentados también sugieren que las crisis tienen efectos permanentes: aunque no en todos los trabajadores, sí en muchos de ellos. Algunos trabajadores se recuperarán del desplazamiento y otros *shocks* de medios de subsistencia, mientras que otros sufren efectos permanentes. Por ejemplo, en Brasil y Ecuador, los efectos de una crisis en el empleo y los salarios de los trabajadores se mantienen latentes durante un promedio de 9 años después del inicio de una crisis. Llama la atención que un *shock* temporal conlleve el tipo de efectos que normalmente se asocian con grandes *shocks* permanentes, como la liberalización comercial.[5] Este resultado sugiere que conseguir que la tasa de crecimiento económico aumente a largo plazo en la región de ALC dependerá de que las medidas de respuesta de la región prevengan de manera eficaz la destrucción innecesaria de capital humano y capacidades empresariales.

Para los trabajadores menos cualificados (quienes no han recibido educación superior) las pérdidas de ingresos causadas por las crisis son persistentes. Los trabajadores que cursaron estudios de educación superior apenas sufren los impactos de las crisis sobre sus salarios, aunque sí los impactos de corta duración sobre el empleo. No obstante, es interesante señalar que las respuestas a la crisis financiera mundial de 2008–2009 fueron similares entre todos los trabajadores, independientemente del género, y entre trabajadores con una participación previa alta y baja en el mercado laboral formal. Quienes se incorporan al mercado laboral durante una crisis afrontan un comienzo profesional más desfavorable y del que es difícil recuperarse. Aunque los mecanismos específicos y la duración de los efectos permanentes pueden variar entre hombres y mujeres, la narrativa general es similar en todos los países de ALC: tanto en el caso de los hombres como en el de las mujeres, los efectos permanentes son más probables para quienes tienen niveles más bajos de escolaridad en comparación con quienes han recibido educación universitaria, y es mucho más probable que ocurran por medio de resultados de empleo que de salarios más bajos.

En este contexto, resulta crucial que los recursos se reorienten y lleguen de manera eficaz a las personas más afectadas. Sin embargo, si los trabajadores de las localidades donde hay más oportunidades de empleo se recuperan mejor de las crisis (tal como se observa en este estudio) —ya sea porque ofrecen más oportunidades de empleo informales o porque el conjunto de empleadores disponibles (empresas más grandes y sectores de servicios más grandes con empleos compatibles) es más accesible para encontrar nuevos empleos— es posible que las pérdidas de ingresos observadas entre otros trabajadores no constituyan efectos permanentes en el sentido tradicional de pérdida de capital humano, sino que más bien sean un síntoma de falta de oportunidades. En este caso, abordar el problema únicamente desde una perspectiva basada en los trabajadores no lo resolverá.

Los efectos en los trabajadores descritos anteriormente tienen importantes implicaciones para la equidad y la pobreza. Además, como demuestra este informe, también pueden afectar a la eficiencia a largo plazo. La crisis no solo destruye puestos de trabajo, sino que también altera la futura productividad. Se dan dos hechos que coinciden con la lenta recuperación de los puestos de trabajo. Primero, las crisis pueden tener efectos persistentes en el uso de tecnología de las empresas existentes, y en el tamaño y la capacidad de las nuevas empresas que se crean durante las crisis. Las empresas preexistentes ajustan su demanda de cualificaciones, el atractivo de los productos y los márgenes de beneficio tras los *shocks* de demanda. Por ejemplo, Fernandes y Silva (2021) observan que, en respuesta a la crisis financiera mundial, las empresas brasileñas y ecuatorianas aumentaron su coeficiente capital/trabajador. Las crisis también aumentan el contenido de cualificaciones de producción: se ha demostrado que la participación de mano de obra cualificada en el empleo total aumenta tras los *shocks* negativos de demanda externa en países como Argentina (Brambilla, Lederman y Porto 2012), Brasil (Mion, Proenca. y Silva 2020) y Colombia (Fieler, Eslava y Xu 2018). Segundo, las empresas que se crean en tiempos de crisis sufren retrasos de crecimiento, lo que significa que crecen más lentamente a lo largo de su ciclo de vida, incluso cuando mejora la coyuntura. Si las empresas inician su actividad durante un periodo de baja demanda, tienen más dificultades para desarrollar una red de clientes y aprender a trabajar adecuadamente con ellos, y esta deficiencia perdurará durante mucho tiempo. Si los puestos de trabajo tardan en recuperarse después de una crisis debido a los efectos permanentes que sufren las empresas en este sentido más amplio, es posible que tener políticas que aborden los efectos permanentes del mercado laboral no sea suficiente para resolver el problema, tal como se analiza en el siguiente capítulo.

Otro mecanismo clave a considerar es la depuración. Las empresas menos productivas podrían dejar de ser rentables y desaparecer durante una recesión más fácilmente que aquellas que son altamente productivas. Sin embargo, es posible que las empresas existentes no sufran el impacto total de una caída en la demanda si dicha caída se compensa con una reducción de la tasa de creación. Los efectos de destrucción y redistribución son positivos, pero solo si la creación de empleo aumenta después de la crisis. Una vez que se incluyen las dimensiones de espacio y empresa del ajuste del mercado laboral a las crisis, queda clara la relevancia de la demanda. Es importante destacar que los resultados indican que los sectores y las empresas protegidos se ajustan menos durante las crisis (Fernandes y Silva 2021), lo que sugiere que dichos sectores están menos expuestos a un efecto depurador.

Notas

1. Véanse, por ejemplo, Brunner y Kuhn (2014) para datos sobre Austria; Genda, Kondo y Ohta (2010) para Japón y EE. UU.; Kwon, Milgrom y Hwang (2010) para Suecia y EE. UU.; y Kahn (2010) para EE. UU.
2. Estos estudios incluyen Burda y Mertens (2001); Couch (2001); Davis y Von Wachter 2011; Fallick (1996); Flaaen, Shapiro y Sorkin (2019); Hyslop y Townsend (2019); Kletzer (1998); Krolikowski (2017); Lachowska, Mas, y Woodbury (2018); Menezes-Filho (2004); y Ruhm (1991a, 1991b).

3. Existen importantes diferencias en los determinantes de la movilidad entre los distintos países de la región de ALC. Se está elaborando un informe sobre «desarrollo espacial» que analiza dichos determinantes en la región.

4. Las crisis también pueden provocar efectos permanentes en las empresas al imponer un costo fijo a las empresas —del que es posible que no puedan recuperarse las empresas con limitaciones financieras —, y una pérdida de capital humano específico a la empresa.

5. La literatura sobre comercio internacional muestra grandes y duraderos ajustes dinámicos del mercado laboral a los *shocks* de comercio (véanse, por ejemplo, Autor et al. 2014; Dauth, Findeisen y Suedekum 2017; Dauth *et al.* 2019; Dix-Carneiro y Kovak 2017, 2019; y Utar 2018).

Referencias

Alfaro-Urena, A., I. Manelici y J. P. Vasquez. 2019. "The Effects of Multinationals on Workers: Evidence from Costa Rica." Manuscrito inédito.

Amarante, V., R. Arim y A. Dean. 2014. "The Effects of Being out of the Labor Market on Subsequent Wages: Evidence for Uruguay." *Journal of Labor Research* 35 (1): 39–62.

Arias-Vázquez, F. J., D. Lederman y L. Venturi. 2019. "Transitions of Workers Displaced due to Firm Closure." Manuscrito inédito.

Artuc, E. y J. McLaren. 2015. "Trade Policy and Wage Inequality: A Structural Analysis with Occupational and Sectoral Mobility." *Journal of International Economics* 97: 278–94.

Artuc, E., S. Chaudhuri y J. McLaren. 2010. "Trade Shocks and Labor Adjustment: A Structural Empirical Approach." *American Economic Review* 100: 1008–45.

Arulampalam, W. 2001. "Is Unemployment Really Scarring? Effects of Unemployment Experiences on Wages." *Economic Journal* 111 (475): 585–606.

Autor, D. H., D. Dorn y G. H. Hanson. 2013. "The China Syndrome: Local Labor Market Effects of Import Competition in the United States." *American Economic Review* 103 (6): 2121–68.

Autor, D. H., D. Dorn G. H. Hanson y J. Song. 2014. "Trade Adjustment: Worker-Level Evidence." *Quarterly Journal of Economics* 129 (4): 1799–1860.

Bayer, P., N. Keohane y C. Timmins. 2009. "Migration and Hedonic Valuation: The Case of Air Quality." *Journal of Environmental Economics and Management* 58: 1–14.

Benhabib, J. y M. M. Spiegel. 1994. "The Role of Human Capital in Economic Development: Evidence from Aggregate Cross-Country Data." *Journal of Monetary Economics* 34 (2): 143–73.

Beylis, G., R. Fattal Jaef, M. Morris, A. Rekha Sebastian y R. Sinha. 2020. "*Going Viral: COVID-19 and the Accelerated Transformation of Jobs in Latin America and the Caribbean.*" Estudios de América Latina y el Caribe del Banco Mundial. Washington, DC: Banco Mundial.

Bishop, K. C. 2008. "A Dynamic Model of Location Choice and Hedonic Valuation." Manuscrito inédito, Washington University in St. Louis, 5.

Brambilla, I., D. Lederman y G. Porto. 2012. "Exports, Export Destinations, and Skills." *American Economic Review* 102 (7): 3406–38.

Brugués, F., J. Brugués y S. Giambra. 2018. "Political Connections and Misallocation of Procurement Contracts: Evidence from Ecuador." Departamento de investigación, documento de trabajo 1394, CAF-Banco de Desarrollo de América Latina, Caracas, Venezuela.

Brunner, B. y A. Kuhn. 2014. "The Impact of Labor Market Entry Conditions on Initial Job Assignment and Wages." *Journal of Population Economics* 27 (3): 705–38.

Burda, M. C. y A. Mertens. 2001. "Estimating Wage Losses of Displaced Workers in Germany." *Labour Economics* 8 (1): 15–41.

Burdett, K., C. Carrillo-Tudela y M. Coles. 2020. "The Cost of Job Loss." *Review of Economic Studies* 87 (4): 1757–98.

Campos-Vázquez, R. 2010. "The Effects of Macroeconomic Shocks on Employment: The Case of Mexico." *Estudios Económicos* 25 (1): 177–246.

Card, D., A. R. Cardoso J. Heining y P. Kline. 2018. "Firms and Labor Market Inequality: Evidence and Some Theory." *Journal of Labor Economics* 36 (S1): 13–70.

Card, D., A. R. Cardoso y P. Kline. 2016. "Bargaining, Sorting, and the Gender Wage Gap: Quantifying the Impact of Firms on the

Relative Pay of Women." *Quarterly Journal of Economics* 131 (2): 633–86.

Carneiro, A., P. Guimarães y P. Portugal. 2012. "Real Wages and the Business Cycle: Accounting for Worker, Firm, and Job Title Heterogeneity." *American Economic Journal: Macroeconomics* 4 (2): 133–52.

Carrington, W. J. 1993. "Wage Losses for Displaced Workers: Is It Really the Firm That Matters?" *Journal of Human Resources* 28 (3): 435–62.

Carrington, W. J. y B. Fallick. 2017. "Why Do Earnings Fall with Job Displacement?" *Industrial Relations* 56 (4): 688–722.

Colonnelli, E., M. Prem y E. Teso. 2020. "Patronage and Selection in Public Sector Organizations." *American Economic Review* 110 (10): 3071–99.

Couch, K. A. 2001. "Earnings Losses and Unemployment of Displaced Workers in Germany." *Industrial and Labor Relations Review* 54 (3): 559–72.

Cruces, G., A. Ham y M. Viollaz. 2012. "Scarring Effects of Youth Unemployment and Informality: Evidence from Brazil." Documento de trabajo del Centro de Estudios Distributivos, Laborales y Sociales (CEDLAS), Departamento de Economía, Universidad Nacional de la Plata, Argentina.

Dauth, W., S. Findeisen y J. Suedekum. 2016. "Adjusting to Globalization: Evidence from Worker-Establishment Matches in Germany." Düsseldorf Institute for Competition Economics (DICE) Documento de consulta 205, Universidad Heinrich Heine, Düsseldorf, Germany.

Dauth, W., S. Findeisen y J. Suedekum. 2017. "Trade and Manufacturing Jobs in Germany." *American Economic Review* 107 (5): 337–42.

Dauth, W., S. Findeisen, J. Suedekum y N. Woessner. 2019. "The Adjustment of Labor Markets to Robots." Universidad de Würzburg, Würzburg, Alemania.

Davis, S. J. y T. M. Von Wachter. 2011. "Recessions and the Cost of Job Loss." Documento de trabajo 17638, National Bureau of Economic Research, Cambridge, Massachusetts, Estados Unidos.

De Loecker, J. J. Eeckhout y G. Unger. 2020. "The Rise of Market Power and the Macroeconomic Implications." *Quarterly Journal of Economics* 135 (2): 561–644.

Dell, M., B. Feigenberg y K. Teshima. 2019. "The Violent Consequences of Trade-Induced Worker Displacement in Mexico." *American Economic Review: Insights* 1 (1): 43–58.

Devereux, P. J. 2004. "Cyclical Quality Adjustment in the Labor Market." *Southern Economic Journal* 70 (3): 600–15.

Dewenter, K. y P. Malatesta. 2001. "State-Owned and Privately Owned Firms: An Empirical Analysis of Profitability, Leverage, and Labor Intensity." *American Economic Review* 91: 320–34.

Dix-Carneiro, R. 2014. "Trade Liberalization and Labor Market Dynamics." *Econometrica* 82: 825–85.

Dix-Carneiro, R. y B. K. Kovak. 2017. "Trade Liberalization and Regional Dynamics." *American Economic Review* 107 (10): 2908–46.

Dix-Carneiro, R. y B. K. Kovak. 2019. "Margins of Labor Market Adjustment to Trade." *Journal of International Economics* 117: 125–42.

Fallick, B. C. 1996. "A Review of the Recent Empirical Literature on Displaced Workers." *Industrial and Labor Relations Review* 50 (1): 5–16.

Farber, H. S. 2003. "Job Loss in the United States, 1981–2001." Documento de trabajo 471, Industrial Relations Section, Universidad de Princeton, Princeton, Nueva Jersey, Estados Unidos.

Fernandes, A. y J. Silva. 2021. "Labor Market Adjustment to External Shocks: Evidence for Workers and Firms in Brazil and Ecuador." Documento de referencia preparado para este informe. Banco Mundial, Washington, DC.

Fieler, A. C., M. Eslava y D. Y. Xu. 2018. "Trade, Quality Upgrading, and Input Linkages: Theory and Evidence from Colombia." *American Economic Review* 108 (1): 109–46.

Flaaen, A., M. D. Shapiro e I. Sorkin. 2019. "Reconsidering the Consequences of Worker Displacements: Firm versus Worker Perspective." *American Economic Journal: Macroeconomics* 11 (2): 193–227.

Freije, S., G. López-Acevedo y E. Rodríguez-Oreggia. 2011. "Effects of the 2008–09 Economic Crisis on Labor Markets in Mexico." Documento de trabajo sobre investigación de políticas 5840, Banco Mundial, Washington, DC.

Genda, Y., A. Kondo y S. Ohta. 2010. "Long-Term Effects of a Recession at Labor Market Entry in Japan and the United States." *Journal of Human Resources* 45 (1): 157–96.

González, F. y M. Prem. 2020. "Losing Your Dictator: Firms during Political Transition." *Journal of Economic Growth* 25 (2): 227–57.

Green, C. P. 2012. "Short Term Gain, Long Term Pain: Informal Job Search Methods and Post-Displacement Outcomes." *Journal of Labor Research* 33 (3): 337–52.

Gregg, P. y E. Tominey. 2005. "The Wage Scar from Male Youth Unemployment." *Labour Economics* 12 (4): 487–509.

Gregory, M. y R. Jukes. 2001. "Unemployment and Subsequent Earnings: Estimating Scarring among British Men." *Economic Journal* 111 (475): 607–25.

Hardoy, I. y P. Schone. 2013. "No Youth Left Behind? The Long-Term Impact of Displacement on Young Workers." *Kyklos* 66 (3): 342–64.

Howland, M. y G. E. Peterson. 1988. "Labor Market Conditions and the Reemployment of Displaced Workers." *Industrial and Labor Relations Review* 42 (1): 109–22.

Hyslop, D. R. y W. Townsend. 2019. "The Longer-Term Impacts of Job Displacement on Labour Market Outcomes in New Zealand." *Australian Economic Review* 52 (2): 158–77.

Jacobson, L. S., R. J. LaLonde y D. G. Sullivan. 1993a. "Earnings Losses of Displaced Workers." *American Economic Review* 83 (4): 685–709.

Jacobson, L. S., R. J. LaLonde y D. G. Sullivan. 1993b. *The Costs of Worker Dislocation.* Kalamazoo, MI: W. E. Upjohn Institute for Employment Research.

Janssen, S. 2018. "The Decentralization of Wage Bargaining and Income Losses after Worker Displacement." *Journal of the European Economic Association* 16 (1): 77–122.

Jovanovic, B. 1979. "Job matching and the theory of turnover." *Journal of Political Economy* 87 (5): 972–90.

Kahn, L. B. 2010. "The Long-Term Labor Market Consequences of Graduating from College in a Bad Economy." *Labour Economics* 17 (2): 303–16.

Kaplan, D. S., G. M. González y R. Robertson. 2007. *Mexican Employment Dynamics: Evidence from Matched Firm-Worker Data.* Washington, DC: Banco Mundial.

Kennan, J. y J. R. Walker. 2011. "The Effect of Expected Income on Individual Migration Decisions." *Econometrica* 79 (1): 211–51.

Kletzer, L. G. 1998. "Job Displacement." *Journal of Economic Perspectives* 12 (1): 115–36.

Koeber, C. y D. W. Wright. 2001. "Wage Bias in Worker Displacement: How Industrial Structure Shapes the Job Loss and Earnings Decline of Older American Workers." *Journal of Socio-Economics* 30 (4): 343–52.

Krolikowski, P. 2017. "Job Ladders and Earnings of Displaced Workers." *American Economic Journal: Macroeconomics* 9 (2): 1–31.

Kwon, I., E. M. Milgrom y S. Hwang. 2010. "Cohort Effects in Promotions and Wages: Evidence from Sweden and the United States." *Journal of Human Resources* 45 (3): 772–808.

Lachowska, M., A. Mas y S. A. Woodbury. 2018. "Sources of Displaced Workers' Long-Term Earnings Losses." Documento de trabajo 24217, National Bureau of Economic Research, Cambridge, Massachusetts, Estados Unidos.

Liu, K., K. G. Salvanes y E. Ø. Sørensen. 2016. "Good Skills in Bad Times: Cyclical Skill Mismatch and the Long-Term Effects of Graduating in a Recession." *European Economic Review* 84: 3–17.

Magalhães, M., T. Sequeira y Ó Afonso. 2019. "Industry Concentration and Wage Inequality: A Directed Technical Change Approach." *Open Economies Review* 30: 457–81.

Martinoty, L. 2016. "Initial Conditions and Lifetime Labor Outcomes: The Persistent Cohort Effect of Graduating in a Crisis." Mimeo.

McCarthy, N. y P. W. Wright. 2018. "The Impact of Displacement on the Earnings of Workers in Ireland." *Economic and Social Review* 49 (4): 373–417.

Meekes, J. y W. H. J. Hassink. 2019. "The Role of the Housing Market in Workers' Resilience to Job Displacement after Firm Bankruptcy." *Journal of Urban Economics* 109: 41–65.

Melitz, M. J. 2003. "The Impact of Trade on Intra-industry Reallocations and Aggregate Industry Productivity." *Econometrica* 71 (6): 1695–1725.

Menezes-Filho, N. 2004. "Costs of Displacement in Brazil." Universidad de San Pablo, Brasil.

Mincer, J. 1984. "Human Capital and Economic Growth." *Economics of Education Review* 3 (3): 195–205.

Mion, G., R. Proenca y J. Silva. 2020. "Trade, Skills, and Productivity." Mimeo.

Moreira, S. 2016. "Firm Dynamics, Persistent Effects of Entry Conditions, and Business Cycles." Universidad del Noroeste, Illinois, Estados Unidos.

Moreno, L. y S. Sousa. 2021. "Early Employment Conditions and Labor Scarring in Latin America." Documento de referencia preparado para este informe. Banco Mundial, Washington, DC.

Neffke, F. M. H., A. Otto y C. Hidalgo. 2018. "The Mobility of Displaced Workers: How the Local Industry Mix Affects Job Search." *Journal of Urban Economics* 108: 124–40.

Nelson, R. R. y E. S. Phelps. 1966. "Investment in Humans, Technological Diffusion, and Economic Growth." *The American Economic Review* 56 (1/2): 69–75.

OCDE (Organización de Cooperación y Desarrollo Económicos). 2015. "Competition and Market Studies in Latin America: The Case of Chile, Colombia, Costa Rica, Mexico, Panama and Peru." OCDE, París.

Orazem, P. F., M. Vodopivec y R. Wu. 2005. "Worker Displacement during the Transition: Experience from Slovenia." *Economics of Transition* 13 (2): 311–40.

Oreopoulos, P., M. Page y A. H. Stevens. 2008. "The Intergenerational Effects of Worker Displacement." *Journal of Labor Research* 26 (3): 455–83.

Ponczek, V. y G. Ulyssea. 2018. "Is Informality an Employment Buffer? Evidence from the Trade Liberalization in Brazil." Manuscrito inédito.

Rijkers, B., C. Freund y A. Nucifora. 2017. "All in the Family: State Capture in Tunisia." *Journal of Development Economics* 124 (C): 41–59.

Romer, P. M. 1990. "Endogenous Technological Change." *Journal of Political Economy* 98 (5, Parte 2): 71–102.

Ruhm, C. J. 1991a. "Are Workers Permanently Scarred by Job Displacements?" *American Economic Review* 81 (1): 319–24.

Ruhm, C. J. 1991b. "Displacement Induced Joblessness." *Review of Economics and Statistics* 73 (3): 517–22.

Solon, G., R. Barsky y J. A. Parker. 1994. "Measuring the Cyclicality of Real Wages: How Important Is Composition Bias?" *Quarterly Journal of Economics* 109 (1): 1–25.

Teulings, C. 1993. "The Diverging Effects of the Business Cycle on the Expected Duration of Job Search." *Oxford Economic Papers* 45: 482–500.

Utar, H. 2014. "When the Floodgates Open: 'Northern' Firms' Response to Removal of Trade Quotas on Chinese Foods." *American Economic Journal: Applied Economics* 6 (4): 226–50.

Utar, H. 2018. "Workers beneath the Floodgates: Low-Wage Import Competition and Workers' Adjustment." *Review of Economics and Statistics* 100 (4): 631–47.

Yagan, D. 2019. "Employment Hysteresis from the Great Recession." *Journal of Political Economy* 127 (5): 2505–58.

Yang, X. 2014. "Labor Market Frictions, Agglomeration, and Regional Unemployment Disparities." *Annals of Regional Science* 52 (2): 489–512.

Yi, M., S. Müller y J. Stegmaier. 2016. "Industry Mix, Local Labor Markets, and the Incidence of Trade Shocks." US Census Bureau, Suitland, Maryland, Estados Unidos.

Hacia una respuesta política integrada | 4

Introducción

No cabe duda de que un marco de políticas más relevante para mitigar, gestionar y ayudar a las personas a recuperarse de las crisis es fundamental para que los países de América Latina y el Caribe (ALC) logren aumentar sus tasas de crecimiento a largo plazo y mejorar su bienestar social. Los marcos macroeconómicos de los países de la región cambiaron drásticamente en la década de los noventa, al igual que las políticas laborales y de protección social a principios de los años 2000. Pero los cambios que han ocurrido en materia de políticas han sido relativamente pequeños desde entonces. La pandemia del COVID-19 y el estado letárgico de la economía mundial podrían prolongarse; al mismo tiempo, se están produciendo cambios estructurales en los mercados laborales. Dadas estas circunstancias, la respuesta a la crisis es ahora el foco de atención en el diálogo sobre políticas en la región de ALC.

Teniendo en cuenta los datos presentados en capítulos anteriores sobre la importancia de la demanda para el ajuste a las crisis y el triángulo de trabajadores, sectores y empresas, y localizaciones, ¿qué pueden hacer las políticas para mitigar los impactos de las crisis sobre los trabajadores y promover una recuperación más favorable? Este estudio demuestra que las crisis tienen un efecto negativo significativo sobre el bienestar social en la región de ALC y que los efectos permanentes del mercado laboral que se han documentado afectan al potencial de crecimiento económico de la región. Para mitigar el daño, los responsables de la formulación de políticas deberían diseñar y poner en práctica instrumentos que amortigüen los efectos a corto plazo de las crisis en los trabajadores; los impactos de los *shocks* se propagan de manera desigual entre los trabajadores y las empresas y muchos no recuperarán el trabajo, los salarios o los clientes perdidos. Los responsables de la formulación de políticas deben prestar la misma atención a la eficiencia que a la resiliencia, y promover la capacidad de recuperarse cuando se exponen a un *shock* negativo (lo que podría verse favorecido por un crecimiento económico saludable).

Este capítulo se basa en las conclusiones de los tres primeros capítulos para identificar los elementos necesarios de una respuesta política eficaz a las crisis en América Latina y el Caribe, con arreglo a estas perspectivas más amplias. Analiza las implicaciones políticas de las conclusiones de los capítulos anteriores, evalúa la capacidad de los sistemas existentes para hacer frente a los desafíos que plantea la respuesta a las crisis y analiza las posibles reformas, aunque no evalúa los impactos de las diferentes respuestas políticas propuestas. Los resultados de las políticas descritas y los detalles de su puesta en práctica se basan en la literatura existente, y los nuevos datos presentados sobre la eficacia de las reformas se basan en crisis previas de América Latina.

Las observaciones descritas en los capítulos anteriores sugieren que el éxito de las respuestas políticas a la crisis que desencadenó la pandemia del COVID-19 dependerá de si las medidas de la respuesta previenen eficazmente la destrucción innecesaria de capital humano y de empresas que serían viables en unas circunstancias diferentes, y de la calidad de las políticas nacionales complementarias y reformas que trascienden el mercado laboral. Amortiguar el impacto a corto plazo de la crisis por medio de políticas macroeconómicas, laborales y de protección social será crucial para evitar la pobreza y la destrucción excesiva de puestos de trabajo, dadas las pérdidas de empleo y salarios documentadas en este informe. Los marcos macroeconómicos prudentes y estables, y los estabilizadores automáticos son la primera área de respuesta para proteger los mercados laborales contra las crisis. Las políticas fiscales y monetarias prudentes pueden reducir la probabilidad y la gravedad de ciertos tipos de crisis y generan el espacio fiscal necesario para brindar apoyo y evitar tensiones financieras en todo el sistema si se producen crisis.

Además de las políticas macroeconómicas, el estabilizador automático típico utilizado en los países de la Organización de Cooperación y Desarrollo Económicos (OCDE) es el seguro de desempleo, del que carecen muchos países de la región de ALC. Este tipo de programa laboral y de protección social es fundamental para amortiguar los impactos de las crisis sobre los trabajadores formales. Sin embargo, muchos trabajadores de la región de ALC se ganan la vida en la economía informal y la mejor forma de proteger su consumo es a través de programas

de transferencias monetarias. Estos programas, que se enfocan en las necesidades de los hogares y no distinguen si el empleo perdido era formal o informal, suavizan el alcance del ajuste del mercado laboral y sus correspondientes impactos a corto y largo plazo sobre las personas más pobres y vulnerables. Dado que el reempleo es fundamental para evitar los efectos permanentes, los servicios de readaptación profesional y reempleo (los llamados «programas activos de mercado laboral») son un tercer tipo de programa laboral y de protección social esencial.

Aunque los sistemas laborales y de protección social pueden proteger a los trabajadores contra los impactos de las crisis, no abordan problemas estructurales que influyen en la magnitud de estos impactos y la capacidad de la economía para recuperarse. Este estudio destaca, por ejemplo, la dicotomía entre empresas protegidas y no protegidas de la región de ALC (causada por el poder de mercado del primer grupo) y la escasa movilidad geográfica entre los trabajadores de la región, dos factores que magnifican los efectos de los *shocks* en el bienestar social. También destaca focos de rigidez en las normativas laborales que están cambiando la naturaleza del trabajo y ralentizando las transiciones de los trabajadores de empleo a empleo. Por ende, las políticas de competencia, las políticas regionales y las normativas laborales constituyen una tercera dimensión clave de una respuesta política a las crisis. Estos importantes problemas estructurales también son la causa del ajuste deficiente de los mercados laborales de ALC a las crisis, y podrían requerir intervenciones a nivel de sector y localidad, además de intervenciones a nivel de trabajador y de la economía, y que interactúen con las necesidades y los incentivos de protección social.

Las características de los mercados laborales locales y las condiciones de los mercados de productos determinan la magnitud de los impactos de las crisis sobre los trabajadores. En términos de normativas del mercado laboral e instituciones, este estudio documenta un ajuste limitado por medio de las reducciones de horas, más ajuste a través del desempleo, y un sector informal que sirve como amortiguador en algunos países. Con respecto a las condiciones del mercado de productos, el estudio observa que los trabajadores inicialmente similares son objeto de resultados de empleo e ingresos diferentes debido a las diferencias en las estructuras de competencia de los distintos sectores. También documenta que las localidades en las que viven los trabajadores afectan a los impactos que sufren. Los resultados sugieren que las pérdidas salariales y de empleo tras las crisis son menores para los trabajadores formales que viven en zonas con mayor informalidad. ¿Por qué en algunos lugares hay una mayor transferencia de los efectos de las crisis a los trabajadores que en otros? Uno de los factores es que la movilidad geográfica de los trabajadores es menor de lo esperado por los economistas y los responsables de la formulación de políticas. Las limitaciones a la libre circulación crean fricciones en los mecanismos de ajuste del mercado laboral estilizados que pueden magnificar las pérdidas de bienestar social, como se demostró en capítulos anteriores. La respuesta política a las crisis debe abordar estos problemas estructurales de forma directa, de acuerdo con su grado de importancia en función del país o entorno.

Dada la complejidad del ajuste de los mercados laborales a las crisis económicas de la región de ALC, este informe sostiene que los países pueden mejorar sus respuestas si avanzan en tres ámbitos. La combinación de políticas necesaria es verdaderamente intersectorial, e incluye políticas macroeconómicas, de protección social y laboral, de competencia y regionales, y determinará la velocidad del ajuste y la trayectoria de las recuperaciones de los trabajadores.

El punto de arranque del capítulo es un análisis del «escudo» de la política pública que determina cómo afecta una crisis a los trabajadores y sus familias: el marco macroeconómico del país y los estabilizadores automáticos. Unas políticas macroeconómicas estables pueden reducir la frecuencia de las crisis, por ejemplo, al brindar protección contra los desequilibrios fiscales y las presiones inflacionistas internas. También pueden

mitigar la gravedad de las crisis al limitar la magnitud de los ajustes necesarios y configurar la composición de estos. La región de ALC ha mejorado significativamente su marco macroeconómico en las últimas décadas, lo que ha dado lugar a un número menor de crisis internas y a tasas de inflación significativamente más bajas. Aun así, su política fiscal en particular sigue siendo frágil —y, en muchos países, insostenible—, con pequeñas bases imponibles y programas de asistencia social relativamente generosos. Muchos países de la región carecen también de programas laborales y de protección social que proporcionen estabilizadores automáticos adecuados (como el seguro de desempleo).

A continuación, este capítulo aborda de qué manera pueden los gobiernos utilizar los mercados laborales y las políticas de protección social para paliar o revertir los efectos de las crisis sobre los trabajadores y la economía. Para comenzar a responder dicha pregunta, este capítulo considera los motivos por los que la mayoría de las personas en la región de ALC no están amparadas por ninguna prestación formal por desempleo. Evalúa los programas de apoyo a los ingresos existentes en la región (incluidos los planes de seguro de desempleo, las transferencias monetarias condicionadas y otras prestaciones complementarias de asistencia social), sus consecuencias imprevistas (positivas y negativas) según su diseño y posibles reformas que hagan factible una respuesta más eficaz a las crisis. La discusión del capítulo acerca de los sistemas laborales y de protección social concluye destacando algunos temas prioritarios que los gobiernos de la región podrían considerar para mejorar la trayectoria irregular de sus programas de apoyo al empleo y reducir los impactos (a corto y largo plazo) de las crisis sobre los trabajadores. Se hace una distinción entre los programas transitorios a corto plazo puestos en marcha durante las crisis para evitar pérdidas de puestos de trabajo excesivas (incluidos los planes de conservación del empleo, programas de empleo temporal y programas de estímulo a la demanda) y los programas a largo plazo, desarrollados por los gobiernos para promover la readaptación profesional y facilitar las transiciones de los trabajadores entre empleos. Este último conjunto de programas se analiza a tenor del historial heterogéneo de la región de ALC en cuanto a la reducción de la duración del desempleo y la mejora de la calidad de las coincidencias laborales. Dado que incluso las crisis breves pueden tener efectos permanentes en los trabajadores, para los gobiernos es todo un reto distinguir entre las crisis que solo requieren respuestas transitorias y aquellas que requieren un apoyo más sostenido, y responder en consecuencia a medida que los trabajadores y la economía se ajustan. En este capítulo también se analizan las conclusiones de estudios de investigación y experiencias políticas, y se presentan recomendaciones para mejorar las respuestas de la región a la actual crisis del COVID-19.

Después, el capítulo se centra en los efectos de las crisis en la eficiencia, en cómo abordar los problemas estructurales que pueden agravar el ajuste del mercado laboral; en particular, cómo resolver las rigideces, abordar los datos brutos, y responder a la falta de oportunidades en algunos lugares y regiones. El capítulo 3 demostró de qué manera afectan los factores ajenos al mercado laboral a la magnitud de los impactos de las crisis sobre los trabajadores. Los problemas estructurales de la región de ALC actúan para ralentizar e incluso prevenir los ajustes necesarios del mercado laboral, de ahí que la recuperación económica se debilite. Estos problemas estructurales pueden cambiar la naturaleza —y el impacto sobre las personas— de los *shocks* sistémicos, desde transitorios hasta horizontes temporales más amplios. Las implicaciones políticas de estas conclusiones y la literatura relacionada suponen que, incluso si las políticas macroeconómicas, laborales y de protección social de un país son impecables, los mejores resultados para los trabajadores durante las crisis pueden lograrse al complementar estas políticas con políticas sectoriales e intervenciones locales para lidiar con problemas estructurales que actualmente impiden recuperaciones estables. Esta reforma implicaría abordar las

ineficiencias en el ajuste del mercado laboral causadas por la normativa laboral, las estructuras del mercado de productos, la falta de movilidad geográfica y las áreas deprimidas. Abordar estos problemas estructurales requerirá hacer enmiendas a los marcos legales y normativos, así como inversiones públicas específicas.

Tres dimensiones de política fundamentales

Hasta ahora, este informe ha desgranado las narrativas sobre el bienestar social y la eficiencia causadas por el triángulo de trabajadores, sectores y empresas, y localidades, y ha examinado los mecanismos implicados.

Un *shock* exógeno se transmite al mercado laboral a través de *shocks* de oferta y demanda, y altera el funcionamiento normal del mercado de productos y genera pérdidas de empleo y transiciones a empleos informales por encima de lo observado en tiempos de normalidad. Estos flujos excesivos afectan al nivel y la composición del empleo. El capítulo 2 describe este proceso de ajuste en la región de ALC, considerando los diversos márgenes de ajuste del mercado laboral a los *shocks* y los factores permiten determinar la magnitud del ajuste.

¿Qué significa este proceso para los trabajadores y cómo afectan las características de los sectores, empresas y localidades a la magnitud y la naturaleza de los impactos de la crisis? Los *shocks* macroeconómicos conllevan una redistribución microeconómica a nivel de trabajador y empresa. En estos momentos decisivos, los trabajadores y las empresas caminan hacia un destino común. Las empresas pueden ajustar el número de empleados, las horas de trabajo y los salarios que pagan, y los trabajadores pueden optar por aceptar dichas ofertas o buscar otras alternativas. A partir de estas interacciones, se genera un nuevo equilibrio a corto plazo. En este estudio se argumenta que dicho equilibrio depende de las condiciones del mercado laboral local, así como de la capacidad de las empresas para ajustar empleos y salarios, lo que a su vez tiene relación con las normativas laborales. Dado que las empresas son un canal clave de transferencia de los efectos de las crisis a los trabajadores, estos efectos también dependen de los beneficios existentes, los mecanismos de distribución de beneficios y la estructura de los mercados de productos.

En la transición hacia un nuevo equilibrio, muchos trabajadores perderán sus puestos de trabajo o sufrirán una reducción de ingresos, algunas empresas cerrarán y los recién llegados al mercado laboral tendrán más dificultades para iniciar sus carreras profesionales. Tal como se analizó en el capítulo 3, los impactos de una crisis tienen efectos permanentes en los trabajadores y las empresas. Muchos trabajadores no se sobreponen por completo, ni siquiera a largo plazo; sus ingresos no se recuperan y sus carreras profesionales se deterioran. Quienes pierden, pierden mucho. Los trabajadores menos cualificados y aquellos con ingresos más bajos se ven más afectados en la región de ALC. Desde la perspectiva del mercado laboral, las coincidencias empleador-empleado y el capital humano específico a ciertos puestos de trabajo que surgen de estas, que a menudo requiere una inversión costosa en términos de tiempo y seguirían siendo rentables cuando la economía retorne a la normalidad, podrían disolverse de manera permanente debido al *shock* temporal. Esta pérdida podría retrasar el aumento de la producción en un futuro e implica una pérdida de productividad. Una crisis también puede tener efectos persistentes en los insumos tecnológicos, que pueden ser un margen de ajuste utilizado por las empresas, y en la estructura de la economía, ya que las crisis provocan la desaparición de algunas empresas y aumentan la cuota de mercado de otras. Estos cambios pueden tener implicaciones persistentes para la economía y que las empresas no pueden revertir.

Teniendo en cuenta el triángulo de trabajadores, sectores y empresas y localizaciones, ¿cómo se pueden mitigar los impactos descritos anteriormente mediante las políticas? El gráfico 4.1 presenta un marco para reflexionar sobre áreas de política relevantes. Dadas las características de los ajustes del mercado laboral en ALC identificadas en los capítulos 2 y 3, este capítulo se ocupa de las políticas que son necesarias en la región para mitigar los impactos negativos de las crisis y lograr mejores respuestas. Lo expuesto en los apartados anteriores demuestra que las políticas del mercado laboral por sí solas son insuficientes. Los marcos macroeconómicos estables y prudentes, y los estabilizadores automáticos (el «escudo» en el gráfico 4.1) constituyen la primera área de respuesta que sirve para proteger los mercados laborales contra las crisis. Estas medidas macroeconómicas y de protección social de carácter preventivo mitigan el impacto de los *shocks* externos sobre la economía de un país y reducen la posibilidad de que se produzcan *shocks* internos al estabilizar el entorno macroeconómico. Las políticas fiscales y monetarias prudentes previenen ciertos tipos de crisis y garantizan el suficiente espacio fiscal para brindar apoyo y evitar tensiones financieras cuando se producen otros tipos de crisis.[1]

Los estabilizadores macroeconómicos son fundamentales para proteger las economías eficazmente contra *shocks* externos. Tal como se analiza en secciones posteriores de este capítulo, los sistemas laborales y de protección social nacionales pueden incluir acuerdos de protección de ingresos gestionados en el ámbito nacional, como el seguro de desempleo u otras formas de apoyo a los ingresos financiadas con recursos públicos para personas afectadas. En teoría, estos programas de «redes de protección social» funcionan de forma anticíclica, ampliando y aumentando el apoyo que brindan en tiempos difíciles, con el fin de salvaguardar y estimular el consumo, lo que supondría un estímulo a la demanda para limitar los daños de una crisis y favorecer la recuperación.

En general, los estabilizadores automáticos que operan en el agregado ayudan a regular el consumo de los hogares, lo que reduce el impacto inmediato de un *shock* sobre la demanda agregada y el empleo y, por lo tanto, la magnitud y la composición de los efectos del *shock* en los mercados laborales. Estas políticas pueden atenuar la gravedad de las crisis al reducir el ajuste necesario y configurar su composición. Afectarán tanto al

GRÁFICO 4.1 Mecánica del ajuste y una triple entrada de políticas que pueden suavizarlo

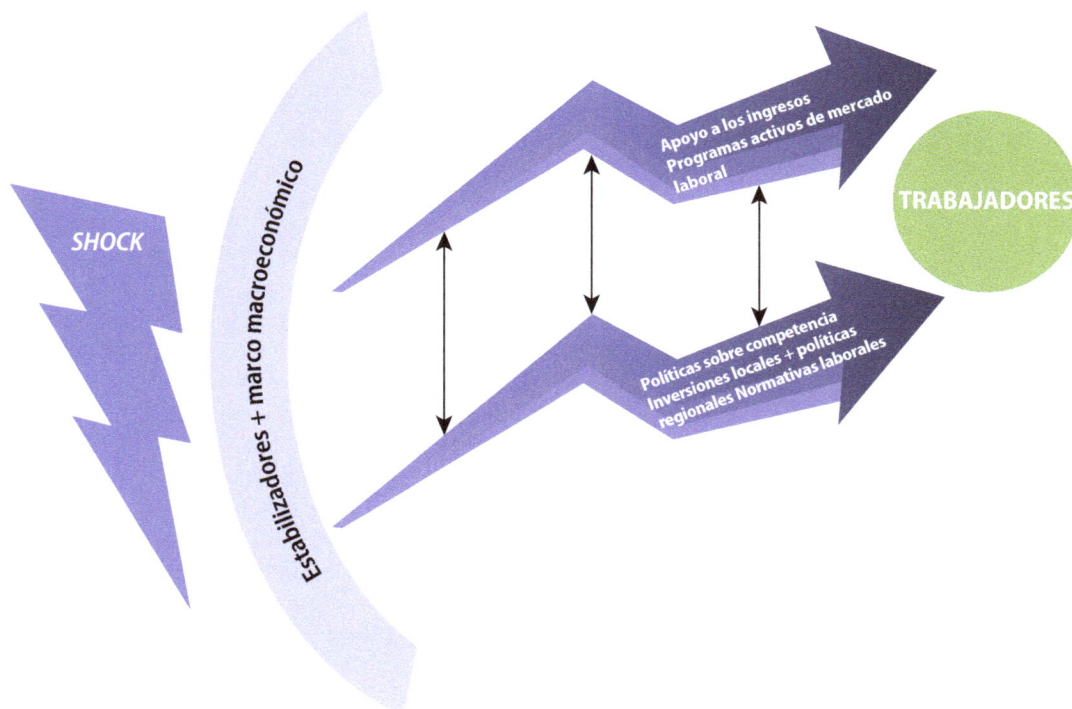

SHOCK

Estabilizadores + marco macroeconómico

Apoyo a los ingresos
Programas activos de mercado laboral

Políticas sobre competencia
Inversiones locales + políticas regionales Normativas laborales

TRABAJADORES

Fuente: Banco Mundial

cambio en el tamaño total del mercado laboral causado por una crisis como a la dinámica del mercado laboral entre la economía formal, la economía informal y el desempleo absoluto (por ejemplo, evitando la destrucción excesiva de puestos de trabajo formales), como se describió en el capítulo 2.[2]

Las políticas laborales y de protección social son fundamentales para amortiguar los impactos de las crisis sobre los trabajadores. Además de constituir un estabilizador automático (seguro de desempleo), cuando se organizan como sistemas coherentes y coordinados, protegen los ingresos y el consumo de los hogares mediante redes de protección social y promueven el reempleo por medio de programas activos de mercado laboral. Estos programas, que se enfocan en las necesidades de los hogares y no discriminan si el trabajo perdido era formal o informal, atenúan los impactos a corto y largo plazo del ajuste del mercado laboral sobre los trabajadores (como ilustra la flecha superior del gráfico 4.1).

Los efectos permanentes documentados en este estudio y su impacto negativo sobre el potencial de productividad de los países implican que la región de ALC podría lograr un mayor crecimiento a largo plazo si se redujera el deterioro del capital humano a nivel de trabajador provocado por las crisis. Este cambio requeriría amortiguar el impacto a corto plazo de las crisis, tanto mediante el apoyo a los ingresos a corto plazo para proteger el bienestar y la protección social, como mediante de políticas laborales para crear capital humano y promover transiciones más rápidas y de mayor calidad para los trabajadores desplazados que transitan hacia nuevos empleos. La celeridad y el alcance de los efectos permanentes en la región requieren que los sistemas laborales y de protección social sirvan no solo para ofrecer apoyo a los ingresos. También deberían brindar ayuda a las personas para que renueven y redistribuyan el capital humano. En este sentido más amplio, resulta necesario reformar los sistemas y políticas laborales y de protección social existentes en la región. Estas transformaciones, a su vez, afectarán a los flujos del mercado laboral y brindarán una red de protección social receptiva que contribuya de manera significativa y eficaz a los estabilizadores automáticos de los países, como se detalla a continuación.

Aunque los programas laborales y de protección social protegen a los trabajadores contra los impactos de las crisis, no abordan los problemas estructurales que determinan la magnitud de estos impactos. Por ejemplo, este informe destaca la dicotomía entre empresas protegidas y no protegidas en la región de ALC (causada por la imposibilidad de acceder libremente al mercado y la competencia, los altos niveles de concentración y el poder de mercado que tiene el primer grupo de empresas) y la lenta movilidad laboral entre localidades punteras y atrasadas en términos económicos, lo que magnifica los efectos de los *shocks* en el bienestar social. Este estudio también destaca focos de rigidez del mercado laboral que están cambiando la naturaleza del trabajo y ralentizando las transiciones entre empleos. Por tanto, las políticas en materia de competencia, las políticas regionales y las normativas del mercado laboral son una tercera dimensión de política fundamental que determinar los efectos de las crisis (como se ilustra en la flecha inferior del gráfico 4.1). Estos problemas estructurales también podrían ser la causa del ajuste deficiente de los mercados laborales de ALC a las crisis, y podrían requerir intervenciones a nivel de sector y localidad, además de intervenciones a nivel de trabajador y de la economía, y que interactúen con las necesidades y los incentivos de protección social (como se ilustra con las flechas verticales del gráfico 4.1). Las respuestas políticas de los países de ALC deben abordar estos problemas estructurales de forma directa, de acuerdo con su grado de importancia en función del país o entorno.

Agregado: estabilizadores macroeconómicos más resistentes

Como se ilustra en el gráfico 4.1, el primer «escudo» contra una crisis es la resistencia de un marco macroeconómico nacional y estabilizadores automáticos. Estas políticas filtran los efectos de un *shock* exógeno en el mercado laboral local y —con especial relevancia para América Latina y el Caribe— también la medida en que las condiciones internas pueden conducir a una situación de crisis. Esta sección describe los avances logrados en la región de ALC con respecto a sus marcos macroeconómicos —lo que ha llevado a menos crisis internas—, aunque aún no tiene suficientes estabilizadores automáticos.

Marco macroeconómico más resistente

Sin duda, evitar las crisis es una prioridad importante para limitar sus efectos, que se producen tanto a nivel agregado como individual. Como se documenta en este estudio, la región de ALC sufre crisis con frecuencia. Durante un tercio de los trimestres comprendidos entre 1980 y 2018, uno o más países de la región tuvo una crisis económica (tal como se mencionó en el capítulo 1). Sin embargo, unas políticas fiscales y monetarias prudentes pueden reducir la probabilidad de ciertos tipos de crisis, y las políticas macroeconómicas, incluidas las intervenciones de estímulo a la demanda y las depreciaciones del tipo de cambio, constituyen una primera área de respuesta. En las últimas décadas, los países de ALC han hecho importantes avances para reforzar sus marcos macroeconómicos y mejorar su gobernanza y sus instituciones. Estos esfuerzos han reducido la frecuencia de las crisis en la región, especialmente las de origen interno. Sin embargo, algunas crisis todavía persisten, sobre todo en la República Bolivariana de Venezuela, pero también las crisis políticas o económicas recientes de Argentina, Brasil, Haití y Nicaragua.

Un aspecto fundamental para entender de qué forma afectan las crisis a los trabajadores es que los marcos macroeconómicos más estables de la región también han alterado la naturaleza de los ajustes del mercado laboral de la región. A raíz de estos marcos más resistentes, las crisis en la región de ALC actualmente se producen en un contexto de inflación relativamente baja. En cambio, los años ochenta y principios de los noventa se caracterizaron por una alta inflación en la mayoría de los países de la región. Las políticas monetarias latinoamericanas de la década de los noventa y principios de los años 2000 estuvieron cada vez más orientadas a mantener una inflación baja (Céspedes, Chang y Velasco 2014). Por ejemplo, después del llamado «efecto tequila», México pasó de una política de tipo de cambio fijo a una de tipo de cambio flotante e introdujo reglas de metas de inflación relativamente estrictas. Desde principios de los años 2000, la mayoría de los países de la región han logrado controlar la inflación. La tasa de inflación promedio no ponderada de la región fue de 69,6 % en la década de los ochenta y de 30,0 % en la de los noventa, pero cayó a solo 5,4 % en los años 2000.[3]

Aunque este nuevo contexto macroeconómico ha reducido el número de crisis internas en la región de ALC, también tiene implicaciones para el ajuste de los mercados laborales de la región a las crisis. La baja inflación reduce la flexibilidad a la baja de los salarios reales, mientras que la capacidad de las empresas para recortar los salarios nominales de los trabajadores existentes está limitada por los contratos (acuerdos formales e informales) y por la legislación laboral, como el salario mínimo.[4] Por lo tanto, las empresas que operan en contextos donde la inflación es baja y estable no pueden confiar en que la inflación ayude a erosionar los salarios reales durante una crisis. En cambio, las empresas solo pueden reducir sus costos laborales mediante ajustes cuantitativos, como la reducción de su número de puestos de trabajo. En consecuencia, es probable que la reducción de la inflación aumente el grado de ajuste de los mercados laborales a las crisis en el margen cuantitativo: el empleo. En un artículo reciente, Gambetti y Messina (2020)

demuestran que la flexibilidad del salario real disminuyó en Brasil, Chile, Colombia y México entre 1980 y 2010. Este resultado coincide con investigaciones previas que han observado una caída de la flexibilidad salarial real en países de ALC durante el mismo período (véase Lederman *et al.* [2011] para la región en su conjunto; Messina y Sanz-de-Galdeano [2014] para Brasil y Uruguay; y Casarín y Juárez [2015] para México).

Los consiguientes cambios en el ajuste de los mercados laborales de ALC a los *shocks* económicos pueden ilustrarse mediante las diferentes respuestas a las crisis en Brasil y México durante la década de los noventa frente a los años 2000. Los paneles del gráfico 4.2 reflejan las fluctuaciones en el producto interno bruto (PIB) real (en log), la tasa de inflación, los salarios reales medios y la tasa de desempleo antes y después del primer trimestre de crecimiento negativo (identificado como $t = 0$ en los gráficos) para cuatro crisis: el «efecto tequila» de 1994 y la crisis financiera mundial de 2008–2009 en México, y las recesiones de 1990 y 2015 en Brasil. El gráfico muestra que la inflación aumentó significativamente durante el «efecto tequila» en México, mientras que se mantuvo estable durante la recesión de 2008–2009. Del mismo modo, en Brasil la recesión de los años noventa se caracterizó por un repunte en la inflación, mientras que durante la crisis más reciente la inflación permaneció sin cambios.

Dadas las menores tasas de inflación de la región durante las crisis más recientes, cabría esperar que los salarios reales no se hayan ajustado tanto en estas crisis como en las anteriores. Como se muestra en el gráfico 4.2, los salarios reales cayeron de manera más significativa durante las crisis anteriores en Brasil y México. Esta diferencia sugiere que el margen de precios es cada vez menos importante para los ajustes del mercado laboral. Estas conclusiones se confirman en el trabajo de Robertson (2021).

Si el ajuste de los salarios reales fue un margen importante de ajuste del mercado laboral durante los anteriores *shocks* de crecimiento, entonces, dado el contexto actual de tasas de inflación más bajas, el ajuste

GRÁFICO 4.2 **Respuestas de los salarios y el desempleo durante las crisis de los años 2000 frente a las crisis de los noventa en Brasil y México**

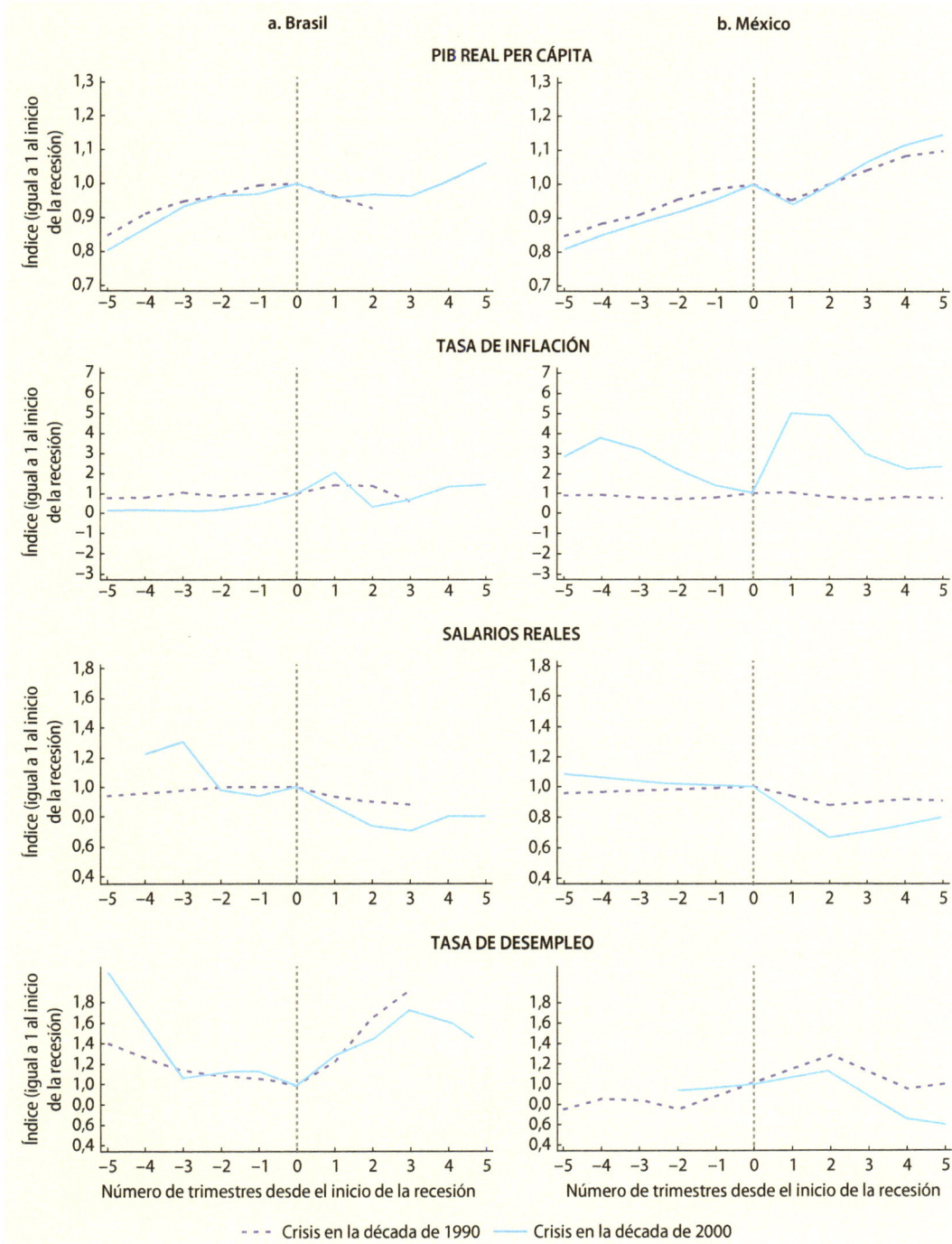

a. Brasil   b. México

PIB REAL PER CÁPITA

TASA DE INFLACIÓN

SALARIOS REALES

TASA DE DESEMPLEO

Número de trimestres desde el inicio de la recesión

- - - Crisis en la década de 1990   —— Crisis en la década de 2000

Fuente: Banco Mundial.
Nota: Los episodios de recesión en los años 2000 fueron la crisis financiera mundial de 2008–2009 en México y la recesión de 2015 en Brasil. Los episodios de recesión en la década de los noventa fueron el «efecto tequila» en México y la crisis de 1991 en Brasil. Todas las series están indexadas en el año en que cayó el producto interior bruto real en log., y la producción inicial cae en $t = 0$, lo que se indica con líneas discontinuas.

cuantitativo probablemente haya adquirido una mayor importancia, como sugieren los casos de Brasil y México. Con el aumento de la inflación, el desempleo aumentó solo marginalmente durante el «efecto tequila» en México. En cambio, durante la crisis de 2008–2009, la inflación en México se mantuvo relativamente sin cambios mientras que el desempleo creció notablemente más que en la crisis anterior. En Brasil, la recesión de la década de los noventa también se caracterizó por un repunte de la inflación y aumentos reducidos del desempleo, pero en la recesión de 2015 se registró una menor inflación y un aumento más significativo del desempleo.[5] La importancia cambiante de los ajustes salariales con respecto a los ajustes cuantitativos se refleja en el gráfico 4.3, que ilustra la sensibilidad del desempleo y los salarios a los *shocks* de crecimiento durante los años de crisis para Brasil, Colombia y México durante la década de los noventa y los años 2000. En consonancia con los resultados expuestos en el gráfico 4.2, el gráfico 4.3 sugiere que se ha producido una reducción estadísticamente significativa de la sensibilidad de los salarios y un aumento estadísticamente significativo de la sensibilidad del desempleo a las fluctuaciones de la producción.

Recuperación del espacio fiscal

Aunque la región de ALC ha logrado importantes avances en la reducción de la inflación, sigue teniendo dificultades con otro aspecto clave del escudo macroeconómico: la política

GRÁFICO 4.3   **Sensibilidad del desempleo y los salarios a las fluctuaciones de la producción**

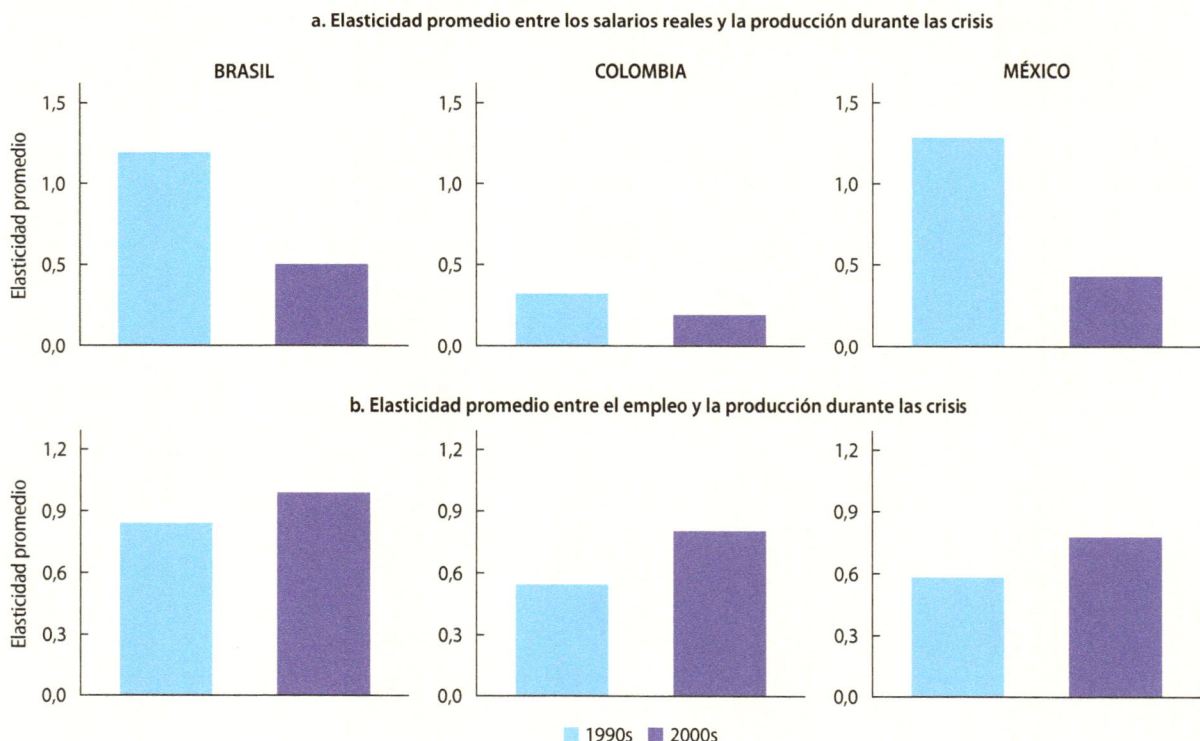

a. Elasticidad promedio entre los salarios reales y la producción durante las crisis

b. Elasticidad promedio entre el empleo y la producción durante las crisis

■ 1990s ■ 2000s

Fuente: Cálculos del Banco Mundial basados en datos sobre salarios y empleo de Gambetti y Messina (2018), actualizados hasta 2018.
Nota: Este gráfico presenta las betas dinámicas durante años de crisis, estimadas según la ley de Okun mediante regresiones sucesivas y siguiendo la metodología del FMI (2010). La diferencia entre las medias de las crisis de la década de los noventa y las crisis de los años 2000 es estadísticamente significativa al nivel de 5 % para todos los países

fiscal. Las políticas fiscales prudentes previenen ciertos tipos de crisis y garantizan el espacio fiscal necesario para brindar apoyo y evitar tensiones financieras en el sistema cuando se producen otros tipos de crisis. Esta cuestión es particularmente preocupante de cara al ajuste fiscal que podría ser necesario en la región de ALC. La región, y especialmente la subregión del Atlántico, ha experimentado un crecimiento constante del gasto público en los últimos años, lo que se ha traducido en considerables déficits fiscales y deudas públicas (Végh *et al.* 2018). Adoptar una perspectiva a más largo plazo en materia de política fiscal implicará abordar cuestiones complejas como la eliminación de los subsidios en el sector energético, la modernización de las políticas fiscales y el aumento de la eficiencia del gasto social, incluida la sostenibilidad financiera de las pensiones de jubilación a medida que la población envejece.

Estabilizadores automáticos (y la falta de ellos)

Los estabilizadores automáticos pueden amortiguar los impactos de las crisis sobre los hogares, aumentando los ingresos de los que disponen, y atenuando la caída del empleo y el consumo en respuesta a *shocks* negativos de demanda. En resumen, *de facto* constituyen un estímulo a la demanda. Los estabilizadores automáticos más utilizados en los países de altos y medios ingresos son los sistemas de apoyo a los ingresos para quienes pierden el empleo, incluidas las indemnizaciones por despido (pagos únicos en caso de despido) y el seguro de desempleo (pagos periódicos supeditados al desempleo y la búsqueda de empleo). Estas políticas dotan de liquidez a los trabajadores en el momento del despido y pueden suavizar su consumo durante las búsquedas de empleo.

La región de ALC tiene un extenso historial institucional de provisión de seguros sociales para afrontar las amenazas a los ingresos y el consumo debido a la vejez, la discapacidad y la muerte prematura de quienes son la fuente primaria de ingresos de los hogares. Sin embargo, los planes de apoyo a los ingresos,

contracíclicos y gestionados en el ámbito nacional para dar cobertura al desplazamiento en el mercado laboral (ya se trate de un seguro de desempleo con participación común en la cobertura de los riesgos o de enfoques mixtos de ahorros y mancomunación del riesgo), son relativamente excepcionales en la región de ALC. Dos tercios de los países de la región no ofrecen planes anticíclicos de apoyo a los ingresos, gestionados en el ámbito nacional para trabajadores desplazados. Y entre los pocos programas existentes, solo los de Brasil, Chile y Uruguay están suficientemente consolidados o tienen suficiente cobertura y volumen de pagos como para contribuir significativamente a estabilizar sus economías. El panorama de los planes de seguro de desempleo en América Latina, los problemas de actualidad con este panorama y las prioridades políticas futuras se analizan en detalle en la siguiente sección. La falta de seguro de desempleo se suma a la falta de mecanismos eficaces de estabilización del consumo de la región, lo que suponen deficiencias importantes en las respuestas a la crisis que los países están preparados para aplicar.

Aunque el seguro de desempleo es comúnmente utilizado como estabilizador automático, existen otras políticas que pueden desempeñar este rol. En la crisis del COVID-19, por ejemplo, las políticas fiscales de los países de ALC han sido claramente contracíclicas. Estrategias como la suspensión del contrato de trabajo, subsidios para promover la conservación del empleo y la ampliación de los programas de transferencias monetarias han representado una parte importante del gasto de respuesta a la crisis. Si algunos de estos instrumentos fueran componentes permanentes de los estabilizadores automáticos en las respectivas economías, podrían reducir las pérdidas y los costos de ajuste tras futuros *shocks*. Este cambio podría lograrse si dichos programas fueran contingentes del estado y se activaran automáticamente cuando, por ejemplo, el desempleo supera un umbral determinado.[6] De hecho, un sistema dinámico, o «adaptativo», de apoyo estatal para contingencias es una de las motivaciones originales para que los países inviertan en sistemas nacionales de protección social y de «redes de protección social» laboral (Bowen *et al.* 2020; Grosh *et al.* 2008).

Actuaciones políticas

La región de ALC ha mejorado significativamente sus marcos macroeconómicos en décadas recientes y necesita avanzar en esta dirección de prudencia y buena gestión macroeconómica para mantener el ritmo y el progreso. La política fiscal —un instrumento clave para gestionar las crisis y estimular la demanda, y que respalda el proceso de recuperación— sigue siendo un área de interés para la región, y la trayectoria más reciente de la región atestigua que hay margen para mejorar. Las reformas que aún son necesarias incluyen abordar cuestiones difíciles como las políticas fiscales, los subsidios en el sector energético, la eficiencia del gasto social y la estabilidad financiera de los sistemas de pensiones de jubilación.

Además, la región de ALC aún no dispone de suficientes estabilizadores automáticos. La necesidad de estos estabilizadores cobra mayor urgencia por el desplazamiento del principal margen de ajuste del mercado laboral hacia el ajuste cuantitativo. La disponibilidad limitada de planes contracíclicos de apoyo a los ingresos, financiados con recursos públicos se ha visto afectada negativamente por los ajustes del mercado laboral, lo que dificulta la gestión de las crisis y magnifica los efectos de estas. La mayoría de las personas que pierden su empleo (formal o informal) durante las recesiones están desprotegidas en gran medida.

El gráfico 4.4 presenta una caracterización más completa de posibles áreas de política prioritarias para lograr marcos macroeconómicos más estables y crear estabilizadores automáticos (dimensión de política 1).

GRÁFICO 4.4   **Estabilizadores y marcos macroeconómicos: reformas políticas**

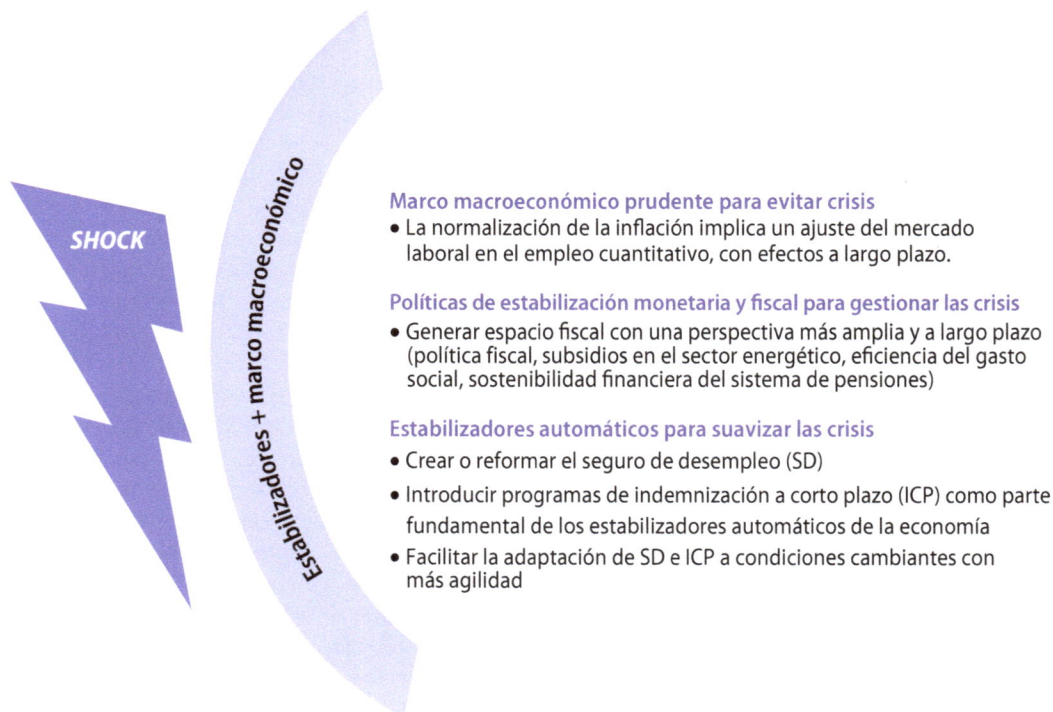

Marco macroeconómico prudente para evitar crisis
- La normalización de la inflación implica un ajuste del mercado laboral en el empleo cuantitativo, con efectos a largo plazo.

Políticas de estabilización monetaria y fiscal para gestionar las crisis
- Generar espacio fiscal con una perspectiva más amplia y a largo plazo (política fiscal, subsidios en el sector energético, eficiencia del gasto social, sostenibilidad financiera del sistema de pensiones)

Estabilizadores automáticos para suavizar las crisis
- Crear o reformar el seguro de desempleo (SD)
- Introducir programas de indemnización a corto plazo (ICP) como parte fundamental de los estabilizadores automáticos de la economía
- Facilitar la adaptación de SD e ICP a condiciones cambiantes con más agilidad

Fuente: Banco Mundial.

Protección social y sistemas laborales: amortiguar el impacto sobre los trabajadores y prepararse para el cambio

Los impactos profundos y duraderos sobre las personas y las economías de los ajustes del mercado laboral a las crisis suponen un argumento enérgico para las intervenciones políticas que absorben los impactos de los *shocks* sistémicos y amortiguan a los hogares. Tal como se describe en los tres capítulos anteriores, las crisis a menudo provocan un desplazamiento laboral u otros impactos negativos sobre los medios de subsistencia, que conllevan pérdidas de ingresos duraderas. En este contexto, es fundamental contar con sistemas laborales y de protección social estables para proteger el bienestar de las personas y prevenir la reducción del capital humano. Las crisis también generan importantes efectos de reubicación, y unos sistemas laborales y de protección social eficaces pueden aprovecharlos y ayudar a las personas a redistribuirse en nuevos empleos.

¿Existen dichos sistemas en la región de ALC? Para responder a esta pregunta, esta sección describe el conjunto de instrumentos públicos de afrontamiento y distribución de riesgos disponibles en la región y analiza sus principales carencias. Posteriormente, se presenta un programa de reformas para suplir dichas deficiencias y aumentar la coherencia y la coordinación entre posibles intervenciones, con el fin último de que estas operen como «sistemas» que amortiguan los impactos de las crisis a corto plazo, prevengan pérdidas duraderas de capital humano y faciliten la redistribución de trabajadores por medio de la readaptación profesional y el reempleo.

Amortiguar el impacto a corto plazo: prestaciones por desempleo

Panorama de las prestaciones por desempleo en América Latina y el Caribe

Solo alrededor de un tercio de los países de la región de ALC ofrecen planes nacionales de prestaciones por desempleo. El apoyo a los ingresos por desplazamiento laboral —programas diseñados específicamente para mantener los ingresos y el consumo de los trabajadores despedidos y sus familias— en forma de seguro de desempleo es, por lo tanto, relativamente excepcional en la región. Los trabajadores con contratos de empleo formales en Brasil, Chile y Uruguay tienen acceso a mecanismos de mancomunación de riesgos incluidos en un plan de seguro de desempleo nacional (es decir, uno que no es específico a la empresa, ocupación o sector). Además, Argentina, Las Bahamas, Barbados, Colombia, Ecuador y la República Bolivariana de Venezuela ofrecen seguros de desempleo en forma de planes contributivos de mancomunación de riesgos (tabla 4.1).

Las cuentas de ahorro individual por desempleo también existen en Chile, Colombia y Ecuador. Solo en Chile estos distintos instrumentos están plenamente integrados en un plan coherente y coordinado: los trabajadores beneficiados que pierden sus empleos pueden hacer retiros limitados y programados de su cuenta de ahorro individual, y un «fondo de solidaridad» de riesgos compartidos respalda la protección en caso de agotar los ahorros por desempleo antes de encontrar un nuevo empleo. En Panamá y Perú, las prestaciones por desempleo se limitan a las cuentas de ahorro individual; no disponen de un mecanismo de participación común en la cobertura de los riesgos. México (con la notable excepción de Ciudad de México y Yucatán) y la mayoría de los países de América Central y el Caribe no tienen ningún tipo de seguro de desempleo, lo que contrasta drásticamente con los países de niveles de ingresos similares de otras regiones. Por ejemplo, todos los países de Europa y Asia Central tienen un seguro de desempleo obligatorio con participación común en la cobertura de los riesgos (véase el mapa 4.1).

La mayoría de los países de la región de ALC recurren en cambio a los mandatos de indemnización por despido, que son específicos a la relación laboral y son financiados en su totalidad y pagados directamente por las empresas (tabla 4.1). La cobertura legal y la amplitud de esta forma de protección pueden ser uniformes en todas las relaciones laborales regidas por ley o puede variar

TABLA 4.1   **Panorama de las prestaciones por desempleo formal en la región de ALC**

«Cobertura de los riesgos» dentro de las empresas	Ahorros (autoseguro)	Cobertura de los riesgos en el ámbito nacional
Mandatos de indemnización por despido aplicables a los empleadores	Indemnización financiada y/o cuentas de ahorro individuales por desempleo	Seguro de desempleo/prestación por desempleo
Mayoría de países	Argentina Brasil Chile Colombia Ecuador Panamá Perú	Argentina Las Bahamas Barbados Brasil Chile Colombia Ecuador Uruguay Venezuela, RB

Fuente: Fietz 2020; Packard y Onishi 2021.
Nota: Las cuentas de ahorro individual por desempleo de Argentina solo son accesibles a trabajadores asegurados en el sector de la construcción. El gobierno de Ciudad de México gestiona una prestación de búsqueda de empleo, pero solo para personas residentes y ciertos grupos considerados vulnerables.

MAPA 4.1   **Seguro de desempleo en todo el mundo**

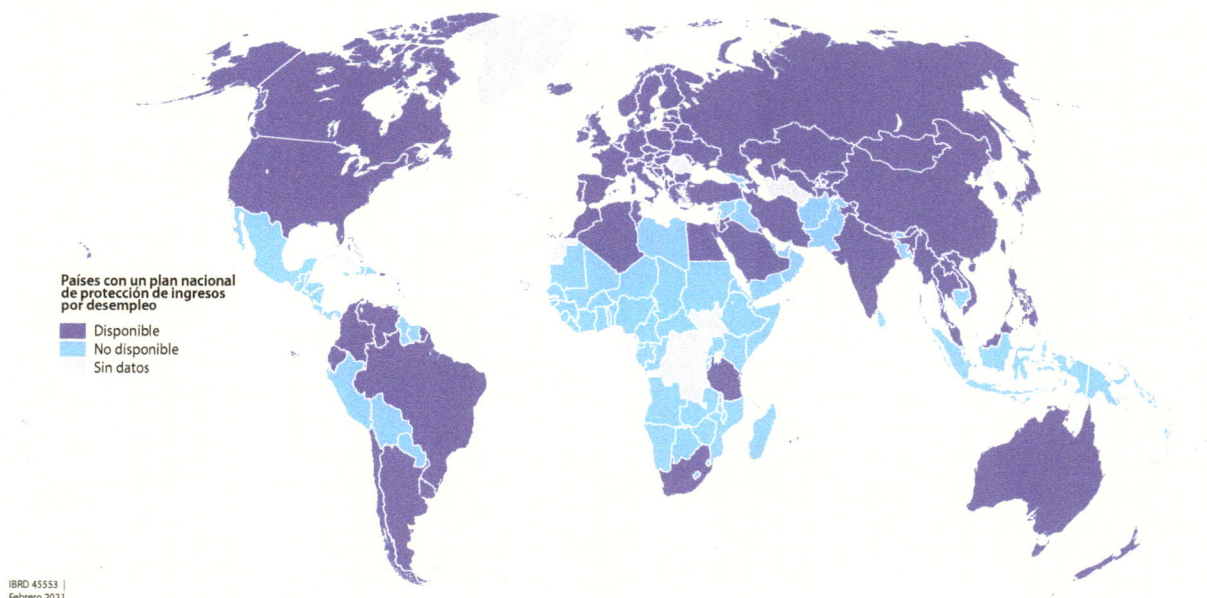

Países con un plan nacional de protección de ingresos por desempleo
- Disponible
- No disponible
- Sin datos

IBRD 45553 |
Febrero 2021

según el tipo de contrato, el sector e incluso la jurisdicción territorial. Como instrumento de riesgos compartidos, la característica distintiva de la indemnización por despido es que agrupa el riesgo de la pérdida de ingresos por despido involuntario únicamente dentro de las empresas.

Seguro de desempleo: una respuesta insuficiente a las crisis

El apoyo al desplazamiento laboral en la práctica está fuera del alcance de la mayoría de los trabajadores en la región de ALC. Solo alrededor del 12 % de los trabajadores desempleados en la región han recibido prestaciones por desempleo (OIT 2019). Esta tasa de cobertura real es muy inferior a la observada en los países en desarrollo y con mercados emergentes de Europa central y oriental, y de algunos países de Asia y el Pacífico (véase el gráfico 4.5).

Las prácticas de empleo informal no reguladas y generalizadas son la principal causa de la reducida tasa de trabajadores que pueden acceder a prestaciones por desempleo en la región de ALC. Esta tasa de acceso se da incluso en países con amplios conjuntos de instrumentos de seguro de desempleo, como Argentina, Brasil y Ecuador (OIT 2020). Para los trabajadores informales cualquier tipo de prestación por desplazamiento es generalmente insuficiente —los trabajadores urbanos informales a menudo se convierten en nuevos pobres durante las crisis— y el 55 % de todos los trabajadores en la región de ALC clasifican como pobres (Messina y Silva 2020).

Sin embargo, las prácticas de empleo informal son solo una parte del problema. Los trabajadores con contratos formales, aunque más precarios, pueden resultar excluidos de la cobertura de los programas de prestaciones por desempleo (Fietz 2020). Además, incluso entre trabajadores formalmente empleados con contratos laborales «estándar», la cobertura es decepcionantemente deficiente. Exigir unos requisitos de elegibilidad que no reflejan los patrones de empleo y la función que incluso ocupa un gran número de trabajadores formales, obstaculiza la provisión de una cobertura eficaz. Las deficiencias normativas y administrativas a menudo impiden la obtención de prestaciones. Además, los costos de transacción al obtener dichas prestaciones pueden resultar excesivamente altos, especialmente si son escasas. Además del caso excepcional de Barbados, cuyo sistema brinda prestaciones al 88 % de los

GRÁFICO 4.5 **Cobertura efectiva de las prestaciones por desempleo, países seleccionados, año disponible más reciente**

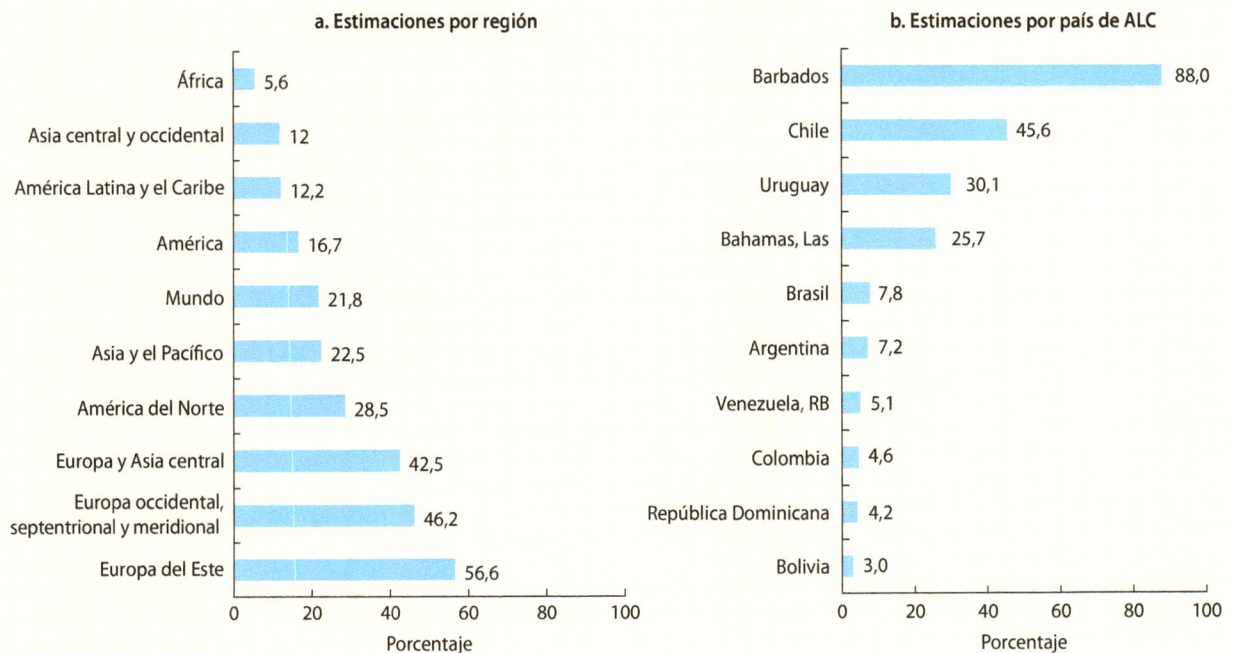

a. Estimaciones por región

Región	Porcentaje
África	5,6
Asia central y occidental	12
América Latina y el Caribe	12,2
América	16,7
Mundo	21,8
Asia y el Pacífico	22,5
América del Norte	28,5
Europa y Asia central	42,5
Europa occidental, septentrional y meridional	46,2
Europa del Este	56,6

b. Estimaciones por país de ALC

País	Porcentaje
Barbados	88,0
Chile	45,6
Uruguay	30,1
Bahamas, Las	25,7
Brasil	7,8
Argentina	7,2
Venezuela, RB	5,1
Colombia	4,6
República Dominicana	4,2
Bolivia	3,0

Fuente: OIT 2019.
Nota: Las cifras de Bolivia y República Dominicana se refieren exclusivamente a indemnizaciones obligatorias por despido. ALC = América Latina y el Caribe.

trabajadores desempleados, solo en Las Bahamas, Chile y Uruguay los acuerdos nacionales del seguro de desempleo parecen brindar una cobertura eficaz generalizada (gráfico 4.5, panel b). Aparte de estos tres países, incluso en los pocos países restantes de América Latina que ofrecen seguro de desempleo, la cobertura se mantiene muy baja.

Además del acceso limitado y de los bajos niveles de cobertura eficaz, los mecanismos de seguro de desempleo (ya se trate de la participación común en la cobertura de los riesgos o del ahorro individual) en la región de ALC tienen tres carencias principales como mecanismos de respuesta a las crisis. Primero, el valor asegurado de las prestaciones es limitado. En Ecuador, por ejemplo, los trabajadores con empleo formal deben cotizar al programa de desempleo durante al menos 24 meses para poder ser elegibles a las prestaciones, y cuando pierden sus trabajos deben esperar otros 60 días antes de poder recibir al seguro de desempleo. Este programa sigue un patrón observado en varios países de ingresos medios donde, de conformidad con la preocupación del riesgo moral, las ayudas económicas del mecanismo de participación común en la cobertura de los riesgos se establecen a niveles inadecuados o las condiciones de elegibilidad para recibir las prestaciones se vuelven excesivamente estrictas y guardan poca relación con los patrones reales de empleo formal en la economía (Fietz 2020). Asimismo, en los países que ofrecen planes que se articulan en torno a los ahorros individuales, los trabajadores de bajos ingresos con una capacidad de ahorro limitada tendrán dificultades para gestionar largos períodos de desempleo. Solo en el seguro de cesantía nacional de Chile se establecen parámetros que combinan eficazmente la protección y los incentivos positivos para que los trabajadores desempleados encuentren un nuevo empleo. (Holzman *et al.* 2012; Reyes, van Ours y Vodopivec 2012).

Segundo, en la mayoría de los países de ALC que tienen acuerdos de prestaciones por desempleo, dichos acuerdos se presentan como una serie de instrumentos superpuestos y descoordinados. Por ejemplo, una trabajadora empleada en el sector formal de Brasil con un contrato estándar tiene derecho a recibir una indemnización por despido, una prestación de su seguro de desempleo y acceso al saldo total de su cuenta de ahorro individual, financiada por el empleador. El acceso a mecanismos de participación común en la cobertura de los riesgos no se armoniza con los ahorros, ni el acceso a la cuenta de ahorro está limitado por un calendario de retiros. Para los trabajadores que ganan el salario mínimo legal, o similares, esta falta de coordinación se combina con los parámetros de prestaciones para liquidar un pago íntegro cobrado en el momento del despido, que está muy por encima de lo que ganaban en su puesto de trabajo (Almeida y Packard 2018, Fietz 2020). Como resultado, cada vez hay más pruebas de connivencia entre empleadores y empleados, y de despidos inducidos: Pinto (2015) observa que el porcentaje de despidos aumenta durante el período *de iure* de percepción del seguro de desempleo y que el 6 % de los trabajadores despedidos «sin causa justificada» vuelven a incorporarse en la misma empresa después de un período similar al periodo máximo de pago del seguro de desempleo. La perspectiva de esta «bonanza del desempleo» ha sido identificada como la causa de las altas tasas de rotación de empleados en Brasil (Da Silva Teixeira, Balbinotto Neto y Soares Leivas 2020; Portela Souza *et al.* 2016). El seguro de desempleo de Brasil parece tener un efecto estabilizador del consumo muy limitado en el apoyo a la búsqueda de empleo: Gerard y Naritomi (2019) concluyen que el consumo de los trabajadores desempleados con cobertura en Brasil se dispara tan pronto como reciben la prestación, aunque su desplazamiento genera una pérdida de consumo a largo plazo de alrededor del 14 %.

Tercero, cuando está mal diseñado y descoordinado, el seguro de desempleo ha contribuido a efectos agregados maliciosos, desencadenado una respuesta «estabilizadora» silenciosa durante las recesiones y los aumentos repentinos del gasto durante períodos sostenidos de crecimiento económico.

Si bien los ajustes cuantitativos han llegado a predominar en las respuestas de los mercados laborales a las crisis y están provocando consecuencias a largo plazo por los efectos permanentes que causan, la falta de programas de apoyo al desempleo accesibles y planes estatales de contingencias se convierte en un problema aún mayor. Como estabilizadores automáticos, estos programas también deberían contribuir a una política fiscal anticíclica. De hecho, en muchos países de la Organización para la Cooperación y el Desarrollo Económicos (OCDE), el gasto en seguros de desempleo y otros programas de transferencias disminuye automáticamente en las coyunturas favorables y aumenta en tiempos difíciles (cuando el desempleo y la pobreza registran aumentos cíclicos), lo que sirve para amortiguar a los trabajadores. Por el contrario, en tres países de ALC con planes nacionales de seguro de desempleo de amplia participación —Argentina, Brasil y Uruguay— el gasto en prestaciones por desempleo solo está débilmente correlacionado con el crecimiento del PIB sin tendencia (gráfico 4.6).

Mandatos de indemnización por despido: participación común en la cobertura de los riesgos poco fiable y fútil

En contraste con la escasez de seguros de desempleo nacionales, casi todos los países de ALC dependen en gran medida de las indemnizaciones por despido obligatorias y financiadas por los empleadores. En las primeras etapas del cambio estructural de aquellas economías que se alejaron de la agricultura, los gobiernos de ALC —como los de muchos países en desarrollo— carecían de capacidad para recaudar impuestos y gestionar programas de distribución de riesgos. En cambio, el mandato de obligar a los empleadores a pagar indemnizaciones tenía tres ventajas sociales significativas: (a) desalentaba los despidos frívolos o injustificados; (b) otorgaba a los empleados un mayor poder de negociación con empleadores que tenían una posición predominante, en lo que todavía son mercados relativamente concentrados y oligopólicos (tienden al monopsonio en el sector rural, la agricultura a gran escala y sectores de extracción de recursos); y (c) brindaba a los hogares cierta protección contra la indigencia en un momento en que las transferencias de asistencia social eran escasas o rara vez se contemplaban.

Sin embargo, a medida que los gobiernos de ALC han multiplicado su capacidad para recaudar impuestos y gestionar acuerdos de participación común en la cobertura de los riesgos, se ha hecho patente la deficiencia de la indemnización por despido como único o incluso principal instrumento de protección de los ingresos para el desempleo. Las deficiencias del pago por suspensión del contrato de trabajo son particularmente evidentes en el contexto de *shocks* sistémicos como las crisis de la región de ALC, cuyos impactos sobrecargan dichos acuerdos de participación común en la cobertura de los riesgos a nivel de empresa relativamente superficiales. En Argentina, de acuerdo con las razones declaradas por los trabajadores acerca de la interrupción del empleo, del 22,8 % que señaló la quiebra de una empresa como motivo en 2018, solo el 33,1 % recibió una indemnización por despido (Banco Mundial 2020). Este porcentaje es similar al de 2010 y revela una mejora en las tasas de cobertura anteriores. Sin embargo, deja a dos tercios de los trabajadores con cobertura *de iure* sin el apoyo a los ingresos que se les prometió durante el desempleo. En los países donde el código laboral y los órganos judiciales especializados imponen el *onus probandi* (es decir, la carga de la prueba) sobre las empresas en conflictos laborales sobre indemnizaciones por despido, y cuando los propietarios de las empresas, en lugar de las propias empresas, asumen las obligaciones en materia de despido, los extensos mandatos de pago de indemnizaciones se combinan con restricciones a la contratación y los despidos, y tienen un efecto paralizador en las nuevas ofertas de trabajo formales (Holzmann *et al.* 2012). Este efecto puede explicar, al menos en parte, el patrón de contracción del empleo formal en la región de ALC durante las crisis, principalmente por medio de una reducción de las nuevas ofertas laborales.

GRÁFICO 4.6 **Ciclo económico, desempleo y gasto en políticas y programas laborales**

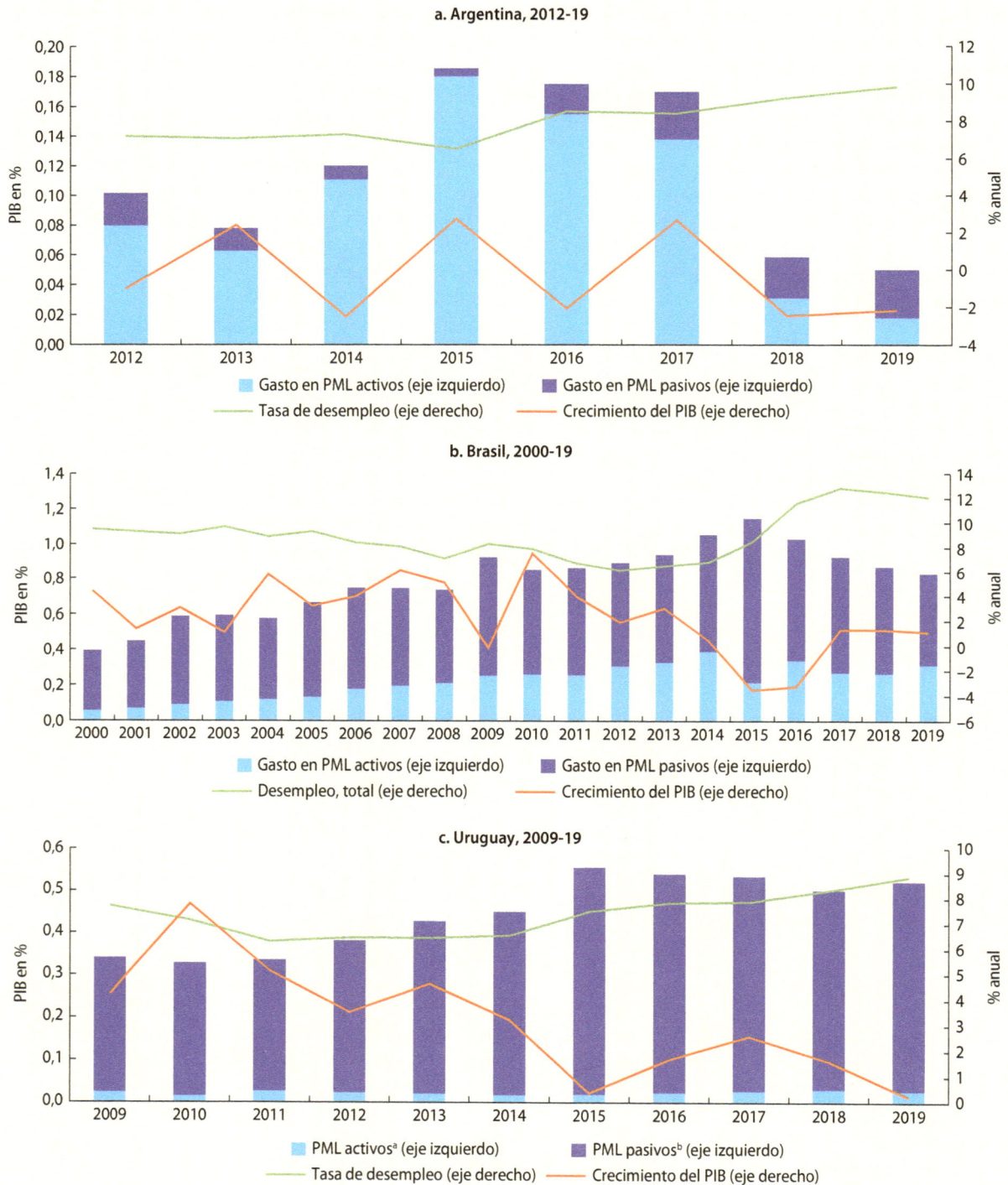

a. Argentina, 2012-19

- Gasto en PML activos (eje izquierdo)
- Gasto en PML pasivos (eje izquierdo)
- Tasa de desempleo (eje derecho)
- Crecimiento del PIB (eje derecho)

b. Brasil, 2000-19

- Gasto en PML activos (eje izquierdo)
- Gasto en PML pasivos (eje izquierdo)
- Desempleo, total (eje derecho)
- Crecimiento del PIB (eje derecho)

c. Uruguay, 2009-19

- PML activos[a] (eje izquierdo)
- PML pasivos[b] (eje izquierdo)
- Tasa de desempleo (eje derecho)
- Crecimiento del PIB (eje derecho)

Fuente: Práctica Mundial de Protección Social y Empleo, con datos del Ministerio de Economía de Brasil, Administración Nacional de Seguridad Social y Ministerio de Trabajo, Empleo y Seguridad Social de Argentina, y Banco de Previsión Social de Uruguay.

La dependencia exclusiva de la indemnización por despido o el seguro de desempleo no es un acuerdo de participación común en la cobertura de los riesgos tan adecuado como una combinación de ambos (Schmieder y Wachter 2016). Se puede lograr un apoyo a los ingresos más fiable, estable y compatible con incentivos al desplazamiento laboral cuando las obligaciones de indemnización por despido de los empleadores se financian previamente y se gestionan de manera prudente; cuando las cotizaciones periódicas a dicha prefinanciación pueden hacerse de forma transparente en forma de cuentas de ahorro individuales (preferiblemente gestionadas por terceras partes independientes); y cuando esta prefinanciación puede integrarse con un mecanismo más amplio de participación común en la cobertura de los riesgos en el ámbito nacional, como es el caso en varios países miembros. Muchos países, incluido Chile en América Latina (como se analiza en detalle más adelante en este capítulo), combinan planes de indemnización por despido, ahorro individual y participación común en la cobertura de los riesgos en sistemas de protección eficaces que desalientan los despidos frívolos, eliminan la connivencia del sistema por parte de empresas y empleados, son resilientes a los *shocks* sistémicos e idiosincrásicos, e incentivan encarecidamente los esfuerzos de búsqueda de empleo (Castro, Weber y Reyes 2018; Robalino y Weber 2014).

¿Qué se debe hacer?

Una historia de frecuentes *shocks* sistémicos combinados con la aparición de una clase media de tamaño significativo ha creado más demanda de mecanismos de seguro de desempleo sostenibles en los países de América Latina que en otras regiones (De Ferranti *et al.* 2000). Entre los pocos planes de desempleo nacionales disponibles en América Latina, dos se introdujeron después de las crisis de finales de los noventa. Las crisis anteriores y el *shock* de la pandemia de 2020 han hecho gala de la utilidad de tener sistemas de prestaciones por desempleo con una amplia y diversa participación común en la cobertura

de los riesgos y que brinden una plataforma y un canal para medidas de apoyo adicionales y extraordinarias cuando sea necesario. Es probable que la crisis de la pandemia estimule el desarrollo de propuestas para planes nacionales de seguro de desempleo en los países que aún no los tienen y propuestas para ampliar la cobertura en aquellos que sí los tienen. Por lo tanto, aumentar las prestaciones por desempleo mediante la creación o la reforma del seguro de desempleo es una medida de política fundamental que debe valorarse.

En América Latina y el Caribe, varios países han introducido recientemente cambios en los planes de seguro social que facilitan los requisitos de elegibilidad y aumentan las prestaciones (OIT 2020). En Brasil y Chile, por ejemplo, el sistema de seguro de desempleo también ha servido como plataforma para adoptar medidas de suspensión subsidiada del contrato de trabajo y otros programas de conservación del empleo. Estos sistemas tienen un impacto directo sobre la calidad del ajuste de los mercados laborales a las crisis. Por ejemplo, en EE. UU. se ha demostrado que las ampliaciones de las prestaciones del seguro de desempleo introducidas durante las grandes recesiones mejoran la calidad de las coincidencias trabajador-empleo; además, el impacto sobre la calidad de las coincidencias es mayor entre personas con más probabilidades de afrontar problemas de liquidez, como las mujeres, minorías étnicas y trabajadores con menores niveles educativos (Farooq, Kugler y Muratori 2020). Durante la recesión provocada por la pandemia de 2020, EE. UU. ha utilizado los complementos del seguro de desempleo y las ampliaciones de prestaciones de manera más intensiva que las suspensiones subsidiadas del contrato de trabajo u otros subsidios a la conservación del empleo, más que en otros países miembros de la OCDE (Furman *et al.* 2020). Dada la carga que impone a las empresas individuales, así como la pérdida posiblemente irrecuperable de empresas viables y capital humano específico a las empresas, esta elección de política es controvertida. No obstante, la ampliación del acceso (ya generalizado) al seguro de desempleo ha contenido los costos humanos de esta fuerte contracción y ha impedido que sus tasas sin precedentes de destrucción de empleo originen situaciones de indigencia (Furman *et al.* 2020).

¿Por qué incluso los países de la región de ALC avanzados en términos administrativos y de ingresos medios e ingresos medios-altos se han abstenido de ofrecer planes de apoyo a los ingresos gestionados en el ámbito nacional para las personas desempleadas? Dejando de un lado las preocupaciones que surgen en la mayoría de los países sobre el riesgo moral y otras distorsiones de los incentivos, la reticencia a ofrecer prestaciones por desempleo suele basarse en tres argumentos. El primero se basa en una justificación fiscal: ofrecer un seguro de desempleo podría tener altos costos, particularmente en un momento de déficits fiscales considerables, y los pasivos contingentes podrían resultar explosivos en términos fiscales, en vista de las crisis relativamente frecuentes en la región. En promedio, los países de ALC que brindan un seguro de desempleo invierten alrededor del 0,3 % de su PIB en dichos planes. En la OCDE, el gasto en este tipo de planes oscila entre el 0,3% y el 1,8% del PIB.[7] Este nivel de gasto en un único programa de protección social podría ser, de hecho, prohibitivo para algunos países de ALC dadas sus menores bases impositivas, su limitada capacidad de ejecución y sus continuas dificultades para ampliar los programas destinados a la lucha contra la pobreza y los servicios de creación de capital humano. El *trade-off* es más acuciante para los países de bajos ingresos de la región. Sin embargo, los datos sugieren que la introducción de algunas características claves puede reducir el costo de dichos programas al mismo tiempo que mantienen su nivel de apoyo y respuesta a las crisis a niveles aceptables. El Seguro de Cesantía de Chile es un caso ejemplar de un plan nacional de apoyo a los ingresos consolidado en América Latina que responde a las necesidades en tiempos de crisis y es estable en términos financieros.[8]

Asimismo, la preocupación que suscitan los costos fiscales en el plazo inmediato puede ignorar los verdaderos costos totales del ajuste prolongado del mercado laboral y la pérdida de productividad de: (a) trabajadores que se aferran a trabajos que ya no son viables o en los que no son particularmente productivos por miedo a perder los derechos adquiridos en caso de despido; (b) incentivos de las empresas para despedir a los empleados de menor antigüedad, más jóvenes y posiblemente mejor cualificados en lugar de a los trabajadores de mayor edad con derechos de indemnización por despido más costosos; (c) la búsqueda de empleo debida únicamente a la necesidad urgente de ingresos, que a menudo se traduce en una coincidencia laboral deficiente; y (d) los costos imprevistos, como los gastos corrientes o debidos al aplazamiento de inversiones en salud y educación, en los que incurren las personas desempleadas sin un apoyo a los ingresos eficaz mientras buscan un nuevo empleo.

Segundo, en la región de ALC la reticencia a aumentar las prestaciones por desempleo a menudo se basa en el argumento de que dicho plan es innecesario dadas las amplias oportunidades laborales que ofrece la economía informal y la expectativa de que el empleo informal opere como una red de protección social de ingresos contracíclica. Históricamente, los mercados laborales de América Latina se han caracterizado por altos niveles de informalidad (Perry *et al.* 2007). De hecho, la región de ALC es más informal de lo esperado dado su nivel de desarrollo (Robertson 2021). Sin embargo, los cambios en el tamaño de la economía informal de la región no siempre son contracíclicos ni tampoco lo es depender del empleo informal como red de protección social sin costos: cada vez hay más indicios de que los períodos de empleo informal pueden causar efectos permanentes (Cruces *et al.* 2015). Además, en los años 2000 se produjo un importante crecimiento del número de empleos formales en la región. Entre 2002 y 2015, la participación de empleados formales en el empleo total aumentó de 47 % a 55 %. Este cambio obedeció a una reducción en la participación del trabajo por cuenta propia, de 24 % a 20 %, y del trabajo informal, de 29 % a 25 %. En cambio, entre 1995 y 2002 la participación de trabajadores por cuenta propia se había mantenido estable (Messina y Silva 2020). Por tanto, aunque la informalidad sigue siendo alta en la región, una gran participación en el mercado laboral es formal en la mayoría de los países de ALC. Esto ha cambiado las aspiraciones de la clase media de América Latina.

Además, tal como señalan Antón, Trillo y Levy (2012) y Levy (2018), la formalización podría verse desincentivada por la estructura actual de los sistemas laborales y de protección social de la región. Es posible que estos sistemas aún no brinden la protección que la población trabajadora realmente valora, por lo que representan un gravamen que los trabajadores y las empresas intentan evitar o evadir. Aunque el alcance de los costos no salariales obligatorios en la mayoría de los países de ALC —la «cuña impositiva»[9]— deja poco margen para agregar programas de prestaciones, la percepción de que las prestaciones «eficaces» asociadas con la formalidad son bajas puede conducir a una mayor informalidad.

El tercer argumento para la reticencia que existe a aumentar las prestaciones por desempleo es que no es necesario en países donde las leyes laborales casi imposibilitan los despidos de empleados. De hecho, algunas de las leyes e instituciones de protección del empleo existentes en el ámbito internacional se diseñaron cuando el desplazamiento desde el empleo formal era relativamente excepcional. Sin embargo, en un número creciente de países de ingresos medios y altos, el énfasis de los programas de prestaciones por desempleo ha cambiado de conservar las relaciones laborales a proteger a los trabajadores que transitan de empleo a empleo. Este cambio de política, adoptado de manera más ambiciosa por varios países de Europa, implica flexibilizar las restricciones a los despidos, armonizar las protecciones para trabajadores en diferentes tipos de contratos laborales y aumentar considerablemente las prestaciones por desempleo y los servicios públicos de empleo. La directriz general de la reforma ha sido pasar de proteger a los trabajadores contra el cambio a brindar apoyo durante los cambios del mercado laboral. En Europa, varios países han combinado las reformas de las normativas laborales con una mayor fiabilidad en el apoyo a los ingresos no específico a las empresas para personas desempleadas.

Este cambio se produjo en varios países. Por ejemplo, entre 2011 y 2015, Portugal redujo sus mandatos de despido y mejoró considerablemente la fiabilidad del apoyo a los ingresos por desempleo no específico a las empresas, ya que redujo las restricciones y sanciones en torno a los despidos de empleados (OCDE 2017). La reforma laboral de 2012 en España introdujo medidas similares a nivel nacional en materia de protección de los trabajadores, prestaciones por desempleo y reempleo, además de una relajación notable de las restricciones al despido y las indemnizaciones por despido, aunque estas siguen encontrándose entre las más altas de los países miembros de la OCDE (OCDE 2013). Las reformas de la política laboral entre 2014 y 2015 en Italia también supusieron cambios en los objetivos de protección social y normativa laboral del país: de la protección del empleo a la protección de los trabajadores, con el objetivo de facilitar la redistribución de los trabajadores en ocupaciones más productivas (Pinelli *et al.* 2017). Las reformas laborales que se aprobaron en Francia entre 2016 y 2018 redujeron notablemente las restricciones al despido de trabajadores permanentes y rebajaron la compensación total obligatoria para los trabajadores despedidos en 2018 por debajo del promedio de los países miembros de la OCDE y a un nivel comparable con el que brindan los países escandinavos (OCDE 2019).

Por último, durante la crisis actual, varios países que tienen sistemas de seguro de desempleo consolidados han brindado subsidios a la conservación en lugar de ayudas directas a los trabajadores a través del seguro de desempleo ampliado. El argumento en favor de ello es que, si los trabajadores son desplazados, el capital humano y, por lo tanto, el potencial de crecimiento a largo plazo podría perderse para siempre. La magnitud de la destrucción de capital humano (efectos permanentes) que se evita gracias a estos programas depende de (a) las pérdidas estimadas de productividad causadas por los periodos de desempleo o de carencia de empleo; (b) el desempleo que se evita permanentemente, es decir, los trabajadores del programa de conservación del empleo que, de otro modo, habrían sido despedidos (directa o indirectamente al quebrar su empresa o cerrar por falta de liquidez); y (c) el desempleo que se evita temporalmente, es decir, los trabajadores que en ese momento reciben apoyo del programa pero que serán despedidos después del periodo de apoyo del programa, o incluso antes si la empresa quiebra. En términos de costos gubernamentales por trabajador, en ausencia de este programa, todos los trabajadores despedidos deberían recibir el seguro de desempleo íntegramente. Sin embargo, con el programa de conservación del empleo, la empresa soporta la carga de algunos costos (y los trabajadores asumen una parte en forma de reducciones salariales). Además del tamaño de estos programas, una segunda decisión relevante a la hora de diseñarlos es su duración y su coordinación con el seguro de desempleo. Los costos y las posibles distorsiones de la economía aumentan a medida que los efectos de una crisis pasan de ser transitorios a permanentes o aceleran cambios estructurales que apenas eran incipientes antes de la crisis.

Transferencias de asistencia social en efectivo: una fuente vital, aunque sobrecargada, de apoyo a los ingresos en situaciones de crisis
En el contexto de la región de ALC de informalidad generalizada y seguro de desempleo de difícil acceso o inexistente, las trasferencias de asistencia social se han convertido en instrumentos fundamentales para suavizar el consumo de la mayoría de las personas que lidian con *shocks* de subsistencia y para protegerlas contra el empobrecimiento o una mayor pobreza. Los programas de transferencias monetarias sujetas al cumplimiento de determinadas condiciones (TMC) se han convertido en el pilar de los sistemas de protección social de la mayoría de los países de ALC; en consecuencia, son instrumentos de

uso intensivo para dar respuesta a las crisis. Se introdujeron a fines de la década de los noventa y han crecido considerablemente desde el cambio de siglo (Banco Mundial 2015). A pesar de un aumento significativo en el gasto y las innovaciones en el diseño y la aplicación, estos programas siguen siendo un recurso principalmente para hogares en situación de pobreza o próximos a la línea de pobreza. Otra característica destacada de las redes de protección social de los países de ALC son sus transferencias monetarias «no condicionadas», la mayoría de las cuales están dirigidas a grupos específicos. Además de los programas conducentes a atajar la pobreza, muchos gobiernos de la región han introducido transferencias «categóricas» (como las asignaciones por descendientes y las pensiones sociales); se trata de pagos en efectivo dirigidos explícitamente a todos los grupos dependientes, como infantes, personas mayores y personas con discapacidades de todas las edades.

El gráfico 4.7 presenta un desglose del gasto en prestaciones de asistencia social por tipo de programa de los países de ALC. En todos los países seleccionados —excepto Colombia y Nicaragua— donde predomina el gasto en subsidios a los precios, las TMC y otras prestaciones en efectivo y en especie (alimentos) son las categorías más importantes de gasto en asistencia social. Estas prestaciones «no contributivas» son la única protección de aquellas personas que tienen un empleo informal o se ganan la vida en la economía informal. En este contexto, no es sorprendente que la asistencia social y las obras públicas intensivas en mano de obra («programas de trabajo para desempleados») sean las principales respuestas a las crisis en la región de ALC (Grosh, Bussolo y Freije 2014; Packard y Onishi 2021). Aunque estos programas no están concebidos para servir como única fuente de seguro ni actuar como un canal de estímulo fiscal de gran volumen, incluso en los países de ALC que tienen planes nacionales de seguro de desempleo, los gobiernos respondieron a la crisis financiera mundial de 2008–2009 con la rápida y significativa ampliación de estos programas

GRÁFICO 4.7   **Nivel y composición del gasto público en transferencias de asistencia social, países seleccionados de ALC**

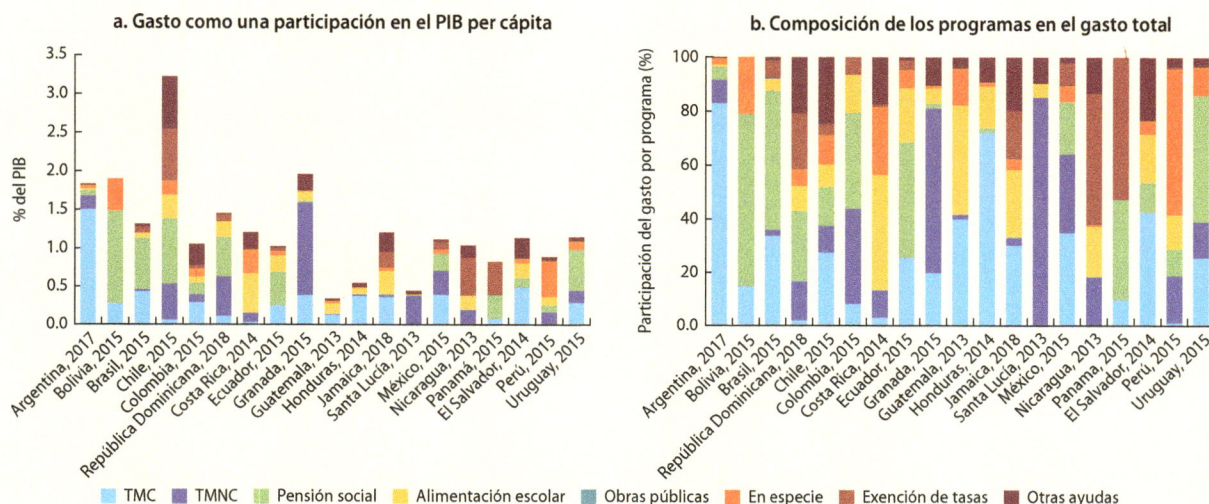

Fuente: Base de datos ASPIRE del Banco Mundial: https://www.worldbank.org/en/data/datatopics/aspire.
Nota: Los datos indicados corresponden al último año para el que se dispone de datos comparables. ALC = América Latina y el Caribe; AS = asistencia social; PIB = producto interno bruto; TMC = transferencia monetaria condicionada; TMNC = transferencia monetaria no condicionada.

de prestaciones de asistencia social (Grosh, Bussolo y Freije 2014), al igual que lo han hecho en 2020 en respuesta a la pandemia del COVID-19 (Gentilini *et al.* 2020).

Para las personas que trabajan de manera informal y personas dependientes a su cargo, las transferencias de asistencia social son de vital importancia y suelen ser el único acceso que tienen a un mecanismo eficaz y eficiente de participación común en la cobertura de los riesgos, aunque sea a través de los sistemas generales de impuestos y gastos de los gobiernos y no a través de acuerdos explícitos de seguridad social (Packard *et al.* 2019). Sin embargo, como instrumentos para suavizar el consumo tras un *shock* sobre los medios de subsistencia, estas transferencias son insuficientes. Este hecho no debería sorprender, ya que la mayoría de estos programas no se crearon con el objetivo de gestionar crisis —aunque hayan conseguido evitar que personas pobres se suman aún más en la pobreza—, desligar recursos valiosos o posponer la inversión en capital humano (Banco Mundial 2018).

En general, los programas de transferencias monetarias existentes tienen cuatro

limitaciones estructurales que dificultan el rápido aumento de la ayuda que ofrecen en respuesta a una crisis: (a) la focalización «hermética» en la pobreza, que se sirve de registros «estáticos» de personas beneficiarias, (b) cuantías exiguas de las prestaciones en comparación con los ingresos de los hogares receptores, (c) racionamientos presupuestarios *de iure* sobre el número de hogares elegibles que son admitidos en los programas de prestaciones, e (d) inversión insuficiente de los países de ALC en sistemas de identificación y transferencias.

Sistemas de identificación estáticos y focalización hermética en la pobreza: la mayoría de los programas de prestaciones de asistencia social en efectivo de América Latina se diseñaron para reducir la pobreza, en lugar de prevenir el empobrecimiento. Por lo tanto, la elegibilidad se basa en si el hogar es considerado pobre y si incluye miembros en un grupo dependiente (infantes, personas mayores o personas con discapacidades).

Aunque estos programas, según han sido diseñados y gestionados por la mayoría de los países de la región de ALC, proveen un recurso vital a muchos hogares, no son los más adecuados para ayudar a los hogares a gestionar los riesgos asociados con los *shocks* sistémicos transitorios. Los programas ofrecen cobertura a muy pocos hogares, incluso entre aquellos segmentos de la población con ingresos más bajos; sus registros y los sistemas de transferencias no pueden hacer frente a rápidos aumentos en el número de hogares que necesitan apoyo, y sus cuantías son bajas en comparación con los niveles convencionales del seguro social que suaviza el consumo (gráfico 4.8).

El reciente impulso político para que los programas de asistencia social en efectivo sean sensibles («adaptables») a los desastres naturales (Bowen *et al.* 2020; Williams y Berger-Gonzalez 2020) ha reducido considerablemente estas limitaciones. En crisis anteriores, los programas de obras públicas intensivas en mano de obra —también conocidos como programas de «trabajo para desempleados»— ayudaron a suavizar el consumo de algunos trabajadores, sobre todo personas empleadas en la economía informal y que subsisten por encima de la línea de pobreza, pero cerca de ella (De Ferranti *et al.* 2000; Jalan y Ravallion 2003; Subbarao *et al.* 2013. Estos programas fueron el seguro de desempleo *de facto* para la mayoría de dichos trabajadores en todo el mundo durante las crisis de los años ochenta y noventa, e incluso durante la crisis financiera mundial de 2008–2009 en varios países europeos (Packard y Weber 2020). Sin embargo, excepto en Argentina y Chile, la capacidad para poner en marcha estos programas de manera rápida y eficaz todavía es limitada en la región de ALC.

Prestaciones exiguas: las transferencias de asistencia social en efectivo normalmente se diseñan para complementar, en lugar de reemplazar, los ingresos del trabajo. Por lo general, suelen ser mucho menores al nivel de ingresos de sustitución que convencionalmente se considera adecuado para suavizar el consumo (entre el 40% y el 70 % de los ingresos previos). Teniendo en cuenta el objetivo explícito de permitir e incluso incentivar a los hogares para que inviertan en capital humano (como adoptar y mantener hábitos

---

GRÁFICO 4.8 **Apoyo insuficiente, que deja a muchas personas desamparadas**

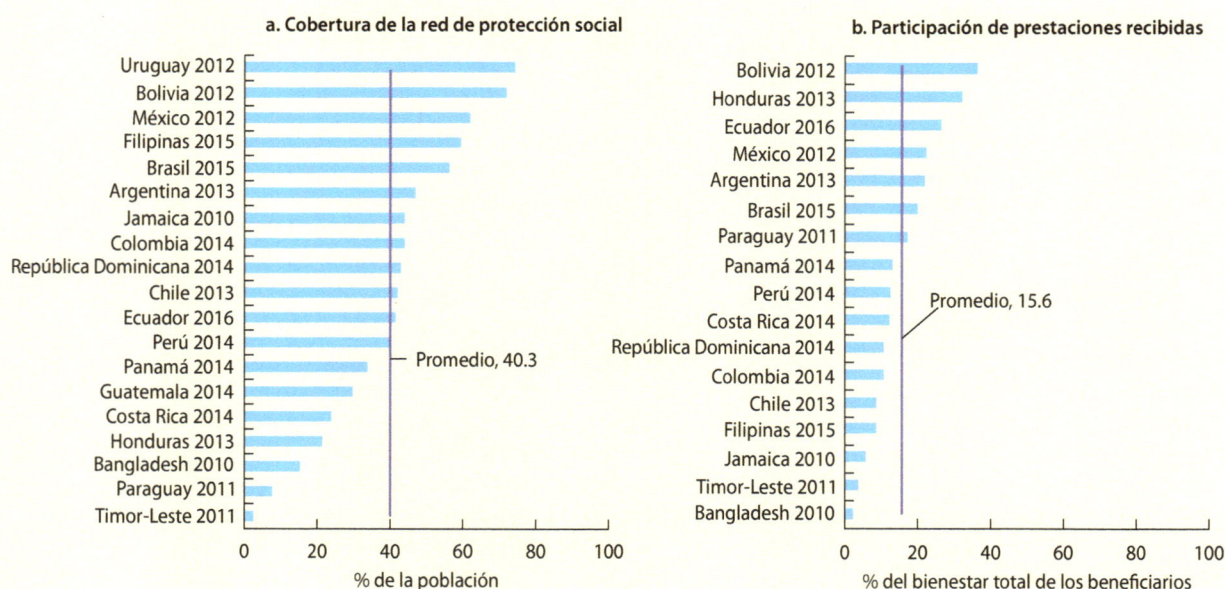

a. Cobertura de la red de protección social

Uruguay 2012
Bolivia 2012
México 2012
Filipinas 2015
Brasil 2015
Argentina 2013
Jamaica 2010
Colombia 2014
República Dominicana 2014
Chile 2013
Ecuador 2016
Perú 2014
Panamá 2014
Guatemala 2014
Costa Rica 2014
Honduras 2013
Bangladesh 2010
Paraguay 2011
Timor-Leste 2011

Promedio, 40.3

0   20   40   60   80   100
% de la población

b. Participación de prestaciones recibidas

Bolivia 2012
Honduras 2013
Ecuador 2016
México 2012
Argentina 2013
Brasil 2015
Paraguay 2011
Panamá 2014
Perú 2014
Costa Rica 2014
República Dominicana 2014
Colombia 2014
Chile 2013
Filipinas 2015
Jamaica 2010
Timor-Leste 2011
Bangladesh 2010

Promedio, 15.6

0   20   40   60   80   100
% del bienestar total de los beneficiarios

Fuente: Banco Mundial 2018.

de nutrición saludables, acceder a atención sanitaria preventiva oportuna y garantizar la asistencia regular a los centros educativos), las cuantías de las prestaciones son bajas con respecto a los ingresos de los hogares. Una amplia serie de trabajos de investigación sugiere que, en general, estas prestaciones promueven incentivos positivos para volver a trabajar (Fiszbein y Schady 2009; Garganta y Gasparini 2015). Sin embargo, este resultado podría implicar que las cuantías transferidas son insuficientes para suavizar el consumo de manera firme cuando una crisis destruye los medios de subsistencia.[10]

Prestaciones racionadas: pocos programas de transferencias de asistencia social en efectivo en América Latina son derechos a subsidio. Esta distinción es importante porque las asignaciones presupuestarias para la mayoría de estos programas tienen un carácter discrecional, lo que impone límites a la cantidad de prestaciones que se pueden pagar a los hogares elegibles en un año determinado. Ser elegible no garantiza llegar a beneficiarse de las prestaciones; tiene que haber plazas disponibles en el programa, y esto es algo que depende de la entrada y salida de otros hogares en el programa, y del presupuesto nacional. En Argentina y Chile, este aspecto de los programas ha cambiado. Pero incluso en Brasil, cuyo programa de TMC —Bolsa Familia— es ampliamente conocido, antes de la reciente ampliación de la cobertura en respuesta al COVID-19, más de un millón de familias elegibles estuvieron esperando a que el racionamiento de prestaciones se reduzca o se suspenda por completo. Dada la naturaleza de dichos racionamientos —que plantean obstáculos políticos e inclusos legislativos— y que los responsables de la formulación de políticas gestionan muchas otras demandas con un espacio fiscal limitado, es difícil que las transferencias de asistencia social en efectivo, tal como existen en la mayoría de los países de la región de ALC, sustituyan la cobertura de los planes de seguro de desempleo. El programa de subsidios familiares de Argentina constituye una excepción instructiva (cuadro 4.1).

Inversión atrasada en sistemas de identificación y transferencias: la mayoría de los programas de asistencia social se basan en bases de datos de identificación, conocidas en la mayoría de los países como registros sociales, que permiten a estos programas identificar a las personas necesitadas. Sin embargo, la participación de la población amparada por dichos registros en la región de ALC es baja y se limita a quienes se consideran como personas pobres y vulnerables crónicas. En la pandemia de 2020, los países de ALC han dependido en gran medida de las transferencias monetarias para que el dinero llegue rápidamente a las personas vulnerables; en algunos casos, más eficazmente que en otros. Un factor determinante del éxito de estos esfuerzos es la participación de la población que tiene cobertura en el registro social correspondiente al programa de protección social, que oscila entre casi el 100 % de la población en Argentina y Uruguay, y alrededor del 5 % en Bolivia (gráfico 4.9, panel a). Si estos registros sociales inscriben a una mayor participación de la población, los gobiernos están en mejores condiciones de ampliar los beneficios a quienes se exponen por primera vez a la pobreza y la vulnerabilidad. Otro factor determinante del éxito es si estos registros cuentan con sistemas de admisión dinámicos para permitir que los programas se amplíen rápidamente a fin de incluir a grupos que antes no eran pobres. Los países con redes de protección social inicialmente más débiles fueron menos capaces de proteger los ingresos por este medio (gráfico 4.9, panel b). En general, la región de ALC carece de una protección fiable y estable de los ingresos, además de un apoyo suficiente a la búsqueda de empleo para frenar las pérdidas de capital humano (como se analizará en la siguiente subsección).

¿Qué puede hacer la región de ALC por sus trabajadores y comunidades en materia de respuestas laborales y de protección social a las crisis? Numerosos años de inversiones en el desarrollo de sistemas de gestión documental y prestaciones están mejorando la capacidad de respuesta de los programas de transferencias monetarias de la región

CUADRO 4.1 Subsidios familiares como seguro de desempleo *de facto*

La red de protección social de Argentina es particularmente eficaz para mitigar el empobrecimiento, particularmente entre familias con infantes y que dependen de medios de subsistencia informales (Banco Mundial 2020). Para una creciente mayoría de trabajadores y personas dependientes de Argentina, los subsidios familiares, específicamente la Asignación Universal por Hijo (AUH) no contributiva, se han convertido en el seguro de desempleo *de facto*. De hecho, para las microempresas, otros trabajadores por cuenta propia y empleados informales con infantes, la AUH es el único medio inmediato disponible para mantener el consumo tras las crisis.

No obstante, incluso para las personas que tienen trabajos formales, la AUH puede actuar como un instrumento más fiable para suavizar el consumo que el programa oficial de prestaciones por desempleo de Argentina. Se trata de una situación irónica, ya que Argentina es uno de los pocos países de América Latina que ofrece protección a los ingresos por desempleo, gestionada en el ámbito nacional. La creciente escasez de ofertas de empleo

formal y una tendencia a la reducción de los periodos de empleo dificultan que los trabajadores puedan obtener cobertura de dicho programa, e incluso si la consiguen, se ha permitido que los niveles de las prestaciones se deterioren. Asimismo, el código laboral de Argentina exige que el empleador pague una indemnización a los trabajadores despedidos por dificultades económicas o insolvencia de la empresa. Sin embargo, en 2018, solo un tercio de las personas que declararon haber perdido un empleo formal por estos motivos recibió una indemnización por despido (aproximadamente la misma proporción que recibió una indemnización en 2009).

Los sistemas de registro, identificación y transferencias desarrollados por el gobierno de Argentina para transferir a los trabajadores y las familias de los subsidios familiares contributivos nacionales a la AUH están, por esta misma razón, cumpliendo una función vital de seguro de desempleo que los otros instrumentos de protección social nacionales ya no pueden cumplir.

Fuente: Banco Mundial (2020).

de ALC. El gráfico 4.10 ilustra la ampliación de los programas de transferencias monetarias en respuesta a las crisis en América Latina. En el momento de la crisis financiera mundial, los países que tenían TMC y otros programas de transferencias ampliaron dichos programas «verticalmente» (aumentando la cuantía pagada por el programa a los beneficiarios existentes) y «horizontalmente» (ampliando la cobertura a hogares que no recibían cobertura previamente). Brasil adoptó ambos enfoques al ampliar la cobertura de Bolsa Familia a un total de 12 millones de familias y al aumentar la cuantía de las prestaciones un 10 %. El gobierno de Colombia amplió la cobertura de Familias en Acción a nuevos hogares, y Progresa de México (que posteriormente se convirtió en Oportunidades y más tarde en Prospera) aumentó la cuantía pagada a beneficiarios existentes (Grosh, Bussolo y Freije 2014).

Partiendo de la experiencia previa, los gobiernos de la región han repetido esta estrategia para brindar apoyo rápidamente a los hogares tras el impacto económico de la pandemia del COVID-19 (Morgandi *et al.* 2020). En este sentido, el cuadro 4.2 ilustra la respuesta de Brasil a la pandemia.

Como se ha afirmado anteriormente, aunque los programas nacionales de transferencias de asistencia social en efectivo de América Latina no están a la altura de la red de protección social anticíclica ideal, aún poseen un gran valor social y económico en una crisis. ¿Cuáles son los efectos de la ampliación de estos programas? ¿Pueden desempeñar una función «estabilizadora» las transferencias monetarias? Partiendo de un experimento cuasinatural de baja frecuencia, Gerard, Naritomi y Silva (2021) demuestran que una ampliación de los programas de asistencia social tiene beneficios agregados (para toda la

GRÁFICO 4.9 **Cobertura de registros sociales y apoyo recibido por medio de programas de asistencia social durante la pandemia del COVID-19 (coronavirus)**

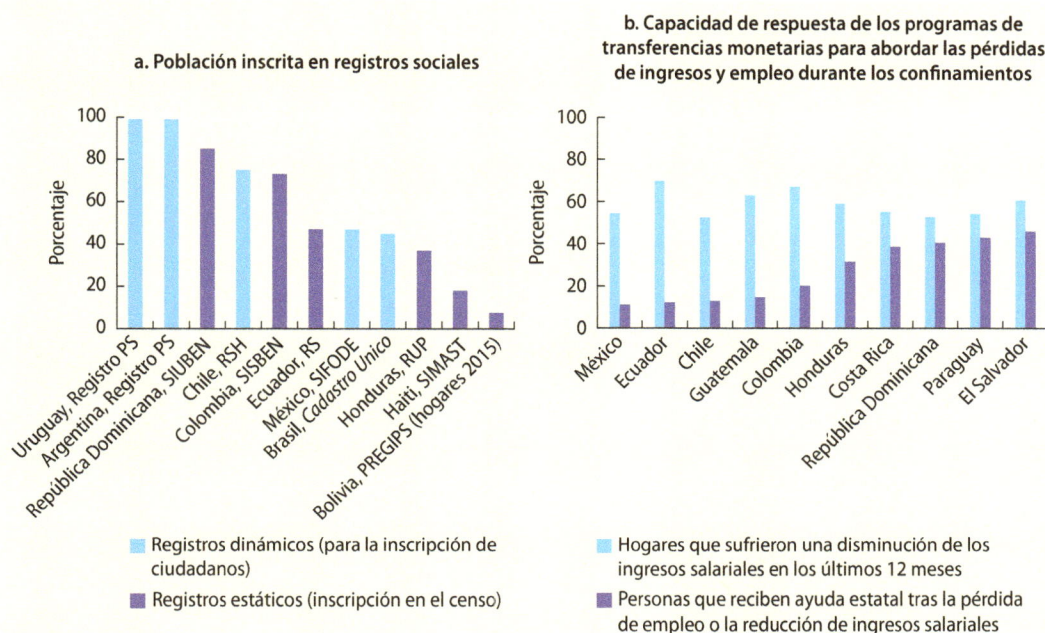

a. Población inscrita en registros sociales

b. Capacidad de respuesta de los programas de transferencias monetarias para abordar las pérdidas de ingresos y empleo durante los confinamientos

■ Registros dinámicos (para la inscripción de ciudadanos)
■ Registros estáticos (inscripción en el censo)

■ Hogares que sufrieron una disminución de los ingresos salariales en los últimos 12 meses
■ Personas que reciben ayuda estatal tras la pérdida de empleo o la reducción de ingresos salariales

Fuente: Morgandi *et al.* 2020; Banco Mundial, encuestas telefónicas de alta frecuencia, primera y segunda onda, Práctica Mundial de Pobreza y Equidad del Banco Mundial.
Nota: Las barras de color azul claro del panel a indican registros dinámicos con registro abierto a inscripción ciudadana, lo que permite una rápida ampliación; las barras de color azul oscuro representan registros estáticos habilitados por barridos censales. hh = encuesta de hogares; PREGIPS = Registro Integrado de Programas Sociales del Estado Plurinacional de Bolivia; PS = protección social; RS = Registro Social de Ecuador; RSH = Registro Social de Hogar de Chile; RUP = Registro Único de Participantes de Honduras; SIFODE = Sistema de Focalización de Desarrollo de México; SIMAST = Sistema de Información del Ministerio de Asuntos Sociales y de Trabajo de Haití; SISBEN = Sistema de Selección de Beneficiarios de Programas Sociales de Colombia; SIUBEN = Sistema Único de Beneficiarios de República Dominicana.

economía local), además de beneficios a nivel individual. Estos efectos positivos en el empleo y los ingresos actúan como estabilizadores automáticos de la economía y contrarrestan la desigualdad provocada por la crisis. Los programas de transferencias de asistencia social en efectivo inyectan fondos en las economías locales, lo que puede aumentar la demanda de mano de obra, incluso en el sector formal. El documento vincula registros administrativos sobre el universo de beneficiarios de Bolsa Familia y trabajadores formales en Brasil para identificar los efectos del programa en los mercados laborales formales. A partir de la variación en los municipios durante la ampliación del programa en 2009, el documento observa que dicha ampliación aumentó el empleo formal. Sus datos concuerdan con el gran efecto multiplicador de las prestaciones de Bolsa Familia, que dominan los efectos negativos en la oferta laboral formal a nivel individual,

GRÁFICO 4.10 **Ampliación de los programas de transferencias monetarias en respuesta a las crisis**

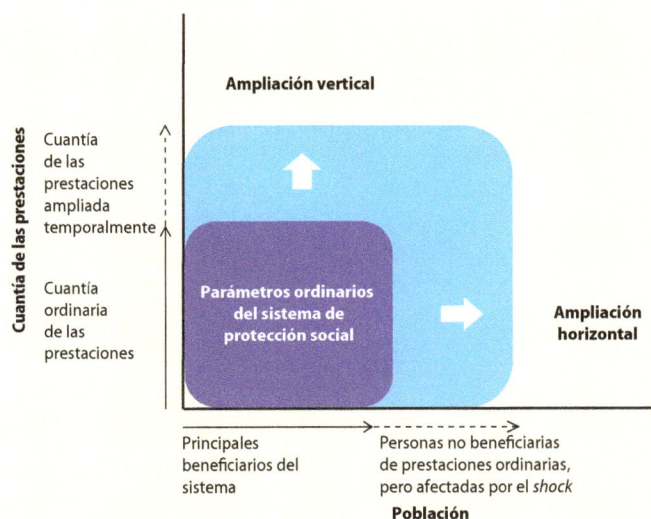

Fuente: Bowen *et al.* 2020; Morgandi *et al.* 2020; Williams y Berger-Gonzalez 2020.

CUADRO 4.2 Respuesta de protección social a la pandemia del COVID-19 (coronavirus) en Brasil

Las medidas de protección social fueron el elemento central del paquete de respuesta fiscal a la crisis del COVID-19 en Brasil. Dichas medidas se enfocaron explícitamente en varios grupos vulnerables, incluidas las personas pobres preexistentes, las familias que trabajan en la economía informal y que se convirtieron en pobres temporalmente debido a la crisis, las madres solteras con ingresos bajos y los trabajadores formales con riesgo de pérdida de ingresos por despido (gráfico B4.2.1). Las medidas tenían dos objetivos: posibilitar el distanciamiento social (físico) de las personas afectadas en términos económicos y mitigar los impactos negativos de la crisis sobre el bienestar y el capital humano.

La primera línea de la respuesta política brasileña consistió en ampliar los programas sociales principales ya existentes, incluyendo las transferencias monetarias condicionadas (Bolsa Familia) y el seguro de desempleo, horizontalmente (al agregar nuevos beneficiarios) y verticalmente (al aumentar las prestaciones de los beneficiarios existentes). Estos objetivos se lograron de dos maneras: (a) reducción de las restricciones presupuestarias para que las familias ya elegibles y las nuevas familias elegibles pudieran recibir cobertura de Bolsa Familia, e incorporación automática de nuevas solicitudes enviadas a través del programa de seguro de desempleo, y (b) adelanto

de pagos de subsidios ordinarios, que incluye retiros extraordinarios de las cuentas de ahorro financiadas por los empleadores de FGTS (*Fundo de Garantia do Tempo de Serviço*).

Como segunda medida de actuación, Brasil aprobó dos programas temporales para abordar vulnerabilidades específicas a los mercados laborales formales e informales generadas por el COVID-19 que no se hubieran solventado mediante la ampliación de los programas existentes. Uno de ellos fue un programa de transferencias monetarias de emergencia para personas pobres (consideradas como las personas beneficiarias del programa Bolsa Familia), así como para personas que no tienen un empleo asalariado formal, pero que normalmente no son elegibles para la asistencia social, como los trabajadores independientes informales no pobres y trabajadores por cuenta propia y autónomos formales. Para los trabajadores del sector formal, Brasil introdujo un subsidio salarial temporal para quienes sufrieron un cese de la actividad o recortes horarios temporales, con el requisito de que sus empresas conservaran la relación laboral durante un cierto tiempo después de la finalización del programa. Estas medidas dirigidas a los trabajadores se complementaron con subsidios a las empresas y otras medidas; en conjunto, han supuesto el 4,1% del producto interior bruto de Brasil.

(el cuadro continúa en la página siguiente)

como también se documenta utilizando la variación causada por los umbrales de elegibilidad de ingresos.

Cabe señalar que Gerard, Naritomi y Silva (2021) también demuestran que la ampliación del programa tuvo efectos agregados positivos que trascienden los efectos en los beneficiarios individuales, a través de efectos indirectos en personas no beneficiarias. Valiéndose de sus conjuntos de datos sobre el empleo formal y personas pobres y vulnerables, investigan si el empleo formal adicional que observan procede de beneficiarios o no beneficiarios. El panel a del gráfico 4.11 presenta sus resultados: el efecto de la ampliación del programa es positivo y significativo entre familias no

beneficiarias. Este aumento del empleo formal podría producirse por medio de la creación de nuevos puestos de trabajo o de la formalización de empleos que previamente eran informales (aunque en este último caso, la ampliación del programa no estaría asociada con un aumento del empleo total). De hecho, la ampliación del programa tuvo efectos positivos y significativos en el PIB (gráfico 4.11, panel b), lo que sugiere que la ampliación condujo a la creación de empleo, y no solo a la conversión de empleos informales en empleos formales. La ampliación del programa se tradujo en un aumento de un 1,5 % de los productos brutos locales. Estos resultados destacan la importancia de tener en cuenta los efectos individuales

CUADRO 4.2 **Respuesta de protección social a la pandemia del COVID-19 (coronavirus) en Brasil *(continuado)***

GRÁFICO B4.2.1 **Estrategia laboral y de protección social de Brasil en respuesta al COVID-19 (coronavirus) para dos grandes grupos vulnerables**

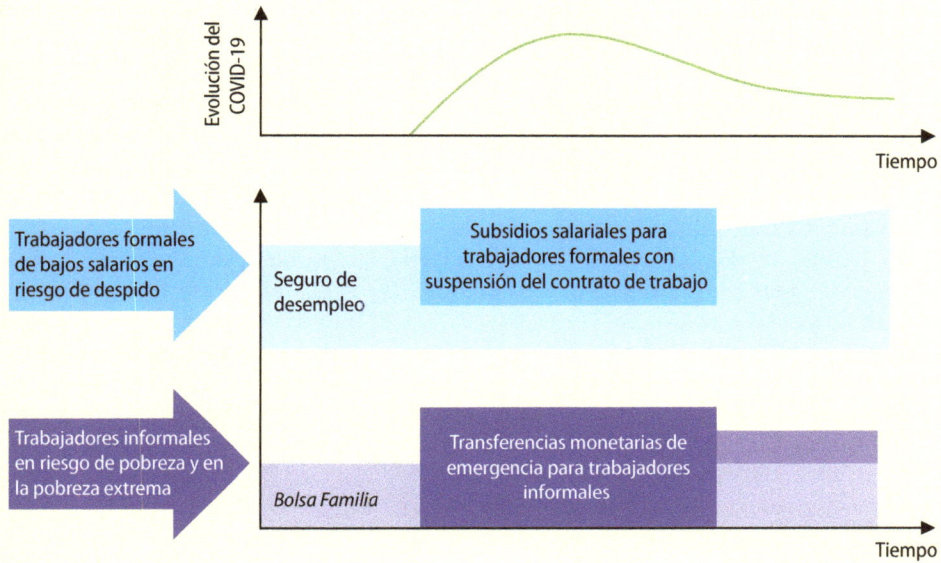

Fuente: Banco Mundial (2020).
Nota: Este gráfico ilustra la respuesta de Brasil para proteger a dos grandes grupos vulnerables durante la crisis del COVID-19: los empleados formales de bajos salarios y las familias de bajos ingresos que trabajan en la economía informal.

GRÁFICO 4.11 **Efectos positivos de las transferencias de fondos para el bienestar social en el empleo formal local**

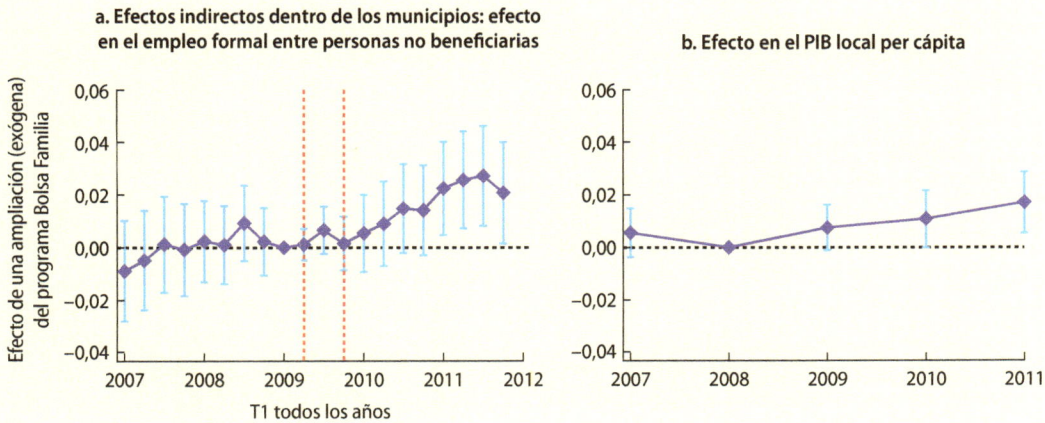

a. Efectos indirectos dentro de los municipios: efecto en el empleo formal entre personas no beneficiarias

b. Efecto en el PIB local per cápita

Fuente: Gerard, Naritomi y Silva 2021.
Nota: Este gráfico muestra el efecto de una ampliación del programa Bolsa Familia en 2009 en el número de empleados formales entre personas no beneficiarias (panel a) y el PIB local per cápita (panel b). Las líneas verticales representan intervalos de confianza del 95 % basados en errores estándares robustos agrupados a nivel de municipio. En el panel a, los datos corresponden al primer trimestre de todos los años que se indican.

y agregados de los programas de asistencia social en los debates políticos.

Para hacer transferencias sociales de emergencia en respuesta a las crisis y maximizar sus efectos positivos, los países de ALC deben asegurarse de que sus programas de transferencias monetarias sean lo suficientemente sensibles y adaptables a las necesidades generadas por los *shocks* sistémicos, y deben aumentar significativamente su capacidad de provisión. Un aspecto decisivo para este cambio es ampliar los registros de la población para que incluyan a personas pobres y vulnerables —hasta el nivel más alto de la distribución de los ingresos que sea practicable— y que sirvan a todos los programas sociales, en lugar de crear registros específicos por programa. Además, dado que la mayoría de los países de ALC utilizan las TMC como instrumento de respuesta a la crisis, los gobiernos de estos países deben gestionar mejor los procesos de inscripción, registro y recertificación de estas transferencias, y aumentar la agilidad y eficacia de estos procesos. Las personas responsables de los programas nacionales de TMC de la región aspiran a contar con procesos de afiliación y baja más flexibles para los beneficiarios, de modo que las familias que anteriormente no eran pobres puedan recibir apoyo cuando lo necesiten y quienes registren un aumento de sus ingresos por encima del umbral de elegibilidad del programa tengan incentivos suficientes como para participar en actividades productivas y sostenibles de subsistencia. Sin embargo, puesto que los programas de TMC están diseñados para abordar la pobreza crónica, por lo general implican largos procesos de admisión de identificación, afiliación y recertificación de los beneficiarios, que se aplican de manera uniforme a todos los hogares beneficiarios potenciales.[11]

Por lo tanto, aunque los países de ALC que tienen programas de TMC nacionales y otros programas de transferencias monetarias los han utilizado de manera eficaz para ayudar a los hogares a adaptarse a las crisis, dichos programas aún no pueden considerarse un instrumento de política lo suficientemente ágil como para abordar las necesidades de las personas pobres y grupos vulnerables no pobres durante los *shocks* sistémicos transitorios (como las crisis financieras o las recesiones prolongadas). Por las exigencias que imponen a la capacidad de gestión, los sistemas de transferencias monetarias por sí solos todavía no son sustitutos eficaces de los acuerdos nacionales más completos de participación común en la cobertura de riesgos.

Las crisis son muy costosas para algunos trabajadores y las respuestas políticas a estas crisis no han logrado compensar los costos ni ofrecer soluciones eficaces para la mayoría de la población afectada. Uno de los motivos principales de este fracaso es que los sistemas laborales y de protección social en la región de ALC aún no se han implantado totalmente, por lo que ciertamente aún no son capaces de brindar una red de protección social dinámica que responda de manera firme a los *shocks* y las crisis (Packard y Onishi 2021; Williams y Berger-González 2020).

¿Qué se debe hacer?

Las transferencias de asistencia social en efectivo son una fuente importante de apoyo a los ingresos durante las crisis en América Latina. En muchos casos, debido a la capacidad administrativa de estos programas y a sus amplios registros, son una de las pocas opciones para canalizar las prestaciones hacia la población de manera rápida. Sin embargo, el apoyo que proporcionan en respuesta a las crisis es insuficiente, y muchas personas quedan desamparadas porque estos programas están dirigidos a quienes ya vivían en la pobreza antes. En el futuro, será importante mejorar la capacidad de dichos programas para aumentar de forma anticíclica su nivel de prestaciones y su cobertura de las poblaciones vulnerables.[12]

Se han identificado tres prioridades de políticas para mejorar el dinamismo de las transferencias monetarias para la asistencia social. La primera es mejorar la adaptabilidad de dichos programas; es decir, su capacidad resolutiva para responder a las necesidades de los hogares que sufren los impactos y las repercusiones de diversos *shocks*, incluyendo huracanes, terremotos y tsunamis, así como crisis. Esta reforma incluirá la creación de registros sociales integrales y dinámicos que puedan ser utilizados por todos los programas sociales, como el *Cadastro Único* de Brasil (Lindert *et al*. 2020). La segunda prioridad es desechar los programas presupuestados y los «cupos» racionados y adoptar garantías de protección, lo que incluye desde la mera asistencia a personas en situación de pobreza crónica hasta el establecimiento de redes de protección social que pueden ampliarse para amparar a personas que se encuentran una situación de vulnerabilidad al empobrecimiento antes de caer en la pobreza (Packard *et al*. (2019). La tercera es prevenir la aparición de «guetos de asistencia» mediante la estructuración de subsidios para

incentivar la reinserción laboral (con el apoyo de servicios de reempleo más integrales).

La pandemia mundial del COVID-19 ha obligado a los gobiernos a actuar rápidamente para llevar a cabo muchas de las reformas que forman parte de este programa político (véase el cuadro 4.3). Muchos de los cambios y las mejoras necesarias en los sistemas laborales y de protección social de la región de ALC ya se habían puesto en marcha antes de la pandemia de 2020, especialmente en países más vulnerables al clima y otros desastres naturales (Bowen et al. 2020; Williams y Berger-González 2020). Muchos de los cambios que incrementan la capacidad de respuesta de un sistema de protección social a los hogares que sufren los impactos

---

CUADRO 4.3   **Respuestas laborales y de protección social de América Latina y el Caribe a la contracción del COVID-19 (coronavirus) en 2020**

Gentilini et al. (2020) han mantenido un registro de las medidas laborales y de protección social tomadas por los países de América Latina y el Caribe (ALC) desde que se declaró la pandemia del COVID-19 (coronavirus) a principios de marzo de 2020. El documento observa un auge sin precedentes de transferencias monetarias, cambios en los planes de seguro social para reducir los requisitos de elegibilidad y aumentar las prestaciones, el uso extensivo de programas de suspensión del contrato de trabajo respaldados con financiación pública, la concesión de créditos y préstamos bonificados a empresas pequeñas y microempresas, y la puesta en marcha de obras públicas basadas en el uso intensivo de mano de obra (aunque este instrumento no fue usado habitualmente, dados los requisitos de mantener la distancia física —y evitar aglomeraciones—, y otras recomendaciones de salud pública de la pandemia). En todos los países de ALC, las medidas de confinamiento y cierres perimetrales han afectado a los medios de subsistencia de los trabajadores informales de manera particularmente dura y han arrasado con muchos negocios informales. Varios países latinoamericanos han tratado de aliviar la difícil situación de aquellas personas que no son consideradas

pobres —aunque son vulnerables (el «eslabón perdido»)— con generosas transferencias excepcionales de emergencia. Entre las más importantes se encuentran los programas Ingreso Familiar de Emergencia, que se han puesto en marcha en Argentina y Chile.

El gráfico B4.3.1 es un diagrama estilizado que muestra cómo se han utilizado todas estas medidas laborales y de protección social en los países de ALC para responder a las consecuencias económicas de la pandemia. Estos países reaccionaron con relativa rapidez y con una amplia gama de instrumentos, y se han beneficiado de años dedicados a la adaptación de sus sistemas laborales y de protección social.

Muchas de estas medidas que se han introducido a raíz de la crisis son transitorias. Sin embargo, también se han introducido varios cambios permanentes, sobre todo en la forma de recopilar y utilizar los datos de los hogares y en la provisión de prestaciones. Estos cambios habían sido objeto de un largo proceso de planificación, pero se aceleraron para ayudar a las personas a afrontar las consecuencias económicas de las medidas de salud pública.

Fuente: Gentilini *et al.* 2020.

(el cuadro continúa en la página siguiente)

CUADRO 4.3   **Respuestas laborales y de protección social de América Latina y el Caribe a la contracción del COVID-19 (coronavirus) en 2020** *(continuado)*

GRÁFICO B4.3.1   **Respuestas estilizadas de políticas laborales y de protección social a la pandemia del COVID-19**

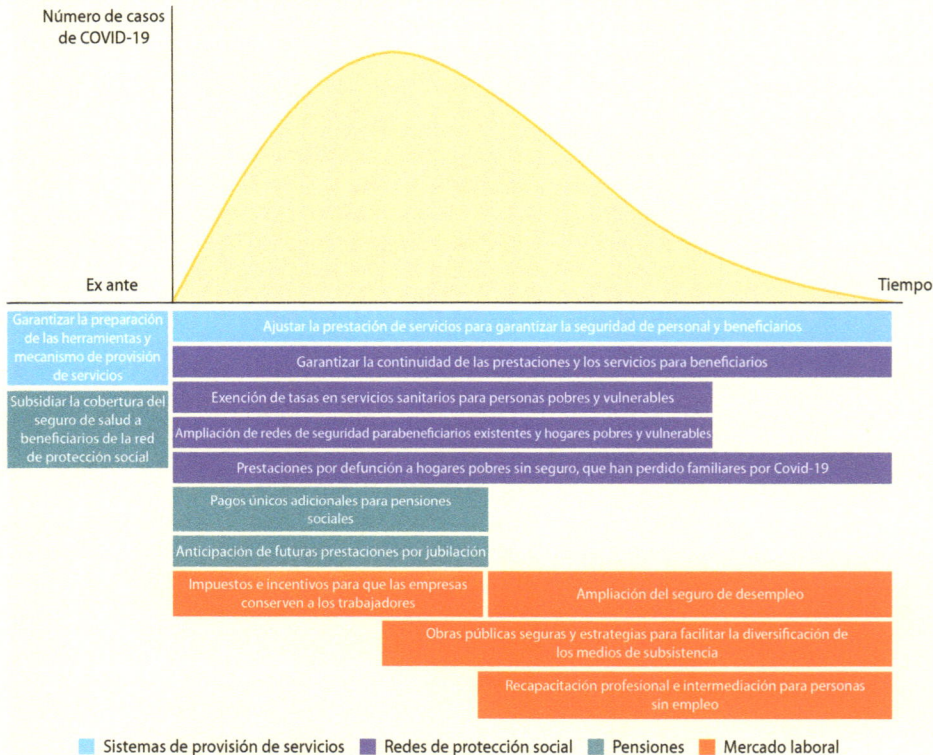

Número de casos de COVID-19

Ex ante

Tiempo

Garantizar la preparación de las herramientas y mecanismo de provisión de servicios

Ajustar la prestación de servicios para garantizar la seguridad de personal y beneficiarios

Garantizar la continuidad de las prestaciones y los servicios para beneficiarios

Subsidiar la cobertura del seguro de salud a beneficiarios de la red de protección social

Exención de tasas en servicios sanitarios para personas pobres y vulnerables

Ampliación de redes de seguridad parabeneficiarios existentes y hogares pobres y vulnerables

Prestaciones por defunción a hogares pobres sin seguro, que han perdido familiares por Covid-19

Pagos únicos adicionales para pensiones sociales

Anticipación de futuras prestaciones por jubilación

Impuestos e incentivos para que las empresas conserven a los trabajadores

Ampliación del seguro de desempleo

Obras públicas seguras y estrategias para facilitar la diversificación de los medios de subsistencia

Recapacitación profesional e intermediación para personas sin empleo

■ Sistemas de provisión de servicios   ■ Redes de protección social   ■ Pensiones   ■ Mercado laboral

Fuente: Morgandi *et al.* 2020; Williams y Berger-González 2020.

de los desastres naturales también mejoran la función del sistema como parte de estabilizadores automáticos nacionales contra otros *shocks* económicos sistémicos. En las economías avanzadas y en varios países de ALC (como Brasil y Perú), se ha invertido en paquetes fiscales muy importantes para hacer frente a la crisis actual del COVID-19. Los países de ALC, en su conjunto, han actuado en forma anticíclica en respuesta a ella. La preocupación ahora se refiere a no retirar el apoyo demasiado rápido. Aunque algunos países han renovado el apoyo a medida que la

pandemia se prolonga, otros no lo han hecho, y esta renovación (o falta de ella) tiene implicaciones fiscales.

Preparar a los trabajadores para el cambio: subsidios a la conservación del empleo (a corto plazo) y apoyo a la recapacitación profesional y el reempleo (a más largo plazo)

Además de los impactos a corto plazo de las crisis sobre los trabajadores, este estudio destaca que, durante las crisis, los trabajadores sufren desempleo, pérdida de ingresos duraderos, y peores comienzos profesionales (y difíciles de recuperar). Estos efectos son de larga duración. ¿Qué se puede hacer para mitigarlos? Investigaciones anteriores sobre las crisis sugieren que la persistencia de estos efectos depende de la gestión de la crisis y de lo bien que, en consecuencia, se adaptan los trabajadores. La historia demuestra que cuanto más dura una crisis, más difícil es para los trabajadores transitar de sectores en decadencia a sectores en expansión. Las secciones anteriores de este capítulo enfatizaron la importancia de los estabilizadores automáticos y el apoyo eficaz a los ingresos como respuestas políticas para ayudar a los trabajadores a mantener su nivel de consumo. En cambio, esta sección se centra en la asistencia en materia de empleo y en los programas de readaptación profesional y reempleo. También analiza los programas de conservación del empleo (suspensiones subsidiadas del contrato de trabajo y otros planes de trabajo a corto plazo que conservan las coincidencias trabajador-puesto de trabajo, que permiten restaurar los niveles de empleo anteriores y prevenir la pérdida de capital humano específico a ciertos sectores y empresas) dado su protagonismo en la respuesta a la crisis actual en países como Argentina, Brasil y, en especial, Chile.

Aumentar la agilidad y calidad de las coincidencias laborales o las inversiones en nuevas cualificaciones puede mitigar estos efectos de las crisis sobre los trabajadores y mejorar las perspectivas de crecimiento de las regiones afectadas en el futuro. La primera línea de respuesta tradicional a las amenazas al empleo derivadas de la crisis es la intermediación y el apoyo a la búsqueda de empleo para las personas que han perdido el empleo, así como la creación de oportunidades asequibles para la readaptación profesional y formación complementaria.

Panorama del apoyo al reempleo y la recapacitación profesional en América Latina

Los servicios de reempleo no monetarios constituyen un complemento vital al apoyo a los ingresos para personas que han sido desplazadas por las crisis y otras categorías de *shocks*. Los servicios de reempleo incluyen programas que ayudan a los trabajadores desplazados a actualizar sus cualificaciones. Dichas medidas de apoyo para la readaptación profesional y el reempleo (a veces conocidas colectivamente como programas activos de mercado laboral o PAML) son necesarios en dos sentidos: (a) junto con el uso combinado y sensato de ahorro individual y participación común en la cobertura de los riesgos para el apoyo a los ingresos, se ha demostrado que las personas que han perdido el empleo y reciben apoyo para encontrar un nuevo trabajo sufren un menor peligro de riesgos morales y menores incentivos maliciosos que surgen casi inevitablemente al ofrecer un seguro de desempleo (Fietz 2020); y (b) estos programas ayudan a compensar la racionalidad limitada de las personas y las limitaciones conductuales, así como informaciones poco exhaustivas sobre las nuevas perspectivas laborales y la demanda de cualificaciones. Sin embargo, los datos existentes sobre la eficacia de los PAML son desalentadores.

Una revisión reciente de McKenzie (2017), que recopila datos más rigurosos procedentes de evaluaciones de impacto de programas de formación profesional, subsidio salarial y asistencia a la búsqueda de empleo, muestra que los impactos de estos programas son modestos en el mejor de los casos en la mayoría de las circunstancias.[13] Los servicios públicos de empleo suelen ser los organismos con menos recursos de los sistemas laborales y de protección social en el ámbito nacional. La mayoría de los gobiernos no pueden formular intervenciones específicamente adaptadas a *shocks* particulares, a las diversas necesidades de diferentes grupos de demandantes de empleo (como personas jóvenes, personas con menores dependientes, o personas mayores) o a industrias y lugares particulares. El historial de los PAML tradicionales también se ha visto empañado por la tendencia de los gobiernos a usarlos en lugar de—en vez de en apoyo a— reformas estructurales, institucionales y normativas necesarias.

Otra limitación de la prestación de estos servicios en respuesta a las crisis es que, en países de todo el mundo, los PAML públicos cuentan con escasa financiación y poca inversión en su capacidad de aplicación, y los programas privados no cuentan con una oferta suficiente. Ni siquiera los países de América Latina con una larga trayectoria en la gestión de programas públicos de asistencia al empleo, como Argentina, Colombia y Perú, logran financiarlos adecuadamente (OIT 2016). Esta falta de recursos conduce a una baja cobertura y dificultades para poner en marcha y adaptar los programas a las necesidades de los diferentes grupos.

Un nuevo énfasis político en el apoyo al reempleo requerirá cuatro elementos que rara vez se asocian con los PAML tradicionales: (a) especificidad a los *shocks* que causaron el desempleo o a las necesidades particulares de quienes buscan empleo; (b) coherencia y coordinación con otras partes del sistema laboral y de protección social (de manera más

evidente, el seguro de desempleo u otro plan de apoyo a los ingresos); (c) seguimiento de su puesta en marcha y evaluación de su impacto; y (d) recursos suficientes de los presupuestos nacionales.

El gráfico 4.12 es un diagrama que organiza conceptualmente las crisis frente a una serie de otros *shocks* y propone un conjunto de intervenciones (distintas al apoyo a los ingresos) más adecuadas para la reinserción laboral. Las crisis como la crisis financiera mundial de 2008–2009 se clasifican como *shocks* sistémicos transitorios (en la parte superior izquierda) porque afectan a todo un país. Se distinguen de los *shocks* sistémicos permanentes (en la esquina superior derecha) que consisten en perturbaciones debidas a transformaciones estructurales (como el cambio climático, la adopción generalizada de nuevas tecnologías y los cambios en la política comercial) que provocan la destrucción de ciertas ocupaciones y la creación de otras diferentes, con conjuntos de cualificaciones

GRÁFICO 4.12   Políticas de empleo y reempleo, según la naturaleza del *shock* que provoca un desplazamiento

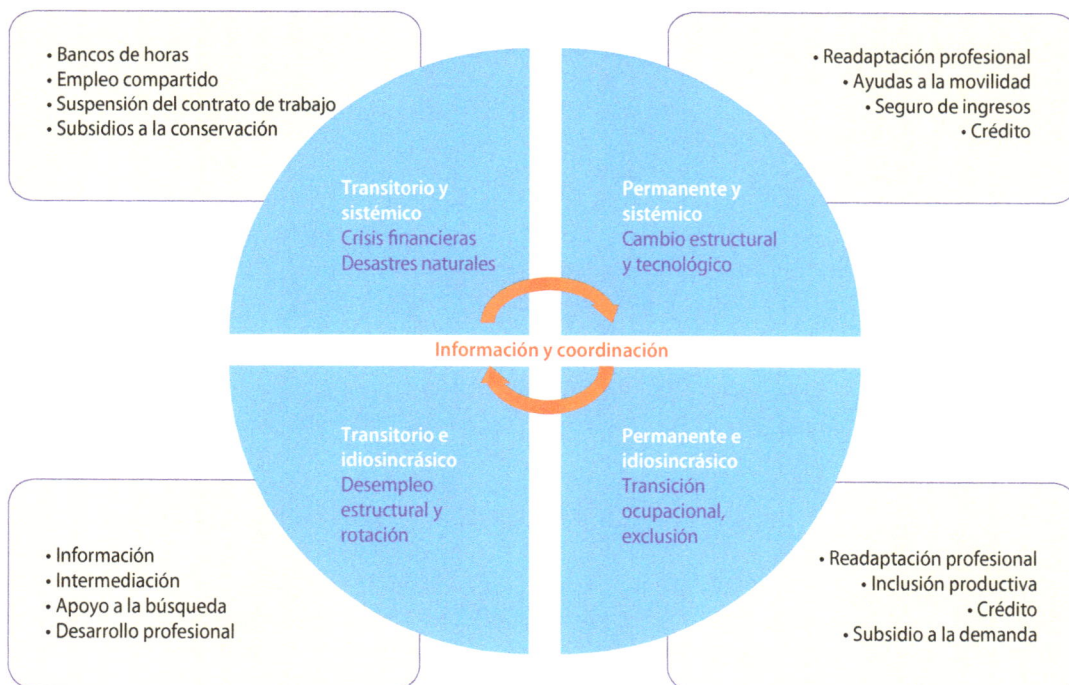

Fuente: Adaptado de Packard *et al.* 2019.

diferentes. Las crisis también difieren de los *shocks* que son transitorios pero idiosincrásicos para las personas o los hogares (abajo a la izquierda), como el aumento de la competencia, la flexibilización de los procedimientos de despido, la rotación estructural y las fluctuaciones cíclicas que dan lugar a separaciones y reempleo con más frecuencia o a variaciones de los ingresos. Por último, se diferencian de los *shocks* idiosincrásicos persistentes (esquina inferior derecha), que demandan políticas que faciliten las transiciones más prolongadas de puestos de trabajos de menor a mayor productividad, particularmente en áreas y regiones con desfase, o desde el desempleo o la inactividad de largo plazo (Packard *et al.* 2019; Robalino, Romero y Walker 2018). Sin embargo, como demuestra este estudio, las crisis pueden tener efectos permanentes y, por tanto, parte de su impacto no es transitorio sino de larga duración (con tendencia a ser permanente). Por lo tanto, en respuesta a las crisis deben contemplarse los programas típicamente asociados con los *shocks* sistémicos permanentes, como el apoyo a la readaptación profesional y el reempleo.

Registro mixto de servicios de asistencia para la reinserción laboral

Una revisión reciente de Card, Kluve y Weber (2017) sintetiza las conclusiones principales de más de 200 estudios recientes sobre programas activos de mercado laboral. Los autores distinguen entre tres horizontes temporales posteriores al programa y utilizan modelos de regresión para determinar los efectos estimados de los programas para estudios que modelan la probabilidad de empleo, y el signo y la significación de los efectos estimados para todos los estudios de la muestra. Llegan a la conclusión de que los efectos medios de los PAML se aproximan a cero a corto plazo, pero que los efectos se vuelven más positivos dos o tres años tras la terminación de los programas. El perfil temporal de estos impactos varía según el tipo de programa; las ganancias promedio son mayores en los programas que hacen hincapié en la acumulación de capital humano. También se

observa una heterogeneidad sistemática entre grupos, con mayores impactos para las mujeres y las personas que han sufrido periodos de desempleo de larga duración.

La combinación e intensidad de las intervenciones necesarias para conseguir que la gente vuelva a trabajar podrían ser diferentes para cada tipo de *shock*. Los servicios de reempleo estándares, que se ocupan de las limitaciones en cuestión de información y cualificaciones, deberían continuar incluyendo asesoramiento, varios tipos de formación, asistencia a la búsqueda de empleo, intermediación y varias formas de subsidios salariales. Sin embargo, la combinación de servicios necesarios para apoyar a quienes se encuentran en transición entre tipos de trabajos similares cuando una empresa individual reduce su tamaño será diferente de la necesaria para apoyar a las personas desplazadas por cambios estructurales, como la liberalización comercial o la adopción generalizada de nuevas tecnologías que afectan a las industrias y los lugares. Es probable que las intervenciones más difíciles sean las necesarias para facilitar las transiciones desde las actividades de muy baja productividad (como la agricultura de subsistencia o el trabajo por cuenta propia en empresas familiares). En estos casos, si garantizar el acceso a servicios públicos de calidad e infraestructura de enlace adecuada no es suficiente, es posible que las medidas laborales activas tradicionales deban combinarse con intervenciones del «lado de la demanda» para movilizar la inversión y crear nuevas oportunidades de empleo (Robalino, Romero y Walker 2018). Este enfoque se está siguiendo y evaluando en varios países (cuadro 4.4).

Además del apoyo a los ingresos a corto plazo: acciones políticas para la reinserción laboral y la readaptación profesional

Las políticas de empleo son la respuesta tradicional a los problemas de reempleo y readaptación profesional. Sin embargo, la mayoría de los países de ALC apenas invierten en medidas laborales activas: alrededor del 0,5 % del PIB. Incluso aquellos que invierten más, tienen un historial de rendimiento

CUADRO 4.4 *Shocks* sistémicos y permanentes: respuestas al desplazamiento laboral causado por cambios estructurales

Incluso los servicios públicos de empleo con mayor rendimiento, punteros y con presupuestos generosos tendrán dificultades para atender las necesidades de las personas que han perdido el empleo tras crisis sistémicas que tienen consecuencias permanentes. Afortunadamente, hay casos de países que brindaron una respuesta a quienes soportaron la peor parte de los cambios estructurales; dichos cambios inicialmente fueron disruptivos, pero, en última instancia, beneficiosos. Las intervenciones empleadas incluyen programas específicos de asistencia al ajuste laboral que crean incentivos apropiados para la reinserción laboral y pueden minimizar los costos de movilidad y acelerar las transiciones laborales.

El programa de asistencia al ajuste comercial de EE. UU. es un programa federal que ayuda a los trabajadores a través de asistencia a la búsqueda de empleo, formación, subsidios salariales para sus posibles nuevos empleadores, seguro médico para personas desempleadas y asignaciones por redistribución. El programa ayuda a los trabajadores desplazados porque su empresa se reubicó en otro país o por la liberalización comercial (para los trabajadores de industrias que compiten con las importaciones, así como para los empleados de productores aguas abajo o aguas arriba). Las evaluaciones de este programa muestran resultados heterogéneos, incluida una eficacia limitada para ayudar a los trabajadores afectados a obtener un nuevo empleo con un salario adecuado (Schochet *et al.* 2012).

Los datos sobre la selección de los beneficiarios en función del sector de empleo, como ocurre en este programa, no son alentadores. Demuestra que (a) las fricciones de movilidad regional son mayores que las fricciones de movilidad sectorial y (b) una crisis que inicialmente se transmite a través de un sector se extiende rápidamente a otros sectores. (Por ejemplo, las estimaciones de EE. UU. y la Unión Europea sugieren que un puesto de trabajo en un sector transable crea entre 0,5 y 1,5 puestos de trabajo adicionales en sectores no transables [Ehrlich y Overman 2020]; por lo tanto, la pérdida de un puesto de trabajo transable podría dar lugar a la destrucción de puestos de trabajo adicionales en sectores aguas arriba o aguas abajo). Será difícil identificar a los trabajadores más afectados porque es probable que trabajen en sectores que inicialmente no se vieron afectados por el *shock*.

Los detractores del programa insisten en que la mejor readaptación profesional se consigue en el puesto de trabajo. Proponen una alternativa de «seguro salarial»: pagos sujetos a plazos que se hacen directamente a los trabajadores para reducir la diferencia entre lo que ganaban en los empleos que acaban de perder y en los nuevos, hasta un límite máximo. Los subsidios salariales en lugar de la formación teórica podrían animar a los trabajadores a buscar un nuevo empleo y, a su vez, mejorar el acceso al aprendizaje en el lugar de trabajo (Vijil *et al.* 2018).

En Austria, la fundación austriaca del acero ha ayudado a los trabajadores desplazados a encontrar un nuevo empleo desde la privatización de la industria siderúrgica del país. Ofrece una amplia gama de servicios que incluye programas de orientación profesional, asistencia para la creación de pequeñas empresas, amplia formación y readaptación profesional, educación formal y asistencia a la búsqueda de empleo. El programa está financiado por todos los participantes: los propios aprendices, las empresas siderúrgicas, el gobierno local (a través de prestaciones por desempleo) y los trabajadores de la industria del acero, que contribuyen de manera solidaria con una parte de sus salarios brutos. El programa ha aumentado la probabilidad de reinserción laboral de los participantes (Winter-Ebmer 2001).

Fuente: Vijil *et al*. 2018.

bastante pobre (McKenzie 2017). Por ejemplo, de los 90 programas de empleo juvenil de la región de ALC que se evaluaron rigurosamente, solo el 30 % tuvo efectos positivos en las tasas de empleo o los ingresos y estos efectos fueron pequeños (Kluve *et al.* 2016; Robalino y Romero 2019). Además, no hubo diferencias significativas en la eficacia entre los tipos de programas (por ejemplo, formación en comparación con asistencia a la búsqueda de empleo). La mayoría de las medidas laborales activas gestionadas por las oficinas públicas de empleo no han sido evaluadas. Pero su capacidad institucional suele ser deficiente, se enfrentan a graves limitaciones en términos de recursos humanos y financieros, y el personal existente tiene pocos incentivos para responder a las necesidades de los demandantes de empleo y los empleadores.

Cabe extraer varias lecciones de la experiencia internacional que podrían utilizarse para orientar la reforma de las medidas laborales activas en la región de ALC. Primero, los datos demuestran la importancia de dejar de lado las intervenciones aisladas y, en su lugar, brindar un paquete integrado de servicios. Incluso las personas que se ven afectadas por el mismo tipo de *shock* rara vez se enfrentan a los mismos obstáculos para acceder a un nuevo puesto de trabajo. Así pues, el éxito de un programa depende de su capacidad para adaptar sus servicios a los diferentes perfiles y las demandas de los trabajadores. Para lograrlo, los servicios de asistencia al reempleo deben establecer sistemas de registro y elaboración de perfiles estadísticos que les permita identificar las limitaciones con las que lidian las personas. Asimismo, las prácticas avanzadas de seguimiento y evaluación son claves para evaluar los resultados de los programas e introducir correcciones en caso de ser necesario. La sostenibilidad fiscal de programas más amplios y eficaces también requerirá diversas fuentes de financiamiento. Cuando los gobiernos amplían la disponibilidad de las estructuras de participación común en la cobertura de los riesgos para cubrir *shocks* con pérdidas inciertas y catastróficas, cabe esperar que los recursos aportados a estos programas por las personas y las empresas satisfagan las necesidades causadas por *shocks* más previsibles y

GRÁFICO 4.13 **Abordar los impactos de las crisis y prepararse para el cambio: reformas políticas**

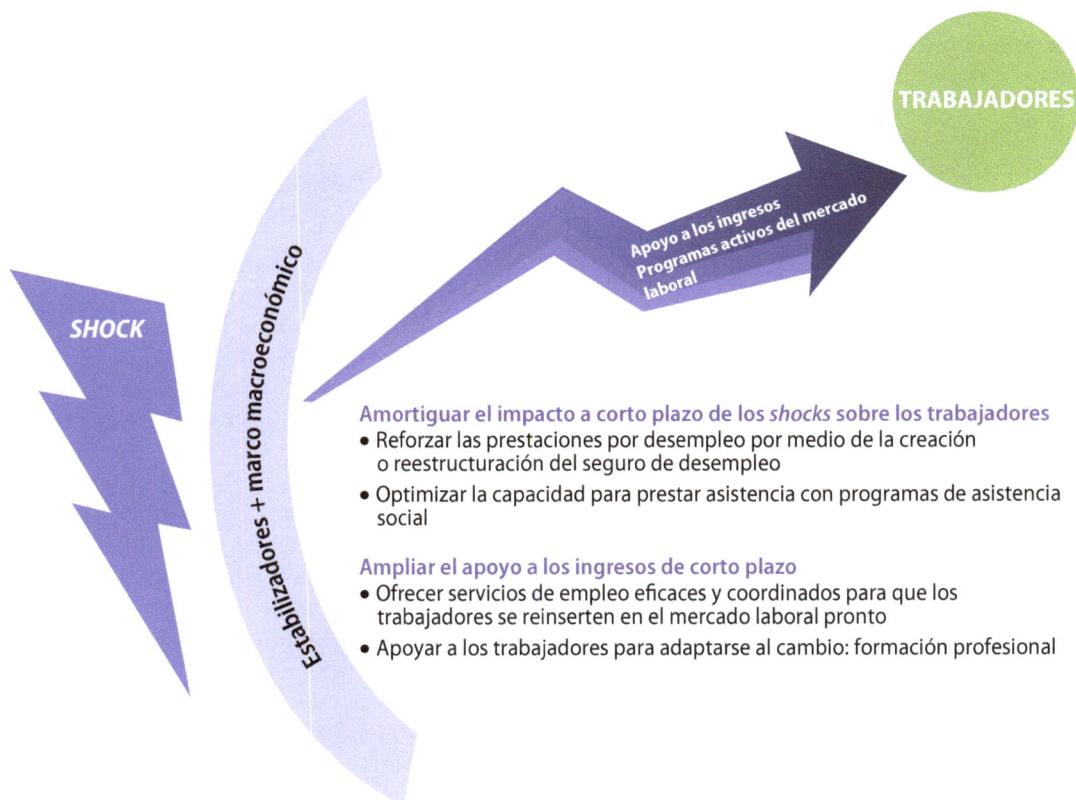

TRABAJADORES

SHOCK

Estabilizadores + marco macroeconómico

Apoyo a los ingresos
Programas activos del mercado laboral

Amortiguar el impacto a corto plazo de los *shocks* sobre los trabajadores
- Reforzar las prestaciones por desempleo por medio de la creación o reestructuración del seguro de desempleo
- Optimizar la capacidad para prestar asistencia con programas de asistencia social

Ampliar el apoyo a los ingresos de corto plazo
- Ofrecer servicios de empleo eficaces y coordinados para que los trabajadores se reinserten en el mercado laboral pronto
- Apoyar a los trabajadores para adaptarse al cambio: formación profesional

Fuente: Banco Mundial.

menos costosos. La mayoría de las medidas laborales activas actuales se financian con cargo a los gastos presupuestarios generales. Dada la naturaleza de los *shocks* y las pérdidas y el grado de deficiencias del mercado, esta fuente de financiación es adecuada para algunas necesidades, pero no necesariamente para todas. Se necesita un servicio de asistencia al empleo más coordinado y sostenido, con un mayor enfoque en los resultados de estos programas y las consecuencias imprevistas.

En términos de políticas de readaptación profesional, es importante apoyar a los trabajadores de cara al cambio. Este apoyo implica fortalecer la educación técnica y formación profesional, fomentar los programas de educación superior de ciclo corto, ampliar el acceso a estudiantes de bajos recursos y condicionar el financiamiento de dichos programas a la empleabilidad de dichos estudiantes.

En conjunto, el gráfico 4.13 ilustra una caracterización más completa de las posibles áreas de política prioritarias para lograr una mejor respuesta de protección social a las crisis en América Latina (dimensión de política 2). Datos disponibles de múltiples contextos demuestran que todas las áreas prioritarias incluidas en este gráfico pueden ejercer una influencia real en el ajuste del mercado laboral.

Estructural: mayor competencia y políticas locales

Los capítulos 2 y 3 de este informe documentan la importancia de los factores de demanda y tres problemas estructurales que magnifican los impactos de las crisis sobre el bienestar social y la eficiencia en la región de ALC: la rigidez laboral, que complica las transiciones del empleo; la dicotomía en la región entre empresas protegidas y no protegidas (causada por factores como la falta de competencia y el excesivo poder de mercado de las empresas protegidas); y los bajos niveles de movilidad entre los trabajadores. Atendiendo a estas cuestiones, es posible que las acciones políticas de los países de ALC

requieran una actuación más amplia de la protección social tradicional y de las reformas laborales para obtener mejores resultados (véase la dimensión de política 3 en el gráfico 4.1). ¿Qué implica esto?

La siguiente sección analiza los principales escollos institucionales a las transiciones laborales y cuestiones primordiales para reformarlos. Posteriormente, analiza datos de primera mano y presenta algunos ejemplos prácticos sobre el impacto de mejores políticas en materia de competencia para cambiar el *statu quo* y lograr el dinamismo necesario para la recuperación del empleo tras las crisis. Concluye con un análisis sobre cómo abordar la dimensión espacial del ajuste del mercado laboral a través de una respuesta política de doble dimensión, incluidas las políticas de desarrollo regional bien diseñadas que fomentan la creación de empleo en regiones deprimidas y políticas locales para reducir los costos de movilidad entre regiones o distritos. Ayudar a las personas a superar las limitaciones estructurales y, sobre todo, espaciales a las que se enfrentan en el empleo es un enfoque necesario de una aplicación ampliada de las políticas activas de mercado laboral.

Facilitar las transiciones laborales: rigidez del mercado laboral

El capítulo 2 demostró que, en países con normativas laborales muy diferentes, la naturaleza de los ajustes de los mercados y sus consecuencias para la productividad y supervivencia de las empresas también difieren. Esta sección analiza las principales áreas en las que la región de ALC presenta rigideces del mercado laboral y cómo abordar dichas rigideces para lograr una mejor respuesta a las crisis. El prolongado y acalorado debate entre algunos economistas sobre las ventajas y los costos asociados con las normativas del mercado laboral en materia de empleo está avanzando lentamente hacia un consenso: cuando los responsables de la formulación de políticas evitan caer en los extremos de una normativa demasiado escasa o excesiva, unos niveles razonables de normativa pueden mejorar los resultados con unas distorsiones o unos costos de eficiencia mínimos (Banco Mundial 2012).

Algunos de los instrumentos normativos más problemáticos son las restricciones a las decisiones de contratación y despido de las empresas, conocidas colectivamente como legislación sobre protección del empleo (LPE). La LPE es parte del marco institucional en torno al mercado laboral. Otros elementos de este marco son (la existencia de y) las disposiciones sobre el seguro de desempleo, los programas activos de mercado laboral y las estructuras de gobernanza, como la negociación colectiva tripartita (entre sindicatos, empleadores o asociaciones empresariales, y el gobierno como agente de enlace). Este marco institucional afecta tanto al funcionamiento de los mercados laborales como a la productividad de las empresas (Betcherman 2014). En este marco, las normativas laborales determinan los tipos de contratos laborales permitidos; la capacidad de los empleadores para ajustar salarios, prestaciones y horas; horarios y condiciones de trabajo; prácticas laborales prohibidas; y normativas que rigen la contratación y el despido de trabajadores (Kuddo, Robalino y Weber 2015). Estas normativas, que están diseñadas para proteger o redistribuir los ingresos de los trabajadores, suelen tener por objeto subsanar un defecto del mercado laboral (como la información deficiente, el poder de mercado desigual entre empresarios y trabajadores, la discriminación o las insuficiencias del mercado para brindar un seguro que proteja contra los riesgos relacionados con el empleo.

En la región de ALC, donde las prestaciones por desplazamiento laboral tienen una cobertura limitada, algunos gobiernos tomaron la decisión de abordar el riesgo de la pérdida de empleo y otros *shocks* laborales en el sector formal al prevenir o retrasar los ajustes, en lugar de brindar apoyo a los trabajadores afectados para gestionar y recuperarse de los *shocks*. Este enfoque se basa en gran medida en restringir los despidos, exigir obligaciones de indemnización financiadas por los empleadores y limitar la aplicación de contratos de empleo flexibles, como los contratos temporales o la subcontratación.

Los datos demuestran que cuando estas normativas se fijan a niveles excesivamente restrictivos pueden generar impactos económicos y sociales no deseados que exacerban las imperfecciones del mercado laboral que originalmente pretendían resolver (Betcherman 2014). La región de ALC presenta algunos ejemplos de normativas de niveles extremos en comparación con los países de otras regiones. En Bolivia y la República Bolivariana de Venezuela, por ejemplo, el código laboral no permite la rescisión de contratos de trabajo por «razones económicas» (es decir, bajo rendimiento o recesión del mercado); los motivos de despido se limitan a razones disciplinarias. En Ecuador, el uso de contratos temporales, así como la subcontratación, están muy limitados. En Surinam, los empresarios deben solicitar la aprobación del Ministerio de Trabajo para despedir a un trabajador. México, Panamá y Perú aplican procedimientos igualmente restrictivos a los despidos. Siempre que sea obligatorio dar a los empleados un preaviso de despido con una antelación razonable, las empresas deberían tener más flexibilidad en sus decisiones sobre los recursos humanos. Para prevenir abusos o prácticas discriminatorias por parte de las empresas, los Ministerios de Trabajo podrían poner en práctica auditorías *ex post* basadas en la evaluación de riesgos y aplicar sanciones severas cuando se detectan infracciones (Packard y Onishi 2021).

En un entorno con focos de normativa laboral excesivamente rígida, altos costos de destrucción de empleo y un ajuste lento del mercado laboral, surgirán menos ofertas de trabajo, lo que alargará los periodos de desempleo.[14] Las normativas laborales excesivamente restrictivas afectan a las decisiones de los empleadores sobre cómo ajustarse a los *shocks* de demanda, lo que altera la reasignación de los trabajadores a lo largo del ciclo económico.[15] En la región de ALC, los pormenores albergan las mayores dificultades: los mercados laborales son rígidos solo en algunos países y solo en algunas dimensiones claves. Las normativas de la región varían considerablemente según indicadores ampliamente utilizados para medir el alcance de la

GRÁFICO 4.14 **Legislación sobre protección del empleo en países miembros de la OCDE y países seleccionados de América Latina, datos de 2014 o más recientes**

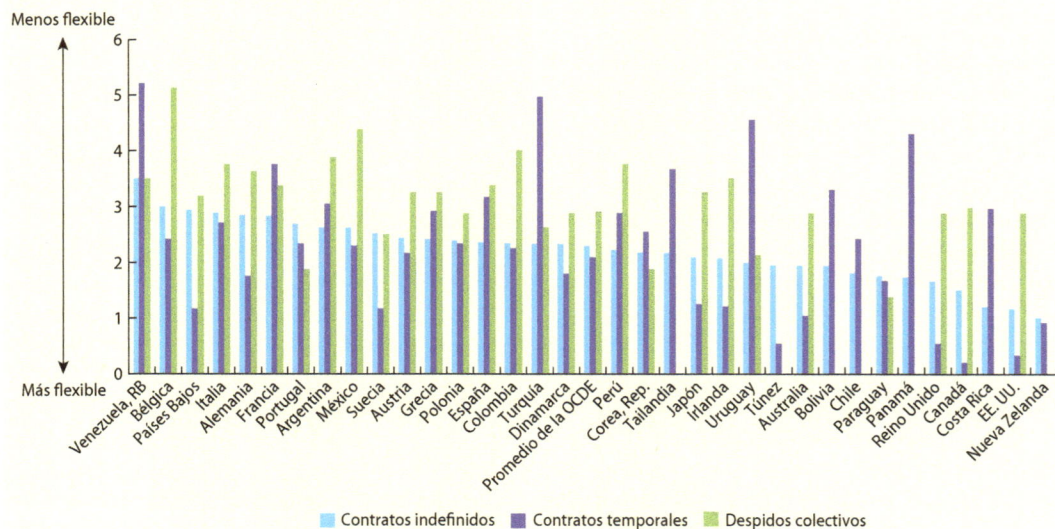

Fuente: OECD Stat, indicadores sobre la legislación para la protección del empleo (versión 3), ampliados para América Latina y el Caribe y para los años 2013 y 2014 por la base de datos Sistema de Información de Mercados Laborales y Seguridad Social (SIMS) del Banco Interamericano de Desarrollo.
Nota: Las normativas de protección del empleo de estos países se clasifican en una escala de 0 a 6, donde 0 = más flexible y 6 = menos flexible.
OCDE= Organización de Cooperación y Desarrollo Económicos.

normativa laboral, como el índice de LPE de la OCDE (que el Banco Interamericano de Desarrollo [BID] amplió para incluir a muchos países de ALC). Incluso en aquellos países en los que los contratos de trabajo fijos están restringidos en forma similar o menor que el promedio de la OCDE (como Colombia, Panamá, Perú y Uruguay, como se muestra en el gráfico 4.14), el empleo de duración determinada (temporal) está más restringido y los despidos colectivos son mucho más difíciles. Sin embargo, la capacidad de aplicación cambia la situación en cuanto a si la normativa, en su redacción actual, verdaderamente restringe las prácticas laborales y crea una fricción significativa en el ajuste del mercado laboral (Kanbur y Ronconi 2018).

Más allá de estos índices agregados de la legislación sobre protección del empleo, los indicadores más detallados de la normativa laboral muestran cómo se utilizan instrumentos reguladores específicos con diferente intensidad en los países de ALC. La base de datos sobre empleo de trabajadores del proyecto *Doing Business* del Banco Mundial

permite distinguir entre la normativa de prácticas de contratación, horas de trabajo, gestión de despidos y costos de despido.[16] En los cuatro paneles del gráfico 4.15, se presenta un único índice compuesto de la rigidez general de la normativa laboral, construido de acuerdo con todos estos indicadores, frente a subíndices separados que captan: (a) las restricciones a la contratación (es decir, el empleo de trabajadores a tiempo parcial y temporales, el uso repetido de contratos temporales y la subcontratación); (b) la normativa del tiempo de trabajo (que define la jornada laboral y los días laborables); (c) las normas de los procedimientos de despido (como los requisitos de notificación a terceros e incluso la aprobación de los despidos a nivel individual o colectivo); y (d) los costos financieros reales de despido (indemnización por despido, pago de las vacaciones acumuladas y otras sanciones financieras exigidas a las empresas). Estos índices se construyen con análisis de componentes principales (ACP) y se normalizan sobre una escala de -3 (menos rígido) a 3

GRÁFICO 4.15 **Normativa sobre empleo en los países de ALC, *circa* 2019**

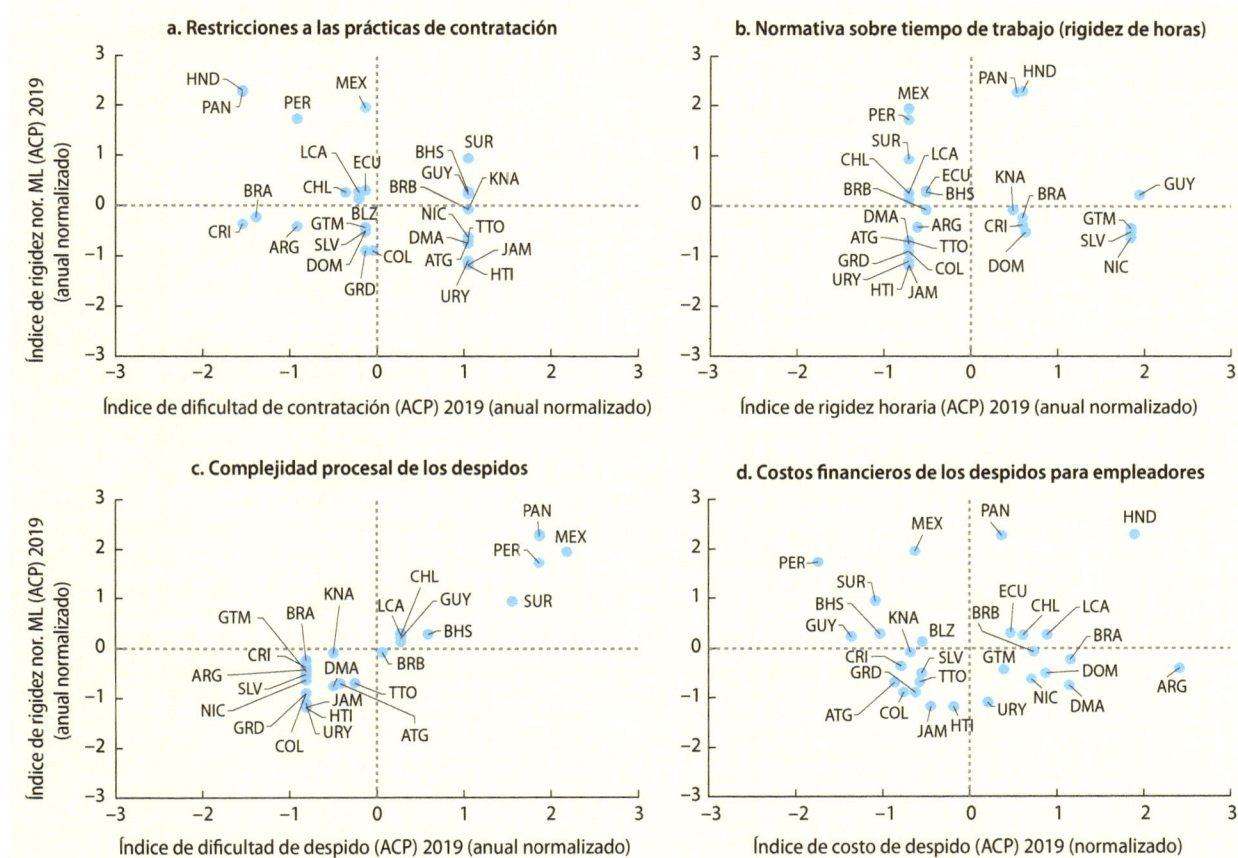

a. Restricciones a las prácticas de contratación

Eje vertical: Índice de rigidez nor. ML (ACP) 2019 (anual normalizado), de -3 a 3
Eje horizontal: Índice de dificultad de contratación (ACP) 2019 (anual normalizado), de -3 a 3

Países: HND, PAN, PER, MEX, LCA, ECU, BHS, SUR, CHL, BRA, GUY, KNA, BRB, CRI, GTM, BLZ, NIC, ARG, SLV, DMA, TTO, DOM, COL, ATG, JAM, GRD, HTI, URY

b. Normativa sobre tiempo de trabajo (rigidez de horas)

Eje vertical: de -3 a 3
Eje horizontal: Índice de rigidez horaria (ACP) 2019 (anual normalizado), de -3 a 3

Países: PAN, HND, MEX, PER, SUR, LCA, CHL, ECU, BRB, BHS, KNA, BRA, GUY, DMA, ARG, CRI, GTM, ATG, TTO, SLV, GRD, COL, DOM, NIC, URY, HTI, JAM

c. Complejidad procesal de los despidos

Eje vertical: Índice de rigidez nor. ML (ACP) 2019 (anual normalizado), de -3 a 3
Eje horizontal: Índice de dificultad de despido (ACP) 2019 (anual normalizado), de -3 a 3

Países: PAN, PER, MEX, CHL, GUY, GTM, BRA, KNA, LCA, SUR, CRI, BHS, ARG, DMA, BRB, SLV, NIC, JAM, TTO, GRD, HTI, COL, URY, ATG

d. Costos financieros de los despidos para empleadores

Eje vertical: de -3 a 3
Eje horizontal: Índice de costo de despido (ACP) 2019 (normalizado), de -3 a 3

Países: MEX, PAN, HND, PER, SUR, BHS, ECU, CHL, LCA, GUY, BRB, KNA, BLZ, CRI, SLV, GTM, BRA, GRD, TTO, DOM, ARG, ATG, COL, URY, NIC, DMA, JAM, HTI

Fuente: Packard y Onishi 2021; índices construidos por Maratou-Kolias, *et al.* 2020, utilizando datos sobre empleo de trabajadores del proyecto *Doing Business* del Banco Mundial.
Nota: Se construyeron cinco índices de las normativas *de iure* utilizando análisis de componentes principales (ACP): un índice compuesto de «rigidez general de la normativa laboral» de todos los indicadores de normativas laborales sobre empleo de trabajadores del proyecto *Doing Business* (presentados en el eje vertical de cada panel) y cuatro índices para diferentes subconjuntos de medidas. Los valores de ACP se han normalizado a los valores medios regionales de ALC (representados por líneas azules horizontales y verticales respectivamente) para crear una escala de -3 (menos rígido) a 3 (más rígido). ALC = América Latina y el Caribe; nor. ML = normativas del mercado laboral.

(más rígido); se asigna 0 a los valores medios de la región de ALC. Por lo tanto, los países situados en la mitad superior de cada panel tienen una normativa más rígida en general, y la ubicación de los países en el cuadrante derecho o izquierdo del panel (distancia con respecto a la media) indica el aspecto específico de la normativa laboral que explica su rigidez (o ausencia de ella).

Como se muestra en el gráfico 4.15, en la muestra de países de ALC para los que se recopilan los indicadores sobre empleo de trabajadores, la rigidez general de la normativa laboral se debe principalmente a

restricciones a las prácticas de contratación (panel a) y dificultades procesales asociadas con los despidos (panel c). De acuerdo con el índice de LPE de la OCDE y el BID señalado anteriormente, los costos financieros legales de los despidos, como los períodos de preaviso pagados, las indemnizaciones y los pagos de vacaciones no disfrutadas (panel d), y la rigidez de los horarios (panel b) parecen contribuir en menor medida a la rigidez normativa general, aunque su contribución varía considerablemente entre países.[17]

La rígida normativa de los contratos de trabajo indefinidos y las amplias disparidades entre las protecciones que ofrecen estos contratos y las que ofrecen las formas de empleo no estándar pueden crear un mercado laboral interno-externo incluso en el empleo formal. Este efecto se añade a los formidables obstáculos causados por la división entre el empleo formal e informal: un gran conjunto de protecciones está asociado con el empleo formal, pero también con una gran cuña fiscal. Betcherman (2014) observa que la legislación sobre protección del empleo tiene un efecto nivelador entre trabajadores a tiempo completo y con cobertura, en la categoría de edad de máximo rendimiento, pero que excluye de su cobertura a grupos como jóvenes, mujeres y personas menos cualificadas de manera excesiva (Betcherman 2014; Heckman y Pagés 2004). La tentativa de mitigar el impacto de una normativa demasiado rígida con formas de contratación singulares solo exacerba estos impactos distributivos negativos. Las personas

jóvenes y mujeres tienen una probabilidad muy alta de ser contratados mediante contratos temporales que los excluyen del acceso a numerosas prestaciones y protecciones contra despidos (Gatti, Goraus y Morgandi 2014; Kuddo, Robalino y Weber 2015).

¿Qué se debe hacer?

Es probable que la reducción de la intensidad con la que los países regulan las decisiones de las empresas en materia de recursos humanos afecte a los trabajadores. Con un acceso más amplio a los programas nacionales de seguro de desempleo, prestaciones de redes de protección social más dinámicas y un sistema estable de servicios de asistencia al reempleo, los ajustes del mercado laboral, incluidos los cambios normativos, serán más fluidos (Andersen 2017; Bekker 2018). Del mismo modo, los principios de protección de los trabajadores, en lugar de protección del empleo, y de desvinculación de

GRÁFICO 4.16 **Flexibilidad de la normativa laboral y gasto en capital humano y programas laborales en países de ALC en comparación con otras regiones**

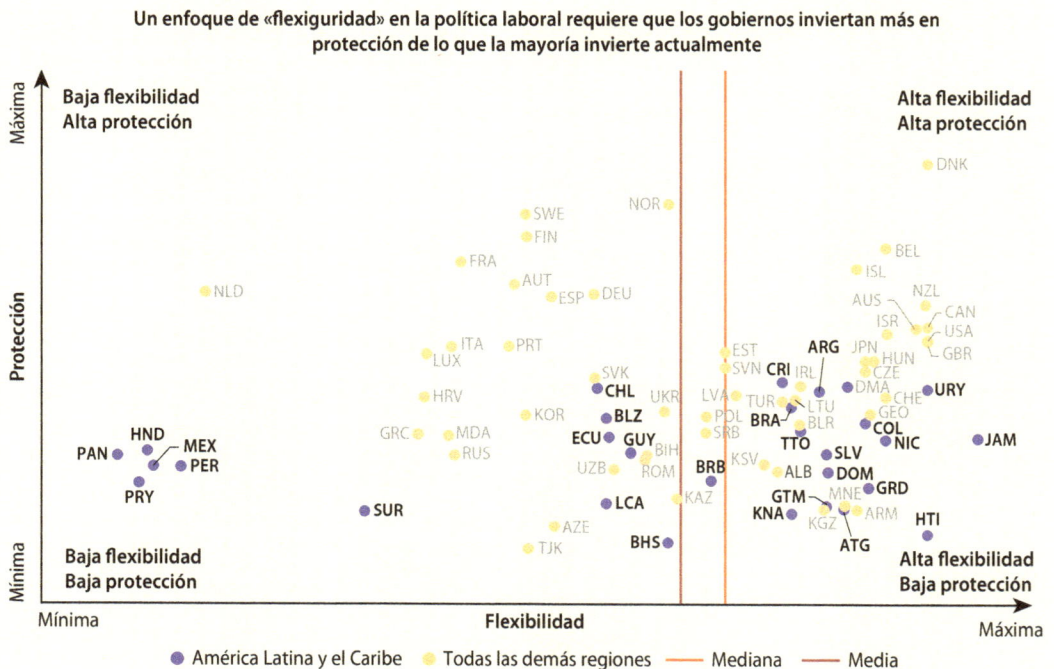

Un enfoque de «flexiguridad» en la política laboral requiere que los gobiernos inviertan más en protección de lo que la mayoría invierte actualmente

Fuente: Onishi y Packard 2021, basado en Packard *et al.* 2019.
Nota: El eje horizontal muestra la inversa del análisis de componentes principales de la normativa del mercado laboral sobre el índice de rigidez compuesto, utilizando la base de datos de empleo de trabajadores del proyecto *Doing Business;* el eje vertical traza el índice de las «protecciones» (medido como el gasto gubernamental en salud, educación y apoyo a la protección social) que son accesibles por fuera de la relación laboral.

las protecciones del lugar y la forma de trabajar en respuesta a los efectos permanentes de las transformaciones económicas, podrían no ser útiles en una crisis a corto plazo, pero podrían ser aplicables a medio plazo.[18] Los efectos de este cambio también dependerán de si se dispone de un acceso más amplio a los programas nacionales de seguro de desempleo y del dinamismo del empleo en la economía.

El gráfico 4.16 muestra un diagrama estilizado que compara los países de la región de ALC con países de otras regiones de acuerdo con: (a) flexibilidad de la normativa laboral (a lo largo del eje horizontal, al contrario del índice de rigidez en el gráfico 4.15); y (b) en qué medida se contemplan protecciones fundamentales ajenas a la relación laboral (a lo largo del eje vertical, un índice del gasto público en educación, salud, asistencia

social y programas de apoyo al mercado laboral, como porcentaje del PIB). En el cuadrante superior derecho del gráfico 4.16 se encuentran Dinamarca, Nueva Zelanda, Reino Unido y otros países que han cambiado su postura política para combinar una mayor flexibilidad del mercado laboral con un capital humano más competente y servicios de protección social para ayudar a las personas a tener una transición exitosa entre trabajos. Aunque algunos países de ALC se encuentran en ese mismo cuadrante (con mayor flexibilidad y protección), muchos tienen situaciones menos favorables en, al menos, una de las dos dimensiones.

En algunos países, la actual y excesiva dependencia de las normativas de protección del empleo en lugar de apoyo a los ingresos y servicios de reempleo tiene un costo: perjudica

GRÁFICO 4.17 **Instrumentos normativos del mercado laboral y duración del desempleo**

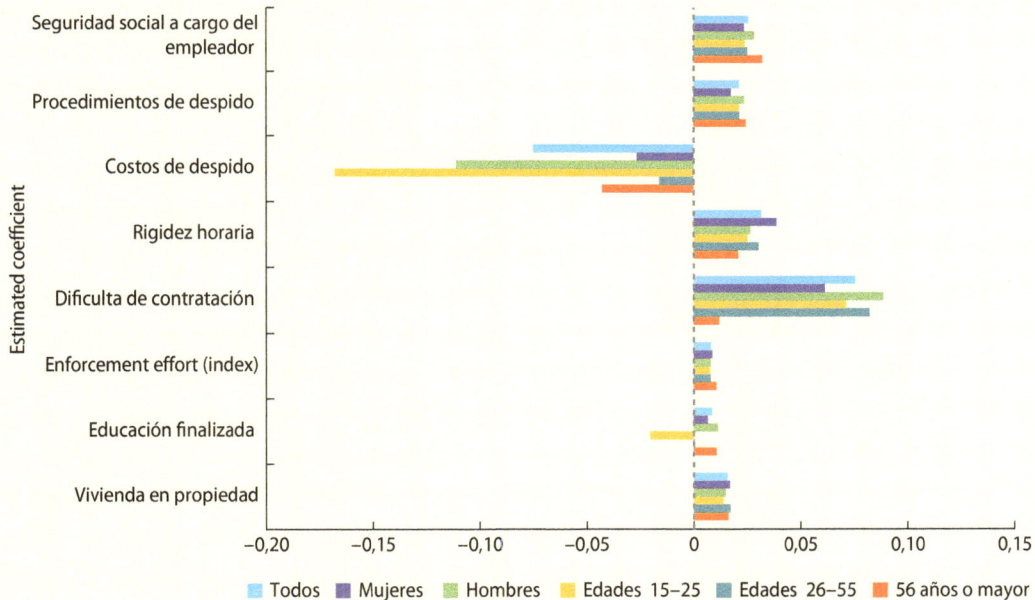

Fuente: Packard y Montenegro 2021; datos de la base de datos *International Income Distribution* (I2D2) y de la base de datos de empleo de trabajadores del proyecto *Doing Business* del Banco Mundial. Índice de «esfuerzo de aplicación» adaptado de Kanbur y Ronconi (2018).
Nota: Los coeficientes estimados sobre la variable que controla el crecimiento económico se han omitido en el gráfico. «Todos» indica los coeficientes estimados para toda la muestra. En el caso de la variable «carga fiscal de la seguridad social a cuenta del empleador», los coeficientes son estadísticamente significativos al nivel del 1 % para todos los grupos; los coeficientes de «procedimientos de despido» son estadísticamente significativos al nivel del 1 % para todos los grupos. Los coeficientes de «costos de despido» no son estadísticamente significativos. Los coeficientes de «rigidez horaria» son significativos al nivel del 5 % para todos, mujeres y personas de entre 26 y 55 años; al nivel del 10 % para hombres y personas de entre 15 y 25 años; y no son significativos para personas de 56 años o más. Los coeficientes de «dificultad de contratación» son estadísticamente significativos al nivel del 1 % para todos, hombres y personas de entre 15 y 25 años y de entre 26 y 55 años; al nivel del 10 % para mujeres; y no son significativos para personas de 56 años o más. El coeficiente de «vivienda en propiedad» es estadísticamente significativo al nivel del 1 % para todos los grupos.

las perspectivas de empleo de muchas personas, sobre todo de las personas jóvenes y de todas las edades que prefieren o necesitan combinar el trabajo con estudios o responsabilidades de cuidados. También se asocia con un promedio más largo de búsqueda de empleo y, por tanto, con ajustes más lentos del mercado laboral. Aprovechando la amplia cobertura nacional de microdatos uniformes de encuestas de *International Income Distribution Database* (I2D2) e indicadores de empleo de trabajadores del proyecto *Doing Business*, Montenegro y Packard (2021) analizan la asociación entre la duración del desempleo y diversas formas de normativa laboral, al tiempo que controlan el crecimiento económico, el nivel educativo promedio y otros factores relevantes. El gráfico 4.17 muestra coeficientes con significación estadística para diversas variables de normativa laboral (incluido un indicador de capacidad de aplicación de Kanbur y Ronconi [2018]). La interpretación de la asociación positiva y significativa entre la duración del desempleo y factores como la propiedad de la vivienda, el nivel educativo y los niveles de las cotizaciones de los empleadores al seguro social es ambigua (por ejemplo, las personas trabajadoras con más capital físico y humano que trabajan en países con amplios sistemas de seguro social podrían tardar más tiempo en encontrar mejores coincidencias laborales después de perder el empleo). Sin embargo, las asociaciones significativas entre la duración de las búsquedas de empleo y las restricciones *de iure* a las prácticas de contratación, el tiempo de trabajo y los procedimientos de despido son menos ambiguas. La magnitud y la significación estadística de estas asociaciones aumentan cuando se incluyen en el análisis la capacidad y los esfuerzos nacionales para aplicar la normativa.

La experiencia en el ámbito internacional demuestra que la flexibilización de las restricciones a las decisiones de contratación y despido de las empresas deben complementarse con protecciones más eficaces y ajenas al contrato de trabajo, incluido el apoyo al reempleo como los subsidios y la asistencia a la búsqueda de empleo (Kuddo, Robalino y Weber 2015; véase también la Estrategia

de Empleo de la OCDE en la nota 17). El objetivo no es la liberalización del mercado, sino una normativa más ágil que refleje los riesgos y las oportunidades disponibles en los mercados laborales modernos y diversos. Si las empresas están obligadas a notificar el despido a los empleados con una antelación razonable, deberían tener más flexibilidad en sus decisiones sobre los recursos humanos. Para prevenir el abuso o la discriminación, Ministerios de Trabajo pueden poner en práctica auditorías *ex post* basadas en la evaluación de riesgos y aplicar sanciones severas en dichos casos. La mayor flexibilidad normativa para las empresas debería combinarse con un apoyo al reempleo más coordinado y sostenido. Sin un apoyo a los ingresos y al empleo que ayude a absorber el *shock* de desempleo y brindar asistencia a la búsqueda de empleo, la flexibilización de la normativa laboral simplemente trasladaría la carga del riesgo de las empresas a los trabajadores y aumentaría la probabilidad de segmentación y de prácticas laborales abusivas. La frecuencia de formas de trabajo «no estándar» en la región de ALC (incluido el trabajo por cuenta propia) plantea desafíos adicionales. En Argentina, Brasil, Chile y muchos otros países de ALC, las formas de trabajo formal, pero no estándar, parecen estar creciendo a expensas del empleo formal dependiente. El perfil de quienes también tienen un empleo no estándar ha cambiado drásticamente desde mediados de la década de los noventa: las personas que tienen un empleo formal no estándar en la actualidad son más jóvenes y están más cualificadas que antes (Apella y Zunino 2018).

¿Qué deben hacer los países de ALC para que la protección sea accesible no solo a los trabajadores formales (independientemente de su tipo de contrato), sino también a los informales? El objetivo que se plantea es reestructurar los sistemas laborales y de protección social de los países para que las ayudas sean accesibles sin importar dónde o cómo trabajen las personas (Packard et al 2019). Muchos países —que abarcan toda la gama de desarrollo económico e institucional— están estudiando seriamente, aunque con cautela, la viabilidad fiscal y los beneficios sociales de los sistemas de renta básica universal para lograr una protección total (Gentilini, Grosh, Rigolini y Yemtsov 2020), aunque es posible que estas amplias redes de protección social todavía estén muy por encima de la capacidad fiscal y administrativa de la mayoría de los países de ALC. Los sistemas laborales y de protección social de la región han mejorado enormemente desde el estado de bienestar truncado de los años ochenta y noventa. Sin embargo, aún queda mucho por hacer para lograr eficiencia, eficacia y sostenibilidad.

Un buen punto de partida para mejorar el ajuste de los mercados laborales de América Latina sería llevar a cabo amplias reformas de las indemnizaciones por despido y otras prestaciones específicas de los empleadores (incluido el seguro médico específico a la empresa o el sector). La idea que motivó las recientes reformas de la política laboral y de protección social en Europa fue transformar la protección específica de las empresas sin financiación en planes gestionados en el ámbito nacional que constan de «mochilas» portátiles, desvinculadas de puestos de trabajo concretos, que los trabajadores pueden «llevarse» consigo de un empleo a otro. Los empleadores y los trabajadores podrían cotizar a niveles acordes con las obligaciones de despido previas, pero en cuentas de ahorro individuales (ya se trate de cuentas de ahorro independientes para desempleo o de cuentas combinadas con ahorros de jubilación, según Feldstein y Altman [1998]). Estos ahorros estarían respaldados por un mecanismo de participación común en la cobertura de los riesgos que garantiza prestaciones proporcionales al historial de cotizaciones de los trabajadores, pero con una prestación mínima garantizada y financiada mediante impuestos de base imponible más amplia, de forma parecida a lo que ocurre actualmente con las TMC y otras transferencias de asistencia social de la región de ALC. La principal ventaja de este enfoque es que amplía el acceso a una protección eficaz y cotizada de manera eficiente a una mayor participación de trabajadores. La protección

ya no quedaría segmentada por el tipo de empleo. Además, los incentivos actuales para empleadores y demandantes de empleo de engañar al sistema, declarar menos ingresos, evadir los impuestos y las cotizaciones obligatorias, o disfrazar las relaciones laborales como empleo por cuenta propia se reducirían significativamente.

La desventaja de este enfoque es que organizar la protección social y el apoyo laboral de esta manera exige un esfuerzo mayor por parte de los gobiernos que de los sistemas actuales de la región de ALC. No obstante, se trata de un reto para el desarrollo económico e institucional. Los gobiernos de la región tendrían que aplicar instrumentos tributarios de manera mucho más eficaz y eficiente, y aumentar las capacidades administrativas, especialmente al adoptar más rápidamente tecnologías digitales para facilitar la gestión de la información y las transferencias de prestaciones.

La liberalización de los contratos de trabajo tiene un efecto positivo inicial en el empleo por medio del nuevo tipo de contrato más flexible (Bentolila, Dolado y Jimeno 2011). Sin embargo, este efecto se desvanece gradualmente a medida que los trabajadores con contratos flexibles reemplazan gradualmente a la reserva de trabajadores permanentes. En América Latina, el efecto de estos cambios reguladores se ha evaluado en algunos países mediante datos de panel (hogares o empresas) y modelos de series de tiempo, y los resultados han sido heterogéneos. Aunque Kugler (2004) en Colombia, Mondino y Montoya (2004) en Argentina, y Saavedra y Torero (2004) en Perú identifican un efecto negativo en el empleo de las nuevas normas de seguridad laboral, De Barros y Corseuil (2004) en Brasil, Downes, Mamingi y Antoine (2004) en tres países del Caribe, y Petrin y Sivadsadan (2006) en Chile no encuentran ningún efecto significativo.

Datos brutos: mucho más que una reforma del mercado laboral

Los resultados del capítulo anterior ponen de manifiesto que los efectos de las crisis son menores para las empresas con más cuota de mercado y para aquellas que son de propiedad estatal. En concreto, Fernandes y Silva (2021) demuestran que la concentración del mercado de productos afecta a la magnitud y distribución de los efectos de las crisis en los trabajadores. Los *shocks* provocan mayores pérdidas de empleo y salarios en sectores con baja concentración de mercado (numerosos agentes). En cambio, en sectores donde pocos agentes tienen un gran porcentaje de la cuota de mercado (alta concentración), los *shocks* aumentan el empleo, pero los salarios no se ajustan (una situación opuesta a la que provocarían los mecanismos económicos ordinarios). El hecho de que una determinada normativa laboral favorezca u obstaculice los resultados de empleo también depende del grado de concentración del mercado de productos y servicios y el poder de negociación de los empleadores en comparación con el de los trabajadores. Los datos agregados son coherentes con esta observación, incluido el hecho de que las grandes empresas en América Latina (a menudo empresas protegidas en los sectores de energía, productos primarios y comercio minorista) han sido más resilientes y se han recuperado más rápido de las crisis (véase el capítulo 1).

En esta sección se analizan (a) las peculiaridades institucionales de América Latina que están suscitando un mercado laboral interno-externo y siguen tolerando la segmentación, y (b) los tipos de respuestas políticas complementarias y ajenas al mercado laboral que podrían abordar las preocupaciones sobre los efectos de la crisis en los trabajadores.

El poder de mercado en los mercados de productos y servicios, que se define como la capacidad de impulsar los precios e ingresos por encima de los niveles competitivos, está siendo objeto de un escrutinio cada vez mayor por causar resultados socioeconómicos negativos que no solo afectan a la subida de los precios para los consumidores. El aumento de la concentración en los mercados de productos y servicios de países de altos ingresos a menudo se traduce en una concentración en los mercados laborales y en prácticas de explotación por parte de los empleadores dominantes (Azar *et al.* 2019). En muchos países de América Latina, la concentración de mercado se relaciona con lazos estrechos entre las grandes empresas y los gobiernos. La prevalencia de empresas de propiedad estatal en la región es un caso extremo: muchas de las empresas más grandes de la región son de propiedad parcial o total de los estados. Los lazos familiares y sociales entre la élite política y empresarial de toda la región son otro factor importante. Los estrechos lazos entre las élites empresariales y políticas generan proteccionismo y favoritismo en los mercados nacionales, lo que protege a los propietarios existentes y perjudica a quienes recién se incorporan (Clarke, Evenett y Lucenti 2005; De Leon 2001; OECD 2015).

Dos mecanismos principales podrían crear la relación entre una falta de competencia en los mercados de productos y los efectos de las crisis en los trabajadores. Primero, el proteccionismo genera beneficios para los empleadores. Los beneficios pueden influir en la distribución de pérdidas entre los trabajadores y las empresas y, en sectores con más poder de mercado (particularmente, en los monopolios), las empresas pueden ajustar menos sus precios tras los *shocks*. Este factor afecta a la distribución de las pérdidas en las empresas y se traduce en precios más altos para los consumidores, incluidas las empresas adyacentes aguas abajo, lo que podría dañar la dinámica del empleo. El poder de mercado también puede deberse a la estructura del mercado de ciertos bienes, así como a la distribución de tecnologías específicas a las empresas. Esto último podría significar que las reacciones de las empresas a las crisis pueden mostrar cierta rigidez, de tal manera que los cambios que generan son persistentes y las empresas no pueden revertirlos.

El segundo canal por el que los beneficios económicos tienen un impacto sobre los ajustes a las crisis es al cambiar la voluntad de los trabajadores para ajustarse e incurrir en costos de ajuste. Las empresas podrían transferir los beneficios económicos a sus trabajadores, lo que a su vez dificulta que encuentren empleos de sustitución suficientemente bien remunerados si pierden sus empleos existentes. Cuando la redistribución sea necesaria, además de difícil, este efecto podría traducirse en una fuerte presión para aumentar el proteccionismo y favoritismo, un obstáculo adicional para una distribución eficiente de los recursos.

En vista de dichos efectos, la reducción de los obstáculos a la competencia en los mercados de productos podría incrementar la creación de empleo y el crecimiento de la productividad. Implicaría una disminución de la participación de empresas que obtienen rendimientos del capital a un nivel por encima de lo normal y, por lo tanto, de la participación de trabajadores que producen y comparten dichos rendimientos por encima de lo normal. Este cambio, a su vez, conduciría a una mayor movilidad laboral, ya que los beneficios disuaden a los trabajadores de marcharse de las empresas. Las políticas de compensación para suavizar los ajustes de estos trabajadores también podrían reducir los costos de sus transiciones.

Asimismo, en América Latina hay muy pocas empresas grandes. No se deben eliminar todas las fuentes de poder de mercado económico en la región. Es deseable que haya cierto grado de poder del mercado de productos para crear incentivos positivos que promuevan la innovación. Sin embargo, estos incentivos podrían mejorarse mediante otras vías, como normativas de propiedad intelectual transparentes y patentes, que no sacrifican los beneficios de la apertura de los mercados a la libre competencia y la competencia de mercado. La atención de los organismos reguladores debe centrarse en el abuso del poder de mercado por parte de las empresas dominantes para restringir la competencia, la formación de cárteles (acuerdos ilegales entre empresas para no competir) y la eliminación de normativas anticompetitivas innecesarias que disminuyen el dinamismo del mercado laboral y desincentivan la innovación. Un estudio reciente en el que se utilizaron datos de Brasil, Chile, China, Estonia, India, Indonesia, Israel, Rusia, Eslovenia y Sudáfrica concluyó que la reducción de las barreras a la iniciativa empresarial

(como las barreras de entrada y las exenciones antimonopolio) a un nivel acorde con las buenas prácticas que se observan entre los miembros de la OCDE conduciría a un crecimiento anual del PIB per cápita de entre un 0,35 % y un 0,4 % (Wölfl *et al.* 2010). El proteccionismo y el favoritismo protegen a algunas grandes empresas a expensas de que las recién llegadas puedan competir eficazmente y crecer hasta convertirse en empresas grandes.

A medida que las economías se estabilizan tras las crisis, es esencial que los responsables de la formulación de políticas blinden los mercados de productos y servicios competitivos para mejorar el rendimiento del mercado laboral. Los cambios estructurales reavivados con la aparición de la tecnología han contribuido a una concentración creciente. El poder de mercado de las empresas está creciendo en muchas partes del mundo (Diez, Leigh y Tambunlertchai, 2018). Asegurar mercados competitivos y de acceso irrestricto ha sido durante mucho tiempo un desafío en los países de ingresos medios y bajos donde las instituciones administrativas son deficientes y pueden ser especialmente vulnerables a las presiones oligopólicas y los problemas de connivencia. Sin embargo, muchas de las mismas presiones y peligros de la concentración del mercado también están aumentando en los países de altos ingresos (Aznar, Marinescu y Steinbaum 2017). Existe un creciente cuerpo de conocimiento sobre investigación en EE. UU., el Reino Unido y otros países de altos ingresos que demuestra que, a medida que aumenta la concentración de empleadores a nivel local, los salarios se estancan y aumenta el impacto negativo sobre los salarios de un nivel de concentración determinado (Benmelech, Bergman y Kim 2018). La concentración suele llevar aparejadas algunas prácticas restrictivas, como la proliferación de requisitos de autorización local o el uso generalizado de cláusulas de «no competencia» incluso en industrias donde predomina la contratación de personas poco cualificadas (Naidu, Posner y Weyl, 2018). Estas restricciones a la competencia se combinan con una reducción de la movilidad laboral para ejercer presión a la baja en los ingresos (Konczal y Steinbaum, 2016).

¿Qué tipo de reformas?

Ahondar en los datos brutos de la región de ALC exigiría palancas políticas ajenas al mercado laboral. Las posibles áreas de atención incluyen la gestión de legislación en materia de competencia, subsidios, contratación pública y el nivel de participación estatal en diversas industrias. Este tipo de políticas podrían complementar otras respuestas políticas para abordar los efectos de la crisis en los trabajadores (como se describe en Baker y Salop [2015]). Existe una demanda creciente para que los reguladores de políticas sobre competencia amplíen su tradicional «conjunto de herramientas». Estos reguladores han recibido críticas por mantener un enfoque demasiado estricto en los precios al consumidor (ignorando, por ejemplo, el surgimiento de prácticas laborales monopsonistas). Tener en cuenta una gama más amplia de indicadores socioeconómicos puede desvelar la existencia de problemas referentes a la apertura a la libre competencia y a la competencia, que no se manifiestan de inmediato como precios más altos.

Abordar la dimensión espacial de los impactos de las crisis sobre los trabajadores

Los resultados del capítulo anterior demuestran que los impactos de los *shocks* sobre los trabajadores varían en magnitud y persistencia dependiendo de las condiciones económicas locales. Por ejemplo, en Brasil, las pérdidas de empleo en respuesta a los *shocks* son mayores entre trabajadores formales que viven en mercados laborales locales más informales que en otros lugares menos informales. ¿Por qué en algunos lugares hay una mayor transferencia de los *shocks* a los trabajadores que en otros? Se ha observado que la naturaleza de la interacción entre las características estructurales de los lugares y los *shocks* es importante. Los datos sugieren que entre las características más relevantes se incluyen la composición sectorial, el tipo de

empresas o el tamaño del sector informal del lugar. En general, los trabajadores en lugares con menos oportunidades laborales alternativas sufren más los efectos permanentes de las crisis. Los *shocks* pueden tener efectos permanentes que varían en el espacio, en la misma medida en que provocan efectos permanentes y la movilidad entre regiones es limitada.

¿Es necesario un enfoque diferenciado en términos espaciales para abordar los efectos permanentes en ALC debidos a los *shocks* temporales como las crisis? Las políticas regionales generalmente se consideran para cuestiones asociadas con *shocks* permanentes como la liberalización comercial o el cambio tecnológico. Sin embargo, si los puestos de trabajo se pierden permanentemente, los efectos se concentran de forma espacial y la movilidad de los trabajadores es baja, los trabajadores sufren los efectos permanentes de las crisis. En estos casos, no basta con políticas de recapacitación profesional y otros PAML, ni con incentivos privados por sí solos. En lugar de ello, será necesario revitalizar estos lugares, por ejemplo, atrayendo inversión pública.

Este informe demuestra que incluso los *shocks* temporales tienen consecuencias a largo plazo que divergen en términos espaciales. Existen dos aspectos de estos *shocks* que confieren utilidad a las políticas regionales para atajar sus consecuencias a largo plazo. El primero es la suposición de que los efectos de estos *shocks* están localizados. El segundo es que los *shocks* tendrán efectos estructurales y permanentes. Muchos de los efectos que se diferencian de manera espacial se pueden abordar con políticas no espaciales. Por ejemplo, los PAML serán más ventajosos en términos económicos que las políticas locales. Sin embargo, algunos problemas estructurales solo pueden abordarse mediante este último tipo de políticas, como la falta de oportunidades en un lugar. Los capítulos anteriores demuestran la importancia de actuar de manera proactiva para prevenir los efectos permanentes. ¿Qué pueden hacer los responsables de la formulación de políticas para afrontar los efectos permanentes de forma proactiva con políticas locales, y por qué deberían hacerlo?

En la respuesta política regional a las crisis hay dos dimensiones relevantes. Si las pérdidas de bienestar social están relacionadas con una falta de movilidad geográfica, eliminar los obstáculos existentes a la movilidad y mejorar la conectividad entre regiones puede ser una buena solución. La transición entre ubicaciones conlleva una amplia gama de costos, incluidos los costos de búsqueda para decidir adónde ir, el costo de mudanza a una nueva ubicación, una amplia gama de costos psicológicos (Brand 2015) y costos de transporte (Zarate 2020).

Muchas de las causas principales de la baja movilidad laboral son las deficiencias de los mercados mobiliario y crediticio (Bergman *et al.* 2019). Las políticas locales pueden promover la movilidad regional, por ejemplo, al abordar la falta de viviendas asequibles, mejorar las políticas territoriales, ajustar la división de zonas, o desarrollar financiamiento hipotecario. Pero muchas áreas ya están saturadas, los costos no económicos de los desplazamientos son difíciles de compensar y muchas personas no quieren mudarse. Por tanto, hay una segunda dimensión que también es importante: políticas de desarrollo regional bien diseñadas que favorezcan la creación de empleo. Dichas políticas pueden aumentar el crecimiento a largo plazo y favorecer el desarrollo de una región. También pueden

---

CUADRO 4.5 **¿Cuál ha sido el impacto de las políticas regionales sobre el fortalecimiento de las oportunidades económicas?**

Los esfuerzos de creación de empleo local a menudo implican: (a) inversiones en infraestructura y en bienes y servicios públicos locales; (b) subsidios directos a empresas; o (c) la reubicación del empleo en el sector público o grandes agencias públicas en áreas deprimidas. Neumark y Simpson (2015) presentan un panorama general de la literatura sobre este tipo de políticas —actualizado por Ehrlich y Overman (2020)— en el contexto de la Unión Europea (UE). En general, los datos sugieren que las inversiones en infraestructura de transporte y en bienes y servicios públicos locales en una combinación de subsidios a las empresas y formación, como se hizo con los fondos de cohesión de la UE, en general han sido efectivas para fomentar el crecimiento en las localidades beneficiarias y, a su vez, reducir las disparidades de oportunidades económicas en los lugares (Becker, Egger y Ehrlich 2010; Giua 2017; Mohl y Hagen 2010; Pellegrini *et al.* 2013).

Sin embargo, los efectos de dichos programas varían considerablemente en diferentes áreas: tienen un impacto alto en regiones con mayor capital humano y un gobierno local eficaz, pero un bajo impacto en otros lugares, lo que produce distintos *trade-offs* entre la desigualdad espacial y la eficiencia agregada (Becker, Egger y Ehrlich 2013). También tienen rendimientos decrecientes: la eficacia

disminuye a medida que aumentan las transferencias (Becker, Egger y Ehrlich 2012; Cerqua y Pellegrini 2018). Además, no hay pruebas de que los efectos sean duraderos (una vez que la región deja de ser elegible) (Barone, David y de Blasio 2016; Becker, Egger y Ehrlich 2018; Di Cataldo 2017). Estudios recientes han enfatizado la importancia de atender la red de transporte de una región (Redding y Turner 2015) y los cambios paulatinos en la infraestructura de carreteras (Gibbons *et al.* 2019), y ha encontrado efectos locales positivos en el empleo, el número de establecimientos y, en menor medida, la productividad de los operadores. Estos estudios muestran efectos locales significativos, pero no todos identifican los efectos agregados de dichas mejoras en toda la red. Más recientemente, Zarate (2020) observa que los trabajadores informales son más sensibles a los costos de transporte en comparación con los trabajadores formales, por lo que tienden a trabajar más cerca de su domicilio. Como resultado, la inversión en infraestructura de transporte en Ciudad de México redujo la informalidad al mejorar el acceso a trabajos formales, que a menudo se concentran en el centro de la ciudad y no son accesibles a los trabajadores que viven en la periferia.

Los datos sobre la eficacia de las subvenciones directas o ayudas discrecionales del gobierno a las

(el cuadro continúa en la página siguiente)

CUADRO 4.5 **¿Cuál ha sido el impacto de las políticas regionales sobre el fortalecimiento de las oportunidades económicas?** *(continuado)*

empresas en áreas desfavorecidas son más heterogéneos. El objetivo de estos instrumentos es apoyar el empleo en una empresa particular o atraer nuevos empleadores a un área. Las dos preocupaciones principales son que estos programas financian actividades que las empresas beneficiarias habrían emprendido de todos modos o que la nueva actividad creada en las áreas seleccionadas tiene el costo de desplazar la actividad en áreas no seleccionadas. Algunos estudios sugieren que las subvenciones, si están bien diseñadas, aumentan el empleo local, principalmente en empresas pequeñas. Esto, a su vez, puede generar multiplicadores positivos (es decir, puestos de trabajo adicionales) al aumentar la productividad (Greenstone, Hornbeck y Moretti 2010) o la demanda de bienes y servicios locales. Las estimaciones de EE. UU. y la UE sugieren que cada puesto de trabajo en un sector transable crea entre 0,5 y 1,5 puestos de trabajo adicionales en sectores no transables (Ehrlich y Overman 2020). Sin embargo, los datos no siempre son tan alentadores. Primero, los efectos locales positivos podrían compensarse con efectos de equilibrio general en forma de salarios y precios más altos. Segundo, en algunos programas se constata un efecto de peso muerto y de desplazamiento de puestos de trabajo existentes

(Bronzini y de Blasio 2006). Esto reviste particular importancia en zonas empresariales, que algunos países han moderado al exigir que las empresas que reciben apoyo demuestren que no sirven principalmente a los mercados locales y al imponer que un cierto porcentaje de trabajadores resida en las inmediaciones (véase, por ejemplo, Mayer, Mayneris y Py [2017], y Neumark y Simpson [2015]).

Las decisiones sobre el empleo en el sector público, incluida la reubicación de grandes agencias públicas en áreas deprimidas, también pueden afectar a la distribución espacial del empleo. Los datos sugieren que los puestos de trabajo del sector público tienen efectos multiplicadores positivos en el empleo en los servicios, y que la redistribución de grandes agencias públicas tiene efectos positivos en el empleo local (Faggio y Overman 2014). Sin embargo, estudios más recientes apuntan a efectos negativos en el empleo del sector privado en la industria manufacturera (What Works Center for Local Economic Growth 2019). Nótese que las políticas generales en el ámbito nacional, como la financiación de los centros de educación, la formación técnica o incluso el salario mínimo nacional, también son importantes para las disparidades espaciales.

facilitar la reinserción laboral de los trabajadores desplazados al crear más puestos de trabajo *in situ*. Además, también podrían abordar el clima empresarial, la infraestructura y las oportunidades de crecimiento a nivel local para que las oportunidades de generar ingresos se extiendan en el ámbito nacional (a un nivel razonable en función de los recursos locales, la población, etc.). Por último, podrían generar efectos multiplicadores locales, al estimular el consumo y la demanda y, a través de este canal, el empleo. Es necesario, por tanto, contemplar políticas regionales en un sentido más amplio para fortalecer las oportunidades económicas de las regiones. Tal como se discutió en el cuadro 4.5, logar

este objetivo por medio de dichas políticas depende de la modalidad de las políticas y de las características de la región.

La información disponible referida a la capacidad de las políticas locales para reducir los costos de movilidad entre regiones o barrios es cada vez más amplia, pero sigue siendo limitada (cuadro 4.6).

¿Cuál es la magnitud de dichos efectos? Artuc, Bastos y Lee (2021) desarrollan un modelo estructural y de regresión de forma reducida para los efectos de los cambios de demanda externa en el bienestar social (es decir, la utilidad esperada a lo largo de la vida de un trabajador) y para el papel de la movilidad en estos efectos. El análisis muestra que una reducción del bienestar social

HACIA UNA RESPUESTA POLÍTICA INTEGRADA

CUADRO 4.6 Información sobre los efectos de las políticas locales en la movilidad y los resultados del mercado laboral

Las políticas tradicionales locales incluyen subsidios de movilidad, programas de ayuda al alquiler de vivienda en zonas con mayores oportunidades e intervenciones informativas. En Alemania, los datos sobre un subsidio de movilidad para personas desempleadas que buscan trabajo demuestran que dicho instrumento amplía los radios de búsqueda de empleo y aumenta la probabilidad de trasladarse a una región más lejana. Además, el programa también favoreció un aumento en la tasa de búsqueda de empleo y de los salarios; esto último se debe principalmente a una mejora en las coincidencias laborales de los trabajadores (Caliendo *et al.* 2017a, b). En una publicación relacionada sobre un programa de reembolso de gastos asociados con la migración para desempleados en Rumanía, se observó que dicho programa era eficaz para mejorar los resultados del mercado laboral (Rodríguez-Planas y Benus 2010).

Bergman *et al.* (2019) emplean un ensayo controlado aleatorio para evaluar los efectos de un enfoque alternativo: un programa estadounidense llamado *Creating Moves to Opportunity*, que ofrece servicios para reducir las dificultades de trasladarse a barrios con un alto índice de movilidad, como la asistencia personalizada en la búsqueda de vivienda, el compromiso de los propietarios y la asistencia financiera a corto plazo. La intervención aumentó la participación de familias que se trasladaron a áreas con un alto índice de movilidad, del 15 % en el grupo de control al 53 % en el grupo experimental. Los investigadores también evalúan los efectos de programas más tradicionales que ofrecen mayores estándares de pago de vales en códigos postales con

altos índices de arrendamiento dentro de un área metropolitana (el programa *Small Area Fair Market Rents*). Descubrieron que cambiar los estándares de pago no aumentó la tasa de mudanzas a áreas con índices de oportunidad altos. En otro programa que aumentó los estándares de pago específicamente en barrios con índices de oportunidad altos, solo el 20 % de los beneficiarios de vales con infantes se mudó. En cuestión de programas que brindan información a aquellas personas que consideran una reubicación, los datos tampoco son muy alentadores, aunque se concentran principalmente en EE. UU. Por ejemplo, Bergman *et al.* (2019) solo encuentran efectos limitados de la provisión de información a familias sobre la calidad de las escuelas, asociada con varias viviendas de alquiler en un sitio web comúnmente utilizado por los titulares de vales. Los resultados de Schwartz, Mihaly y Gala (2017) sobre asesoramiento flexible también apuntan a efectos limitados. Lagakos, Mobarak y Waugh (2018) demuestran que subsidiar la movilidad para la migración del campo a la ciudad en Bangladesh tiene impactos sobre el bienestar agregado similares a las transferencias no condicionadas de dinero en efectivo. Muestran que los beneficios en términos de bienestar son mayores para los hogares más pobres que tuvieron una mayor propensión a migrar incluso antes de la intervención política. Los autores observan que el principal obstáculo para la movilidad es la desutilidad de desplazarse, más que una deficiencia del mercado o una distorsión en el mercado inmobiliario, lo que supondría que las políticas específicas para incentivar la movilidad no son eficaces.

debida a un *shock* sería menor si la movilidad y, en particular, la movilidad entre regiones (dentro de un país) fuera mayor. En otras palabras, la reducción de los costos de movilidad entre regiones tendría un efecto de mitigación mayor en la reducción del bienestar social debida a una crisis que la reducción de los costos de movilidad entre sectores.

¿Cuáles son los mecanismos impulsores que intervienen en este efecto? Artuc, Bastos y Lee (2021) destacan una motivación

importante para la movilidad: la cantidad de oportunidades laborales que brindan los diferentes sectores y regiones. Primero, si un trabajador tiene más oportunidades de trabajo entre las que elegir, es más probable que la mejor de ellas le brinde un mayor bienestar. En segundo lugar, incluso cuando dicho trabajador se vea afectado por un *shock* negativo de demanda laboral en el futuro, es más probable que pueda encontrar otro trabajo sin tener que mudarse a una región o un sector diferente. Un *shock* negativo y temporal reducirá la cantidad de oportunidades laborales creadas y la rotación interna en la región (es decir, el cambio de trabajo dentro de un mismo mercado laboral local), lo que conlleva una pérdida de bienestar.

Considerando estos nuevos canales, Artuc, Bastos y Lee (2021) exploran el papel de las fricciones de movilidad que afrontan los trabajadores al cuantificar el efecto de las posibles políticas que mitigan dichas fricciones. El documento demuestra los efectos de una mayor movilidad de los trabajadores entre regiones y sectores, en comparación con dos escenarios alternativos: mayor movilidad solo entre sectores y mayor movilidad solo entre regiones. Unas fricciones de movilidad un 20 % más bajas entre regiones y sectores

reducen las pérdidas de bienestar del mismo *shock* de referencia en un 16,5 %, y el efecto de mejora del bienestar de una política de la misma magnitud es mayor cuando la política se concentra en las fricciones regionales que en fricciones sectoriales. En particular, aunque la reducción en el bienestar disminuye un 13,4 % cuando solo se abordan las fricciones regionales, solo se reduce un 2,3 % cuando únicamente se afrontan las fricciones sectoriales.

¿Por qué hay una mayor transferencia a los trabajadores en algunos lugares que en otros? Vijil *et al.* (2020), que estudian el caso de Brasil de 1991 a 1999, observan que algunas áreas metropolitanas casi fueron inmunes al *shock* de liberalización comercial que se produjo durante dicho período debido a

GRÁFICO 4.18   **Abordar los problemas estructurales que magnifican los impactos de las crisis sobre los trabajadores**

Fuente: Banco Mundial.

su baja integración en el mercado interno. Las estructuras de mercado, influidas, por ejemplo, por la calidad o cantidad de las infraestructuras de transporte, o el nivel de competencia en los servicios de transporte y distribución, se aproximaron mediante efectos fijos de localización y, por tanto, se demostró que conducían a diferencias significativas en las tasas de transferencia arancelaria entre regiones metropolitanas. En China se han observado efectos igualmente heterogéneos de los *shocks* de la liberalización del comercio entre las localidades (Han *et al.* 2016) e India (Marchand, 2012) y México (Nicita 2009). Por ejemplo, tras la entrada de China en la Organización Mundial del Comercio, la estructura del mercado a nivel de ciudad (medida por la participación del sector privado en los servicios de distribución y en la producción de bienes finales afectados por el *shock*, como indicadores del nivel de competencia) generó diferencias en la transferencia de los precios arancelarios entre ciudades: los precios respondieron más al *shock* comercial en las ciudades que se beneficiaron de una mayor competencia (Han *et al.* 2016).

¿Qué se debe hacer?

El capítulo 3 demuestra que la región de ALC afronta problemas estructurales que afectan a la magnitud de los impactos de las crisis sobre los trabajadores. Las implicaciones políticas de dichos resultados y la literatura afín suponen que, incluso si las políticas macroeconómicas y del mercado laboral son impecables y se aplican sin mayores dificultades, los mejores resultados para los trabajadores podrían lograrse al complementar estas políticas con políticas sectoriales y locales para abordar los problemas estructurales que impiden fuertes recuperaciones de las crisis y tienen efectos duraderos en la productividad, como se describe en este informe. Este cambio implicaría abordar las ineficiencias en el ajuste del mercado laboral causadas por la normativa laboral, las estructuras del mercado de productos, la falta de movilidad geográfica y áreas deprimidas. En conjunto, en el gráfico 4.18 se ilustra una caracterización

más completa de las áreas de política prioritarias para abordar dichos problemas estructurales (dimensión de política 3).

Conclusión

Este capítulo ha analizado las implicaciones del estudio desarrollado para las políticas y el contexto actual de la región de ALC. El capítulo ha argumentado que las respuestas políticas de los países de ALC a las crisis deben abordar directamente tres dimensiones fundamentales del ajuste. Estas dimensiones no son incompatibles y cobran diferentes grados de relevancia en función del país/entorno. Requieren una formulación de política triple.

La primera medida de actuación incluye políticas que conducen a menores crisis y que, a nivel agregado, suavizan sus impactos. Reducir el número de crisis requiere crear un entorno macroeconómico más estable y establecer «estabilizadores automáticos» adecuados que brinden un apoyo anticíclico a los ingresos, financiado con fondos públicos para personas afectadas negativamente por los ajustes del mercado laboral. Las políticas macroeconómicas (fiscales y monetarias) prudentes previenen ciertos tipos de crisis y garantizan el espacio fiscal necesario para ofrecer apoyo y evitar tensiones financieras en el sistema cuando acontecen otros tipos de crisis. Además, los acuerdos de protección de los ingresos gestionados en el ámbito nacional, como el seguro de desempleo, han suavizado el consumo y funcionado como un estabilizador automático en la mayoría de los países de la OCDE. Los costos de estos programas y la menor base impositiva de la región de ALC podrían requerir un enfoque diferente para la ampliación de dichos programas en la región, como combinar el ahorro individual y la participación común en la cobertura de los riesgos.

Otros mecanismos alternativos posibles consisten en convertir los planes de conservación del empleo, que actualmente se están empleando en la crisis del COVID-19, en componentes permanentes de las respectivas economías de los países de ALC, lo que podría lograrse al vincularlos al estado y activarlos automáticamente cuando, por ejemplo, el desempleo supere un umbral determinado o la recesión se acelere. Al complementar los mecanismos existentes de ajuste-asistencia con un apoyo contracíclico a los ingresos, financiado con fondos públicos para las personas afectas, la región de ALC podría lograr un ajuste más progresivo y de mejor calidad, así como recuperaciones más rápidas.

No obstante, algunas crisis son inevitables y se podrían lograr mejores resultados si, además, la región transita hacia programas de protección social ampliados que reducen los efectos permanentes. La existencia de dichos efectos implica que la región podría lograr un mayor crecimiento a largo plazo si se redujera el deterioro del capital humano causado por las crisis a nivel de trabajador. Este cambio requeriría un apoyo a los ingresos para amortiguar los impactos a corto plazo de las crisis y proteger el bienestar, así como políticas de protección social dirigidas a la creación de capital humano y promoción de transiciones más rápidas y de mejor calidad entre empleos para los trabajadores desplazados. Los sistemas de protección social no solo brindan un apoyo a los ingresos, sino que también fomentan la creación de capital humano. Por estos motivos, la segunda área de actuación incluye reformar en profundidad los programas laborales y de protección social existentes en la región de ALC.

Convencionalmente, las crisis se han considerado *shocks* transitorios (en lugar de permanentes) y sistémicos (que afectan a toda la economía). Aunque los *shocks* sistémicos permanentes, como la liberalización del comercio y el desarrollo tecnológico, también afectan al empleo y la productividad, sus efectos se observan en horizontes temporales más amplios. Las fuerzas independientes («seculares») del ciclo provocan que algunos puestos de trabajos pasen a ser inviables con carácter permanente; dichos puestos no se recuperarán en la misma empresa, sector o localidad. En cambio, es más probable que los efectos de las fluctuaciones del tipo de cambio o los cambios en los términos de intercambio sean temporales. Está surgiendo un nuevo convencimiento de que las crisis podrían tener efectos persistentes en los mercados laborales y la productividad que difieren de los producidos por los avances tecnológicos o la globalización. Sin embargo, dado que los efectos de las crisis se manifiestan cuando ya se están produciendo cambios en las tendencias y los factores estructurales, así como en la rotación normal de la economía, es difícil distinguir dichos efectos y aplicar mejor los programas para ayudar a los trabajadores.

El consejo estándar ante *shocks* negativos permanentes es proteger a los trabajadores, no a los puestos de trabajo; preparar a los trabajadores para el cambio en lugar de prevenirlo. Permitir la reestructuración sectorial o espacial seguramente aumentará la eficiencia; en cambio, los subsidios a la conservación del empleo y los programas de empleo temporal retrasan la destrucción de empleo (durante el periodo de apoyo), pero no la evitan. Sin embargo, este consejo no es aplicable a los *shocks* sistémicos que solo son temporales. En tal caso, los programas de conservación temporales podrían evitar la disolución de coincidencias empleador-empleado —que exigieron una gran inversión en términos de tiempo, pero que se ven amenazadas por un *shock* temporal—, y frenar las pérdidas de productividad derivadas de la destrucción innecesaria del capital humano específico a puestos de trabajo.[19]

No obstante, las iniciativas de recapacitación profesional y el estímulo a la demanda podrían ser respuestas más apropiadas cuando las crisis conducen a cambios permanentes en la demanda o la oferta laboral. Además, incluso si las crisis son *shocks* sistémicos, generan efectos muy heterogéneos entre trabajadores inicialmente similares, por lo que los programas adaptativos, que generalmente se emplean para afrontar *shocks* más individuales o idiosincrásicos (como la intermediación personalizada y el apoyo a la búsqueda de empleo), podrían ser apropiados para abordarlos. Reemplazar los programas presupuestados y «cupos» racionados por garantías de protección (es decir, pasar de ayudar únicamente a personas pobres crónicas a brindar prestaciones a todas las personas necesitadas), y prevenir la aparición de «guetos de asistencia» y estructurar las prestaciones para incentivar la reinserción laboral son pasos fundamentales para garantizar que la protección social amortigüe mejor los impactos de las crisis a corto plazo. Aunque es evidente que sin puestos vacantes no se producirán nuevas contrataciones, una recuperación de la actividad económica normal deberá incluir la creación de empleo y, para ello, la búsqueda activa de empleo es fundamental. Por tanto, son precisos unos servicios de asistencia al empleo más eficaces y coordinados, con un mayor enfoque en los resultados y las consecuencias imprevistas.

Sin embargo, ¿serán los macroestabilizadores y las reformas de los sistemas laborales y de protección social capaces de estimular suficiente creación de empleo para generar mejores recuperaciones? En vista de los datos presentados en este informe, la región de ALC necesita urgentemente abordar problemas estructurales para mejorar su respuesta a las crisis. Las reformas necesarias incluyen abordar las dimensiones sectorial y espacial implicadas en los deficientes ajustes del mercado laboral. Si no se abordan estos problemas fundamentales, la recuperación en la región seguirá caracterizándose por una pausada creación de empleo. En dicho contexto, las políticas en materia de competencia, las políticas regionales y las normativas laborales son una tercera dimensión fundamental de la respuesta política. Este estudio destaca, por ejemplo, la dicotomía entre empresas protegidas y no protegidas en la región de ALC y el impacto de la baja movilidad geográfica de los trabajadores, lo que contribuye a magnificar los efectos de las crisis en el bienestar social. También pone de manifiesto focos de rigidez laboral que dificultan las transiciones y los ajustes necesarios en el mercado laboral.

Las consecuencias políticas de estos resultados y de la literatura relacionada son que, incluso si los sistemas macroeconómicos, laborales y de protección social se encuentran en excelentes condiciones y se ponen en práctica de manera impecable, parecen ser insuficientes a menos que se complementen con políticas sectoriales y locales que aborden los problemas estructurales básicos que impiden una rápida recuperación de las crisis. La literatura existente y las experiencias políticas sugieren que las políticas locales podrían abordar la falta de movilidad geográfica y maximizar el potencial de reubicación de los trabajadores. La reducción de focos de rigidez laboral (al relajar las restricciones a las decisiones sobre recursos humanos de empresas e individuos) podría acelerar los ajustes y acortar las transiciones. Del mismo modo, abordar el proteccionismo y las condiciones de mercado injustas por medio de mejores leyes sobre competencia, menores subsidios y menos participación estatal, y fortalecer las prácticas de contratación podría promover recuperaciones más duraderas. Las respuestas políticas de los países de ALC debe abordar dichos problemas, que tendrán diferentes grados de importancia en función del país, el periodo u otras circunstancias.

La pandemia del COVID-19 es una crisis convulsa y catastrófica que está teniendo un enorme costo para los mercados laborales de la región de ALC. La región está experimentando una tasa extraordinaria de destrucción del empleo, grandes *shocks* negativos de ingresos y niveles de pobreza crecientes. Entre 35 y 45 millones de personas en la región podrían convertirse en nuevos pobres en 2020 tras la pandemia y, aunque la clase media de la región ha crecido significativamente desde 2000, la crisis podría provocar una reducción de un 5 % de la clase media (entre 32 y 40 millones de personas) (Díaz-Bonilla *et al.* 2020). La contracción de la clase media y el aumento de la pobreza se deben a las pérdidas de ingresos laborales. Se prevé que la crisis sea la recesión del mercado laboral más catastrófica en la historia de algunos países de ALC: millones de trabajadores en la región han perdido el empleo y millones más han sufrido reducciones significativas en los ingresos. Además, no se espera que dichas pérdidas se extiendan de manera uniforme en la distribución de los ingresos; es más probable que la crisis aumente la desigualdad de manera significativa, lo que desplazaría el coeficiente de Gini de la región de 51,5 hasta un máximo de 53,4 (Díaz-Bonilla *et al.* 2020).

Si bien esta crisis —que se desencadenó por imperativos de salud pública que aspiraban a mitigar una pandemia mundial— es excepcional en algunos aspectos, también es otra más de una larga serie de *shocks* de demanda agregada que han afectado a los países de ALC. Por un lado, la crisis tiene varios factores distintivos. Primero, las medidas de confinamiento originadas por la pandemia fueron desfavorables para muchos trabajos y peores aún en aquellos casos en los que el teletrabajo (o el acceso a una conexión a internet de buena calidad) no era factible. En segundo lugar, la incertidumbre prolongada en torno a esta crisis, en particular acerca de la recuperación del empleo, ha retrasado la inversión. En tercer lugar, algunos países de ALC han hecho gala de respuestas políticas decisivas a la crisis, aunque la eficacia de las respuestas ha variado considerablemente.

Por otro lado, esta crisis no es tan distinta de otras crisis previas. Gran parte de los efectos de la crisis en la región de ALC se derivan de la recesión mundial, la fuerte caída de la demanda durante numerosos meses y la posibilidad de crisis financieras en algunos países. La región tiene un extenso historial de desaceleraciones económicas frecuentes y, a menudo, severas. El bienestar de los trabajadores durante estas desaceleraciones está condicionado en gran medida por las fluctuaciones en la demanda agregada (aunque algunas crisis internas han sido autoinfligidas o debidas a la mala gestión económica).

Esta profunda crisis llega justo cuando muchos de los gobiernos de la región de ALC se enfrentaban a problemas estructurales ampliamente conocidos. La crisis ha acelerado algunos cambios estructurales de largo plazo que han contribuido a cambiar la naturaleza del trabajo y han magnificado el potencial de la crisis para reducir aún más las oportunidades de empleo en lo que tradicionalmente se consideraban «buenos trabajos» —el empleo estándar, estable y protegido asociado con el sector formal— (Beylis *et al.* 2020).

La dinámica del empleo, que ya se observa en muchos países de ALC, dará lugar a que la crisis provoque considerables efectos laborales permanentes. Es probable que las características sectoriales y espaciales magnifiquen aún más estos efectos en algunos trabajadores. Sin embargo, el marco de política tridimensional presentado en este estudio proporciona una hoja de ruta que podría conducir a una recuperación más resiliente. El enfoque de las políticas públicas y empresariales a la hora de abordar los desafíos actuales determinará el progreso de las economías de los países de ALC y el bienestar social de sus trabajadores y ciudadanos durante décadas. El desafío que se presenta es inmenso, pero estamos viviendo tiempos decisivos.

Notas

1. Aunque las políticas de estabilización monetaria y fiscal (que incluyen la gestión de la cuenta de capital de un país, la política cambiaria, las reglas fiscales y los fondos soberanos de bienestar social, y el ajuste de los tipos de interés) son herramientas valiosas para brindar una respuesta a las crisis, no son el objeto de análisis de este estudio.

2. Estos estabilizadores de la red de protección social operan mejor cuando se complementan con medidas monetarias y fiscales, incluidos: las políticas cambiarias y la gestión de la cuenta de capital; tipos de interés y otras palancas de la política monetaria; reglas fiscales y fondos soberanos de ahorros cautelares; y acceso a mercados financieros y de riesgo mancomunado mundiales y a mecanismos de participación común en la cobertura de los riesgos (como el FMI y el Banco Mundial, entre otros). Cada uno de estos ejemplos está respaldado por una vasta literatura académica y de políticas. No obstante, el análisis de dichas medidas en este informe se limita a aquellas que están más directamente relacionadas con los resultados del mercado laboral.

3. Estas estimaciones están basadas en Perspectivas Económicas Mundiales. Las tasas de inflación son compuestas. Los valores de Argentina para 1981–1997 corresponden a los Indicadores del Desarrollo Mundial.

4. La rigidez de los salarios nominales a la baja es una característica de la mayoría de las economías, y la región de ALC no es una excepción (véanse Castellanos, García-Verdú y Kaplan [2004]; Dickens *et al.* [2007];

Holden y Wulfsberg [2009] así como las referencias recogidas en dichos trabajos; y Schmitt-Grohe y Uribe [2016]). Además, los datos sugieren que la inflación más baja de la región en las últimas décadas aumentó la rigidez a la baja de los salarios nominales. Por lo tanto, en la medida en que la desaceleración de 2011–2016 estuvo marcada por una inflación baja y relativamente estable, es probable que los ajustes de los salarios reales hayan sido menores durante dicho periodo que durante las desaceleraciones y crisis de los años ochenta y los noventa, que se caracterizaron por grandes aumentos de la inflación.

5. Sin embargo, ha habido algunos episodios de aumentos importantes en la inflación y las consiguientes reducciones en los salarios reales en la región desde principios de los años 2000, incluida la crisis bancaria de 2004 en la República Dominicana, que provocó una corrección salarial significativa y de largo plazo.

6. El foco de atención de la discusión se sitúa sobre el desplazamiento de puestos de trabajo y otras pérdidas de medios de subsistencia causadas por los *shocks* en la demanda agregada. Sin embargo, los programas estatales de apoyo para contingencias pueden ayudar a los hogares a afrontar una amplia gama de *shocks*.

7. Estas cifras proceden de la base de datos LABORSTA de la Organización Internacional del Trabajo (OIT).

8. La combinación de cuentas de ahorro individual y participación común en la cobertura de los riesgos de este programa proporciona un apoyo financiero eficaz al mismo tiempo que incentiva las búsquedas de empleo y el reempleo (Reyes, van Ours y Vodopivec 2011). El plan tiene cuatro características que son particularmente atractivas. Primero, su modelo de seguro «híbrido» puede abordar las necesidades de los trabajadores que cambian de empleo con frecuencia, así como las de los desempleados de larga duración (aunque existen discrepancias en cuanto a si el período máximo de percepción del componente de riesgos compartidos es adecuado dada la duración de los períodos de desempleo observada entre los trabajadores de salarios más bajos del país). Segundo, el plan promueve mejores niveles de remuneración y moderación del consumo que la prestación por desempleo uniforme y estrictamente no contributiva de Chile. Tercero, las prestaciones del plan están indexadas para proteger su valor de la inflación y estabilizar las tasas de sustitución en sus niveles iniciales. Y cuarto, el sistema tiene estabilidad financiera, respaldada por reservas que sirven como un canal de apoyo fiscal adicional para afrontar las crisis. Desde sus comienzos, el plan ha incluido una ampliación automática de las prestaciones, que se activa cuando la tasa de desempleo nacional supera un cierto nivel. En la actual contracción del COVID-19, el plan también se ha convertido en una plataforma para otras protecciones adicionales, como las suspensiones subsidiadas del contrato de trabajo.

9. La «cuña impositiva» de los trabajadores con empleo formal es la diferencia entre el salario neto y la cantidad total que la ley exige que empleadores y empleados paguen (incluyendo impuestos sobre la renta, cotizaciones al régimen obligatorio de seguro social y otras prestaciones obligatorias) para tener empleados (Summers 1989).

10. No existen directrices inequívocas para fijar las cuantías de las transferencias, y el nivel adecuado de prestaciones depende del objetivo del programa. Los valores de transferencias de los programas de TMC deberían reflejar el doble objetivo de dichos programas: por un lado, reducir la pobreza existente entre personas beneficiarias; por otro lado, incentivar la acumulación de capital humano (Grosh *et al.* 2008). Uno de los programas de TMC más generosos de la región de ALC es el de Bolivia (que combinó dos programas de TMC; en concreto, el Bono Juancito Pinto y el Bono Juana Azurdy), que brindó un 36 % de los ingresos previos. El segundo programa más generoso es el Bono Programa de Asignación Familiar de Honduras, luego rebautizado como Bono 10.000 y actualmente llamado Bono Vida Mejor.

11. Aunque el tiempo que los programas de TMC tardan en afiliar a nuevos beneficiarios varía de un país a otro, el Programa de Avance a través de la Salud y la Educación (PATH, por su sigla en inglés) de Jamaica establece su estándar de servicio para la afiliación de nuevos hogares beneficiarios en no más de cuatro meses a partir de la solicitud del hogar. A partir de 2017, el programa PATH es capaz de cumplir con este estándar de servicio aproximadamente en el 60 % de los casos. Sus largos procesos de admisión implican considerables costos financieros y políticos.

12. Aunque este informe se centra en las políticas de protección social y en los efectos permanentes a nivel de trabajador, a nivel de empresa también se producen efectos permanentes. Minimizar estos efectos permanentes requerirá políticas como (a) ofrecer financiación a las empresas; (b) mejorar los procesos de insolvencia (como una reforma clave de la actividad empresarial); y (c) mejorar las capacidades de gestión para la planificación de futuro del negocio (para ayudar a las empresas a superar crisis); además de, en general, reducir las barreras de entrada y salida de las empresas. Las reformas en materia de insolvencia, destinadas a preservar empresas viables en una situación de crisis transitoria, también podrían apoyar a los trabajadores y reducir el desempleo friccional innecesario. Asimismo, las mejoras en capacidades de gestión aumentarían el crecimiento de la productividad de las empresas, lo que probablemente conduciría a la supervivencia de las mismas, y a la conservación de algunos empleos (frente a la alternativa de salidas de empresas y la consiguiente destrucción de puestos de trabajo).

13. La revisión de los datos concluyó que los PAML tradicionales, en el mejor de los casos, han tenido impactos modestos sobre el empleo; una intervención típica conduce a un aumento de 2 puntos porcentuales en el empleo, que generalmente no es estadísticamente significativa (McKenzie 2017).

14. Véase Frölich *et al.* (2014), que presenta datos empíricos sobre los impactos de las políticas laborales y de protección social, y sus posibles efectos en los mercados laborales.

15. Además, los cambios en los factores de la oferta y demanda laboral impulsados por el cambio tecnológico, la integración regional y mundial, y el envejecimiento de la población amenazan con restar cada vez más eficacia al aparato institucional de regulación laboral, tal como se analiza en detalle en Packard *et al.* (2019).

16. Datos disponibles en https://www .doingbusiness.org/en/data/exploretopics /employing-workers/reforms.

17. Sin embargo, estas medidas transnacionales no captan varios pagos obligatorios por despido que son exclusivos de ciertos países, como el desahucio y la jubilación patronal de Ecuador, descritos en Gachet, Olivieri y Packard (2020).

18. Como ejemplo, se puede citar la nueva Estrategia de Empleo de la OCDE; para más información, consúltese el siguiente enlace: https:// www.oecd.org/employment/jobs-strategy.

19. Nótese que los datos muestran que los subsidios a la conservación del empleo (como los subsidios salariales o devoluciones de impuestos sobre la nómina) pueden ser eficaces para proteger el empleo en empresas que atraviesan momentos difíciles; dichos subsidios pueden emplearse para estimular la contratación de trabajadores jóvenes desempleados y trabajadores informales. Sin embargo, también pueden generar salarios más altos entre los trabajadores beneficiados, en lugar de estimular la creación de empleo, y pueden desplazar el empleo en empresas y sectores no subsidiados. Del mismo modo, los programas de empleo temporal pueden ser eficaces para conservar puestos de trabajo. Sin embargo, los trabajadores en programas de empleo temporal tienden a mostrar bajos niveles de satisfacción laboral y sus contratos son una medida paliativa que rara vez se convierte en un trampolín hacia un empleo más permanente.

Referencias

Almeida, R. K. y T. G. Packard. 2018. *Skills and Jobs in Brazil: An Agenda for Youth.* Washington, DC: Banco Mundial.

Andersen, T. M. 2017. "The Danish Labor Market, 2000–2016." *IZA World of Labor* 2017: 404.

Antón, A., F. H. Trillo y S. Levy. 2012. *The End of Informality in México? Fiscal Reform for Universal Social Insurance.* Washington, DC: Banco Interamericano de Desarrollo.

Apella, I. y G. Zunino. 2018. "Nonstandard Forms of Employment in Developing Countries: A Study for a Set of Selected Countries in Latin America and the Caribbean and Europe and Central Asia." Documento de trabajo de investigación política 8581, Banco Mundial, Washington, DC.

Artuc, E., P. Bastos y E. Lee. 2021. "Trade Shocks, Labor Mobility, and Welfare: Evidence from Brazil." Documento de referencia elaborado para este informe. Banco Mundial, Washington, DC.

Azar, J. H. Hovenkamp, I. Marinescu, E. Posner, M. Steinbaum y B. Taska. 2019. "Labor Market Concentration and Its Legal Implications."

Seminarios de la OECD, Organización de Cooperación y Desarrollo Económicos, París. https://www.oecd.org/els/emp/OECD-ELS-Seminars-Marinescu.pdf.

Aznar, J., I. Marinescu y M. I. Steinbaum. 2017. "Labor Market Concentration." Documento de trabajo 24147, Oficina Nacional de Investigaciones Económicas, Cambridge, Massachusetts, Estados Unidos.

Baker, J. y S. Salop. 2015. "Antitrust, Competition Policy, and Inequality." Georgetown Law Faculty Publication 1462. https://scholarship.law.georgetown.edu/facpub/1462/.

Banco Mundial. 2012. *World Development Report 2013: Jobs.* Washington, DC: Banco Mundial.

Banco Mundial. 2015. *The State of Social Safety Nets 2015.* Washington, DC: Banco Mundial.

Banco Mundial. 2018. *World Development Report 2019: The Changing Nature of Work.* Washington, DC: Banco Mundial.

Banco Mundial. 2020. "Additional Financing for Argentina Children and Youth Protection Project (P167851)." Documento de evaluación del proyecto, Banco Mundial, Washington. DC.

Barone, G., F. David y G. de Blasio. 2016. "Boulevard of Broken Dreams: The End of EU Funding (1997: Abruzzi, Italy)." *Regional Science and Urban Economics* 60: 31–8.

Becker, S. O., P. H. Egger y M. von Ehrlich. 2010. "Going NUTS: The Effect of EU Structural Funds on Regional Performance." *Journal of Public Economics* 94 (9): 578–90.

Becker, S. O., P. H. Egger y M. von Ehrlich. 2012. "Too Much of a Good Thing? On the Growth Effects of the EU's Regional Policy." *European Economic Review* 56 (4): 648–68.

Becker, S. O., P. H. Egger y M. von Ehrlich. 2013. "Absorptive Capacity and the Growth and Investment Effects of Regional Transfers: A Regression Discontinuity Design with Heterogeneous Treatment Effects." *American Economic Journal: Economic Policy* 5 (4): 29–77.

Becker, S. O., P. H. Egger y M. von Ehrlich. 2018. "Effects of EU Regional Policy: 1989–2013." *Regional Science and Urban Economics* 69: 143–52.

Bekker, S. 2018. "Flexicurity in the European Semester: Still a Relevant Policy Concept?" *Journal of European Policy* 25 (2): 175–92.

Benmelech, E., N. Bergman y H. Kim. 2018. "Strong Employers and Weak Employees: How Does Employer Concentration Affect Wages?"

Documento de trabajo 24307, Oficina Nacional de Investigaciones Económicas, Cambridge, Massachusetts, Estados Unidos.

Bentolila, S., J. J. Dolado y J. F. Jimeno. 2012. "Reforming an Insider-Outsider Labor Market: The Spanish Experience." *IZA Journal of European Labor Studies* 1 (1): 1–29.

Bergman, P., R. Chetty, S. DeLuca, N. Hendren, L. F. Katz y C. Palmer. 2019. "Creating Moves to Opportunity: Experimental Evidence on Barriers to Neighborhood Choice." Documento de trabajo 26164, Oficina Nacional de Investigaciones Económicas, Cambridge, Massachusetts, Estados Unidos.

Betcherman, G. 2014. "Labor Market Regulations: What Do We Know about Their Impacts in Developing Countries?" Documento de trabajo de investigación política 6819, Banco Mundial, Washington, DC.

Beylis, G., R. F. Jaef, R. Sinha y M. Morris. 2020. *Going Viral: COVID-19 and the Accelerated Transformation of Jobs in Latin America and the Caribbean.* Washington, DC: Banco Mundial.

Bowen, T., C. del Ninno, C. Andrews, S. Coll-Black, U. Gentilini, K. Johnson, Y. Kawasoe, A. Kryeziu, B. Maher y A. Williams. 2020. *Adaptive Social Protection: Building Resilience to Shocks.* Washington, DC: Grupo del Banco Mundial.

Brand, J. E. 2015. "The Far-Reaching Impact of Job Loss and Unemployment." *Annual Review of Sociology* 41, 359–75.

Bronzini, R. y G. de Blasio. 2006. "Evaluating the Impact of Investment Incentives: The Case of Italy's Law 488/1992." *Journal of Urban Economics* 60 (2): 327–49.

Caliendo, M., S. Künn y R. Mahlstedt. 2017a. "The Return to Labor Market Mobility: An Evaluation of Relocation Assistance for the Unemployed." *Journal of Public Economics* 148: 136–51.

Caliendo, M., S. Künn y R. Mahlstedt. 2017b. "Mobility Assistance Programmes for Unemployed Workers: Job Search Behavior and Labor Market Outcomes." Serie de documentos de debate 11169, Instituto de Estudios del Trabajo, Bonn, Alemania.

Card, D., J. Kluve y A. Weber. 2017. "What Works? A Meta-Analysis of Recent Active Labor Market Program Evaluations." Documento de trabajo 21431, National Bureau of Economic Research, Cambridge, Massachusetts, Estados Unidos.

Casarín, D. y L. Juárez. 2015. "Downward Wage Rigidities in the Mexican Labor Market 1996–2011." Manuscrito inédito. Banco de México.

Castellanos, S. G., R. García-Verdú y D. S. Kaplan. 2004. "Nominal Wage Rigidities in Mexico: Evidence from Social Security Records." *Journal of Development Economics* 75 (2): 507–33.

Castro, R., M. Weber y G. Reyes. 2018. "A Policy for the Size of Individual Unemployment Accounts." *IZA Journal of Labor Policy* 7: 9.

Cerqua, A. y G. Pellegrini. 2018. "Are We Spending Too Much to Grow? The Case of Structural Funds." *Journal of Regional Science* 58 (3): 535–63.

Céspedes, L. F., R. Chang y A. Velasco. 2014. "Is Inflation Targeting Still on Target? The Recent Experience of Latin America." *International Finance* 17 (2): 185–208.

Clarke, J., S. Evenett y K. Lucenti. 2005. "Anti-competitive Practices and Liberalising Markets in Latin America and the Caribbean." *World Economy* 28 (7): 1029–56.

Cruces, G., A. Ham y M. Viollaz. 2012. "Scarring Effects of Youth Unemployment and Informality: Evidence from Argentina and Brazil." Documento de trabajo del Centro de Estudios Distributivos, Laborales y Sociales (CEDLAS), Departamento de Economía, Universidad Nacional de la Plata, Argentina.

Da Silva Teixeira, G., G. Balbinotto Neto y P. H. Soares Leivas. 2020. "Evidence on Rule Manipulation and Moral Hazard in the Brazilian Unemployment Insurance Program." *International Journal of Social Science Studies* 8 (1).

De Barros, R. P. y C. H. Corseuil. 2004. "The Impact of Regulations on Brazilian Labor Market Performance." En *Law and Employment: Lessons from Latin America and the Caribbean*, editado por J. J. Heckman y C. Pagés, 273–350. Chicago: University of Chicago Press.

De Ferranti, D., G. Perry, I. Gill y L. Serven. 2000. *Securing Our Future in a Global Economy*. Washington, DC: Banco Mundial.

De Leon, I. 2001. *Latin American Competition Law and Policy: A Policy in Search of Identity*. Kluwer Law International: London.

Di Cataldo, M. 2017. "The Impact of EU Objective 1 Funds on Regional Development: Evidence from the U.K. and the Prospect of Brexit." *Journal of Regional Science* 57 (5): 814–39.

Diaz-Bonilla, C., L. Moreno Herrera y D. Sánchez Castro. 2020. *Projected 2020 Poverty Impacts of the COVID-19 Global Crisis in Latin America and the Caribbean*. Washington, DC: World Bank.

Dickens, W. T., L. Goette, E. L. Groshen, S. Holden, J. Messina, M. E. Schweitzer, J. Turunen y M. E. Ward. 2007. "How Wages Change: Micro Evidence from the International Wage Flexibility Project." *Journal of Economic Perspectives* 21: 195–214.

Diez, F., D. Leigh y S. Tambunlertchai. 2018. "Global Market Power and Its Macroeconomic Implications." Documento de trabajo WP/18/137, Fondo Monetario Internacional, Washington, DC.

Downes, A., N. Mamingi y R. M. B. Antoine. 2004. "Labor Market Regulation and Employment in the Caribbean." En *Law and Employment: Lessons from Latin America and the Caribbean*, editado por J. J. Heckman y C. Pagés, 517–52. Chicago: University of Chicago Press.

Ehrlich, M. V. y H. G. Overman. 2020. "Place-Based Policies and Spatial Disparities across European Cities." *Journal of Economic Perspectives* 34 (3): 128–49.

Faggio, G. y H. G. Overman. 2014. "The Effect of Public Sector Employment on Local Labour Markets." *Journal of Urban Economics* 79: 91–107.

Farooq, A., A. D. Kugler y U. Muratori. 2020. "Do Unemployment Insurance Benefits Improve Match Quality? Evidence from Recent U.S. Recessions." Documento de trabajo 27574, Oficina Nacional de Investigaciones Económicas, Cambridge, Massachusetts, Estados Unidos.

Feldstein, M. y D. Altman. 1998. "Unemployment Insurance Savings Accounts." Documento de trabajo 6860, Oficina Nacional de Investigaciones Económicas, Cambridge, Massachusetts, Estados Unidos.

Fernandes, A. y J. Silva. 2020. "Labor Market Adjustment to External Shocks: Evidence for Workers and Firms in Brazil and Ecuador." Documento de referencia elaborado para este informe. Banco Mundial, Washington, DC.

Fietz, K. M. 2020. "Unemployment Insurance in Latin America and the Caribbean: A Comparative Review of Current and Leading Practices." Práctica Mundial de Empleo y Protección Social, Departamento de Desarrollo Humano para América Latina y el Caribe, Banco Mundial, Washington, DC.

Fiszbein, A. y N. R. Schady. 2009. "Conditional Cash Transfers: Reducing Present and Future

Poverty." Informe de investigación política, Banco Mundial, Washington, DC.

FMI (Fondo Monetario Internacional). 2010. *World Economic Outlook, April 2010: Rebalancing Growth*. Washington, DC: Fondo Monetario Internacional.

Frölich, M., D. Kaplan, C. Pagés, J. Rigolini y D. Robalino, eds. 2014. *Social Insurance, Informality and Labor Markets: How to Protect Workers While Creating Good Jobs*. Oxford: Oxford University Press.

Furman, J., T. Geithner, G. Hubbard y M. S. Kearney. 2020. "Promoting Economic Recovery after COVID-19." Economic Strategy Group, Instituto Aspen, Washington, DC.

Gachet, I. T. Packard y S. Olivieri. 2020. "Ecuador's Labor Market Regulation: A Case for Reform." Mimeo. Banco Mundial, Washington, DC.

Gambetti, L. y J. Messina. 2018. "Evolving Wage Cyclicality in Latin America." *The World Bank Economic Review* 32 (3): 709–26.

Garganta, S. y L. Gasparini. 2015. "The Impact of a Social Program on Labor Informality: The Case of AUH in Argentina." *Journal of Development Economics* 115: 99–110.

Gatti, R. V. K. M. Goraus, M. Morgandi, E. J. Korczyc y J. J. Rutkowski. 2014. *Balancing Flexibility and Worker Protection: Understanding Labor Market Duality in Poland*. Washington, DC: Banco Mundial.

Gentilini, U., M. Almenfi, P. Dale, G. Demarco e I. Santos. 2020. "Social Protection and Jobs Responses to COVID-19: A Real-Time Review of Country Measures." Práctica Mundial de Empleo y Protección Social, Banco Mundial, Washington, DC.

Gentilini, U., M. Grosh, J. Rigolini y R. Yemtsov. 2019. *Decoding Universal Basic Income: Evidence, Choices and Practical Implications in Low and Middle-Income Countries*. Washington, DC: Banco Mundial.

Gerard, F., J. Naritomi y J. Silva. 2020. "The Effects of Cash Transfers on Formal Labor Markets: Evidence from Brazil." Documento de referencia elaborado para este informe. Banco Mundial, Washington, DC.

Gerard, F. y J. Naritomi. 2019. "Job Displacement Insurance and (the Lack of) Consumption-Smoothing." Documento de trabajo 25749, Oficina Nacional de Investigaciones Económicas, Cambridge, MA.

Gibbons, S., T. Lyytikäinen, H. G. Overman y R. Sanchis-Guarner. 2019. "New Road Infrastructure: The Effects on Firms." *Journal of Urban Economics* 110: 35–50.

Giua, M. 2017. "Spatial Discontinuity for the Impact Assessment of the EU Regional Policy: The Case of Italian Objective 1 Regions." *Journal of Regional Science* 57 (1): 109–31.

Greenstone, M., R. Hornbeck y E. Moretti. 2010. "Identifying Agglomeration Spillovers: Evidence from Winners and Losers of Large Plant Openings." *Journal of Political Economy* 118 (3): 536–98.

Grosh, M., M. Bussolo y S. Freije, eds. 2014. *Understanding the Poverty Impact of the Global Financial Crisis in Latin America and the Caribbean*. Washington, DC: Banco Mundial.

Grosh, M., C. Del Ninno, E. Tesliuc y A. Ouerghi. 2008. *For Protection and Promotion: The Design and Implementation of Effective Safety Nets*. Washington, DC: Banco Mundial.

Han, J., R. Liu, B. U. Marchand y J. Zhang. 2016. "Market Structure, Imperfect Tariff Pass-Through, and Household Welfare in Urban China." *Journal of International Economics* 100: 220–32.

Hartley, G. Reys, J. C. van Ours y M. Vodopivec. 2011. "Incentive Effects of Unemployment Insurance Savings Accounts: Evidence from Chile." *Labor Economics* 18 (6): 798–809.

Heckman, J. J. y C. Pagés. 2004. "Law and Employment: Lessons from Latin America and the Caribbean–An Introduction." En *Law and Employment: Lessons from Latin America and the Caribbean*, editado por J. J. Heckman y C. Pagés, 517–52. Chicago: University of Chicago Press.

Holden, S. y F. Wulfsberg. 2009. "How Strong Is the Macroeconomic Case for Downward Real Wage Rigidity?" *Journal of Monetary Economics* 56 (4): 605–15.

Holzmann, R., Y. Pouget, M. Vodopivec y M. Weber. 2012. "Severance Pay Programs around the World: History, Rationale, Status, and Reforms." En *Reforming Severance Pay: An International Perspective*, editado por R. Holzmann y M. Vodopivec. Washington, DC: Banco Mundial.

Jalan, J. y M. Ravallion. 2003. "Estimating the Benefit Incidence of an Antipoverty Program by Propensity-Score Matching." *Journal of Business & Economic Statistics* 21 (1): 19–30.

Kanbur, R., y L. Ronconi. 2018. "Enforcement Matters: The Effective Regulation of Labour." *International Labour Review* 157 (3).

Kluve, J., S. Puerto, D. Robalino, J. R. Romero, F. Rother, J. Stöterau, F. Weidenkaff y W. Witte.

2016. "Do Youth Employment Programs Improve Labor Market Outcomes? A Systematic Review." Documento de debate 10263, Instituto de Estudios del Trabajo, Bonn, Alemania.

Konczal, M. y M. Steinbaum. 2016. "Declining Entrepreneurship, Labor Mobility, and Business Dynamism: A Demand-Side Approach." Documento de trabajo, Roosevelt Institute, Nueva York, NY, Estados Unidos.

Kuddo, A., D. Robalino y M. Weber. 2015. *Balancing Regulations to Promote Jobs: From Employment Contract to Unemployment Benefits*. Washington, DC: Banco Mundial.

Kugler, A. D. 2004. "The Effect of Job Security Regulations on Labor Market Flexibility. Evidence from the Colombian Labor Market Reform." En *Law and Employment: Lessons from Latin America and the Caribbean*, editado por J. J. Heckman y C. Pagés, 183–228. Chicago: University of Chicago Press.

Lagakos, D., A. M. Mobarak y M. E. Waugh. 2018. "The Welfare Effects of Encouraging Rural-Urban Migration." Documento de trabajo 24193, Oficina Nacional de Investigaciones Económicas, Cambridge, Massachusetts, Estados Unidos.

Lederman, D., W. F. Maloney y J. Messina. 2011. "The Fall of Wage Flexibility." Banco Mundial, Washington, DC.

Levy, S. 2018. *Under-Rewarded Efforts: The Elusive Quest for Prosperity in Mexico*. Washington, DC: Banco Interamericano de Desarrollo.

Lindert, K., T. G. Karippacheril, I. Rodriguez Caillava y K. Nishikawa Chavez. 2020. *Sourcebook on the Foundations of Social Protection Delivery Systems*. Washington, DC: Banco Mundial.

Maratou-Kolias, L., K. M. Fietz, M. Weber y T. Packard. 2020. "Quantifying and Validating the Cliffs of the Labor Market Regulation 'Plateau': A Global Review of Labor Market Institutions." Práctica Mundial de Empleo y Protección Social, Banco Mundial, Washington, DC.

Marchand, B. U. 2012. "Tariff Pass-Through y the Distributional Effects of Trade Liberalization." *Journal of Development Economics* 99: 265–81.

Mayer, T., F. Mayneris y L. Py. 2017. "The Impact of Urban Enterprise Zones on Establishment Location Decisions and Labor Market Outcomes: Evidence from France." *Journal of Economic Geography* 17 (4): 709–52.

McKenzie, D. 2017. "How Effective Are Active Labor Market Policies in Developing Countries? A Critical Review of Recent Evidence." *World Bank Research Observer* 32 (2): 127–54.

Messina, J. y A. Sanz-de-Galdeano. 2014. "Wage Rigidity and Disinflation in Emerging Countries." *American Economic Journal: Macroeconomics* 6 (1): 102–33.

Messina, J. y J. Silva. 2020. "Twenty Years of Wage Inequality in Latin America." *World Bank Economic Review* 35 (1): 117–47.

Mohl, P. y T. Hagen. 2010. "Do EU Structural Funds Promote Regional Growth? New Evidence from Various Panel Data Approaches." *Regional Science and Urban Economics* 40 (5): 353–65.

Mondino, G. y S. Montoya. 2004. "The Effects of Labor Market Regulations on Employment Decisions by Firms: Empirical Evidence for Argentina." En *Law and Employment: Lessons from Latin America and the Caribbean*, editado por J. J. Heckman y C. Pagés, 351–400. Chicago: University of Chicago Press.

Morgandi, M. M. Ed, B. Wilson, A. Williams y T. Packard. 2020. "Potential Responses to COVID-19 in Latin American and Caribbean Countries." Práctica Mundial de Empleo y Protección Social, Banco Mundial, Washington, DC.

Naidu, S., E. A. Posner y E. G. Weyl. 2018. "Antitrust Remedies for Labor Market Power." Documento de investigación 850, Instituto Coase-Sandor de Derecho y Economía, Universidad de Chicago, Chicago, Estados Unidos.

Neumark, D. y H. Simpson. 2015. "Place-Based Policies." En *Handbook of Regional and Urban Economics* vol. 5B, editado por G. Duranton, V. Henderson, y W. Strange, 1197–1287. Amsterdam: Elsevier.

Nicita, A. 2009. "The Price Effect of Tariff Liberalization: Measuring the Impact on Household Welfare." *Journal of Development Economics* 89: 19–27.

OCDE (Organización de Cooperación y Desarrollo Económicos). 2013. "The 2012 Labour Market Reform in Spain: A Preliminary Assessment." Organización de Cooperación y Desarrollo Económicos, París.

OCDE (Organización de Cooperación y Desarrollo Económicos). 2015. "Competition and Market Studies in Latin America: The Case of Chile, Colombia, Costa Rica, Mexico, Panama and Peru." Organización de Cooperación y Desarrollo Económicos, París. http://

www.oecd.org/daf/competition/competition-and-market-studies-in-latin-america2015.pdf.

OCDE (Organización de Cooperación y Desarrollo Económicos). 2017. "Labour Market Reforms in Portugal 2011–2015: A Preliminary Assessment." Organización de Cooperación y Desarrollo Económicos, París.

OCDE (Organización de Cooperación y Desarrollo Económicos). 2019. "Special Feature: Government Expenditures by Functions of Social Protection and Health (COFOG)." En *Government at a Glance 2019*. París: OECD Publishing.

OIT (Organización Internacional del Trabajo). 2016. *What Works: Active Labour Market Policies in Latin America and the Caribbean*. Estudios sobre el crecimiento con equidad. Ginebra: Organización Internacional del Trabajo.

OIT (Organización Internacional del Trabajo). 2019. *World Social Protection Report 2017–19: Universal Social Protection to Achieve the Sustainable Development Goals*. Ginebra: Organización Internacional del Trabajo.

OIT (Organización Internacional del Trabajo). 2020. "Panorama Laboral 2020 América Latina y el Caribe." Oficina Regional para América Latina y el Caribe, Organización Internacional del Trabajo, Ginebra.

Packard, T., U. Gentilini, M. Grosh, P. O'Keefe, R. Palacios, D. Robalino e I. Santos. 2019. *Protecting All: Risk Sharing for a Diverse and Diversifying World of Work*. Washington, DC: Banco Mundial.

Packard, T. G. y C. E. Montenegro. 2017. "Labor Policy and Digital Technology Use: Indicative Evidence from Cross-Country Correlations." Documento de trabajo sobre investigación de políticas 8221, Banco Mundial, Washington, DC.

Packard, T. G. y C. E. Montenegro. 2021. "Labor Market Regulation and Unemployment Duration: Indicative Evidence from Cross-Country Correlations." Práctica Mundial de Empleo y Protección Social, Departamento de Desarrollo Humano para América Latina y el Caribe, Banco Mundial, Washington, DC.

Packard, T. y J. Onishi. 2020. "Social Insurance and Labor Market Policies in Latin America and the Margins of Adjustment to Shocks." Documento de referencia elaborado para este informe. Banco Mundial, Washington, DC.

Packard, T. y M. Weber. 2020. *Managing the Employment Impacts of the COVID-19 Crisis Policy Options for the Short Term*. Banco Mundial: Washington DC.

Pellegrini, G., F. Terribile, O. Tarola, T. Muccigrosso y F. Busillo. 2013. "Measuring the Effects of European Regional Policy on Economic Growth: A Regression Discontinuity Approach." *Papers in Regional Science* 92 (1): 217–33.

Perry, G., W. Maloney, O. Arias, P. Fajnzylber, A. Mason y J. Saavedra-Chanduvi. 2007. *Informality: Exit and Exclusion*. Washington, DC: Banco Mundial.

Petrin, A. y J. Sivadasan. 2006. "Job Security Does Affect Economic Efficiency: Theory, a New Statistic, and Evidence from Chile." Documento de trabajo 12757, Oficina Nacional de Investigaciones Económicas, Cambridge, Massachusetts, Estados Unidos.

Pinelli, D., R. Torre, L. Pace, L. Cassio y A. Arpaia. 2017. "The Recent Reform of the Labour Market in Italy: A Review." Documento de debate sobre la economía europea 072, Dirección General de Asuntos Económicos y Financieros, Comisión Europea, Bruselas.

Pinto, R. de Carvalho Cayres. 2015. "Three Essays on Labor Market Institutions and Labor Turnover in Brazil." Departamento de Economia, Pontificia Universidad Católica de Río de Janeiro, Río de Janeiro, Brasil.

Portela Souza, A., G. Ulyssea, R. Paes de Barros, D. Coutinho, L. Finamor y L. Lima. 2016. "Rede de Proteção ao Trabalhador no Brasil: Avaliação Ex-Ante e Proposta de Redesenho." Centro para el Aprendizaje en Evaluación y Resultados (CLEAR), Fundación Getulio Vargas, *Escola de Economia de São Paulo*, San Pablo, Brasil.

Redding, S. J. y M. A. Turner. 2015. "Transportation Costs and the Spatial Organization of Economic Activity." En *Handbook of Regional and Urban Economics* vol. 5, editado por G. Duranton, J. V. Henderson, y W. C. Strange, 1339–98. Amsterdam: Elsevier.

Reyes, G., J. C. van Ours y M. Vodopivec. 2011. "Incentive Effects of Unemployment Insurance Savings Accounts: Evidence from Chile." *Labor Economics* 18 (6): 798–809.

Robalino, D. y J. Romero. 2019. "A Purchaser Provider Split in Public Employment Services? Lessons from Healthcare Systems." Práctica Mundial de Empleo y Protección Social, Banco Mundial, Washington, DC.

Robalino, D. y M. Weber. 2014. "Designing and Implementing Unemployment Benefit Systems in Middle- and Low-Income Countries: Key Choices between Insurance and Savings Accounts." Documento de debate sobre protección social y empleo 1303, Banco Mundial, Washington, DC.

Robalino, D. A., J. M. Romero e I. Walker. 2020. "Allocating Subsidies for Private Investments to Maximize Jobs Impacts." Documento de trabajo sobre empleo 45, Banco Mundial, Washington, DC.

Robertson, R. 2020. "The Change in Nature of Labor Market Adjustment in Latin America and the Caribbean." Documento de referencia elaborado para este informe. Banco Mundial, Washington, DC.

Rodríguez-Planas, N. y J. Benus. 2006. "Evaluating Active Labor Market Programs in Romania." Documento de trabajo 2464, Instituto de Estudios del Trabajo, Bonn, Alemania.

Saavedra, J. y M. Torero. 2004. "Labor Market Reforms and Their Impact over Formal Labor Demand and Job Market Turnover: The Case of Peru." En *Law and Employment: Lessons from Latin America and the Caribbean*, editado por J. J. Heckman y C. Pagés, 131–82. Chicago: University of Chicago Press.

Schmieder, J. F. y T. von Wachter. 2016. "The Effects of Unemployment Insurance Benefits: New Evidence and Interpretation." Documento de trabajo 22564, Oficina Nacional de Investigaciones Económicas, Cambridge, Massachusetts, Estados Unidos.

Schmitt-Grohé, S. y M. Uribe. 2016. "Downward Nominal Wage Rigidity, Currency Pegs, and Involuntary Unemployment." *Journal of Political Economy* 124 (5): 1466–1514.

Schochet, P. Z., R. D'Amico, J. Berk, S. Dolfin y N. Wozny. 2012. "Estimated Impacts for Participants in the Trade Adjustment Assistance (TAA) Program Under the (2002) Amendments." Oficina de Desarrollo e Investigación de Políticas, Administración de Empleo y Formación, Departamento del Trabajo de los Estados Unidos, Washington, DC.

Schwartz, H. L., K. Mihaly y B. Gala. 2017. "Encouraging Residential Moves to Opportunity Neighborhoods: An Experiment Testing Incentives Offered to Housing Voucher Recipients." *Housing Policy Debate* 27 (2): 230–60.

Subbarao, K., C. del Ninno, C. Andrews y C. Rodriguez-Alas. 2013. *Public Works as a Safety Net: Design, Evidence, and Implementation.* Washington, DC: Banco Mundial.

Summers, L. H. 1989. "Some Simple Economics of Mandated Benefits." *AEA Papers and Proceedings* 79 (2).

Végh, C. A., G. Vuletin, D. Riera-Crichton, D. Friedheim, L. Morano y J. A. Camarena. 2018. *Fiscal Adjustment in Latin America and the Caribbean: Short-Run Pain, Long-Run Gain?* Washington, DC: Banco Mundial.

Vijil, M., V. Amorim, M. Dutz y P. Olinto. 2018. "Productivity, Competition and Shared Prosperity." En *Jobs and Growth: Brazil's Productivity Agenda,* editado por M. Dutz. Washington, DC: Banco Mundial.

Vijil, M., V. Amorin, M. Dutz y P. Olinto. 2020. "The Distributional Effects of Trade Policy in Brazil." Documento de referencia elaborado para este informe. Banco Mundial, Washington, DC.

What Works Centre for Local Economic Growth. 2019. *Local Multipliers.* Londres: What Works Centre for Local Economic Growth.

Williams, A. y S. Berger-Gonzalez. 2020. "Towards Adaptive Social Protection Systems in Latin America and the Caribbean: A Synthesis Note on Using Social Protection to Mitigate and Respond to Disaster Risk." Banco Mundial, Washington, DC.

Winter-Ebmer, R. 2000. "Long-Term Consequences of an Innovative Redundancy-Retraining Project: The Austrian Steel Foundation." Documento de trabajo 2000–29, Departamento de Economía, Universidad Johannes Kepler, Linz, Austria.

Wölfl, A., I. Wanner, O. Roehn y G. Nicoletti. 2010. "Product Market Regulation: Extending the Analysis Beyond OECD Countries." Documento de trabajo del Departamento de Economía 799, Organización de Cooperación y Desarrollo Económicos, París.

Zarate, R. D. 2020. "Spatial Misallocation, Informality, and Transit Improvements: Evidence from Mexico City." Universidad de California en Berkeley y Banco Mundial, Washington, DC.